'손상'의 변증법

— '손상' 인문학으로 바라본 1960~70년대 한국의 지배와 저항

지은이 오제연

서울대학교에서 한국 현대사를 전공하고 박사학위를 취득하였다. 서울대학교 국사학과 강사, 서울대학교 규장각한국학연구원 선임연구원 등을 역임하였으며, 현재는 성균관대학교 사학과 부교수 겸 동아시아역사연구소 소장으로 재직 중이다. 학술지 『역사비평』의 편집주간 및 『한국사연구』의 편집위원장도 맡고 있다. 1950~70년대 한국의 정치사, 운동사, 대학사 연구를 계속하고 있으며, 최근에는 한국 현대사 속 다양한 행위주체들의 '(비)정상성' 문제에 관심을 갖고 있다. 주요 저서로 『촛불의 눈으로 3·1운동을 보다』(공저, 2019), 『4월혁명의 주체들』(공저, 2020), 『한국 현대사 연구의 쟁점』(공저, 2022) 등이 있다.

'손상'의 변증법 — '손상' 인문학으로 바라본 1960~70년대 한국의 지배와 저항

1판 1쇄 인쇄 2024년 5월 20일
1판 1쇄 발행 2024년 5월 30일

지은이 오제연
펴낸이 정순구
책임편집 정윤경
기획편집 조원식 조수정
마케팅 황주영

출력 블루엔
용지 한서지업사
인쇄 한영문화사
제본 대원바인더리

펴낸곳 (주) 역사비평사
등록 제300-2007-139호 (2007.9.20)
주소 10497 : 경기도 고양시 덕양구 화중로 100(비젼타워21) 506호
전화 02-741-6123~5
팩스 02-741-6126
홈페이지 www.yukbi.com
이메일 yukbi88@naver.com

ISBN 978-89-7696-588-2 94900
(set) 978-89-7696-733-6 94900

이 저서는 2021년 대한민국 교육부와 한국연구재단의 지원을 받아 수행된 연구임 (NRF-2021S1A5C2A02088553).

와이비
아카이브
001

'손상'의 변증법

— '손상' 인문학으로 바라본
1960~70년대 한국의 지배와 저항

오제연 지음

역사비평사

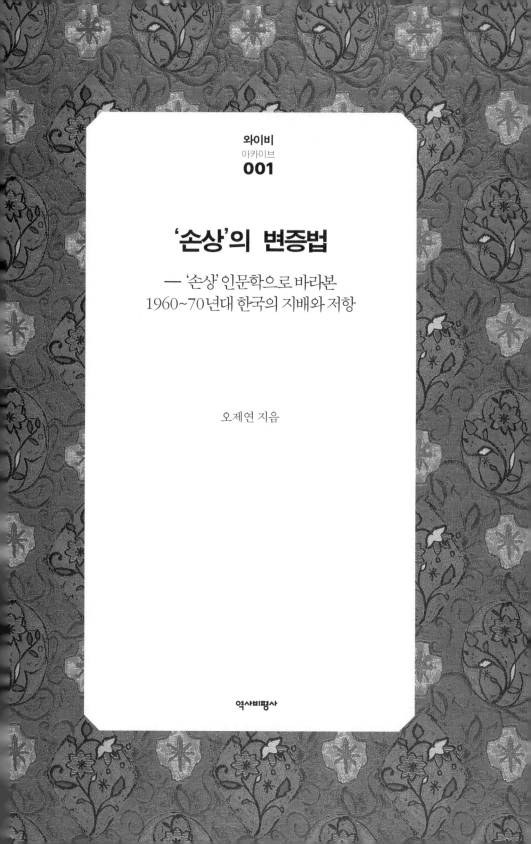

차례 '손상'의 변증법

제3부 '손상'된 민중

제4부 '손상'된 인식

책머리에

이 책은 성균관대학교 동아시아연구소가 2021년부터 한국연구재단의 인문사회연구소지원사업을 통해 수행하고 있는 〈냉전 생태계와 '손상' 인문학〉 연구의 일환으로 기획되었다. '손상' 인문학은 일반 독자는 물론 학계 연구자들에게도 낯선 개념이다. 장애학의 문제의식과 방법론을 인문학으로 적극 수용하여 본 연구소가 새롭게 만들어낸 개념이기 때문이다.

장애학에 따르면 우연히 발생하거나 선행하는 육체적 정신적 '손상'은 근대 이후 특정한 사회적 환경과 조건 속에서 '장애'가 되었다. 이 같은 장애화 과정은 기본적으로 장애인 문제에 적용 가능하며, 나아가 근대적 소외현상으로 다루어진다.

장애학의 문제의식과 방법론이 '비정상'적 대상들을 주목하고 근대와 '정상성'의 관계를 끊임없이 질문해왔다는 점에서, 본 연구소는 인문학, 특히 역사학도 이를 재조명할 필요가 있다고 생각한다. 여기서 '손상' 인문학 개념이 도출되었다. '손상' 인문학은 근대가 '손상'으로 구성한 것들이 특정한 사회적 환경과 조건 속에서 장애화되는 과정을 '정상성'에 대한 비판 및 성찰을 통해 탐구하는 인문학적, 역사학적 방법이라고 할 수 있다.

이와 관련하여 주목되는 것이 '냉전'이다. 제2차 세계대전 이후 전개된 냉전하에서 미국과 소련을 중심으로 재편된 지구 단위의 역사는 일종의 장애화 과정을 거쳤다. 이때 미소와 유럽을 제외한 저개발국 혹은 제3세계는 끊임없이 손상이 있는 주체로 규정되었다. 한국을 비롯한 동아시아 역시 예외가 아니었다.

동아시아의 시민 혹은 인민은 냉전 질서하에서 자동적으로 장애화되는 존재였다. 이들은 근대 이전부터 언제나 스스로 오롯한 주체였으나, 냉전하 권력은 이들에게서 손상을 발견하고 공간, 몸, 기술, 담론 등 다양한 매개를 통해 냉전의 '정상성'을 기입하려 했다. 이 과정에서 냉전은 공간, 몸, 기술, 담론 등의 영역에서 상호 작용하는 관계망, '냉전 생태계'를 형성하였다. 본 연구소는 '손상 인문학'을 통해 손상을 장애화하는 근대적 시선에 대한 비판을 공유하고, 사회가 손상을 구성하고 장애화하는 맥락, 즉 손상의 발견/규정, 예방/제거/격리, 재배치라는 장애화 과정에 대한 이해를 인문학적, 역사학적 인식과 서술에 도입하여 동아시아의 냉전 생태계를 탐구하고자 한다.

그중 이 책은 필자가 그동안 수행해온 1960~70년대 한국의 지배와 저항에 대한 연구를 '손상' 인문학의 관점으로 정리 및 확장한 것이다. 냉전하 한국에서는 장기간 권위주의 통치가 이루어졌다. 권위주의 시대 권력의 지배는 물리적 폭력 및 강압과 더불어 헤게모니, 규율, 통치성, 문화 등 다양한 방식을 통해 관철되었다. '손상'의 장애화도 권력의 지배 방식 중 하나였다. 권력에 대한 직접적인 저항뿐만 아니라 권력을 위협할 수 있는 모든 것들이 '손상', 즉 '비정상'으로 규정되었다. 그리고 권력이 제시한 '정상성'은 이데올로기적으로, 담론적으로 사회 곳곳에 뿌리 내렸다. 이 과정에서 사회적 위계에 따라 다양한 형태의 '손상'이 발생했다.

1960~70년대 한국에서 권력의 지배에 맞서 가장 선도적으로 저항했던 주

체는 대학생이었다. 1960년 4월혁명은 대학생이 저항의 주체로 우뚝 서서 이후 약 30년간 이어지는 '학생운동의 시대'를 연 획기적인 사건이었다. 하지만 그 순간부터 '손상'이 발생했다. 4월혁명에는 남학생뿐만 아니라 여학생도 참여했고 많은 희생을 당했다. 하지만, 그들은 특히 여대생들은 남학생 중심의 운동 네트워크에서 소외되면서 철저하게 주변화되었고, 오히려 사회 전반에 만연한 여성 혐오의 분위기 속에서 사회적 비난의 대상이 되었다. 여학생의 '손상'이 사회 전반의 편견 속에서 이루어졌다면, 남학생의 '손상'은 권력에 의해 더 직접적으로 가해졌다. 한반도 안보위기를 겪으며 1969년에 부활한 학생 군사훈련, 즉 교련은 1971년 대학에서 크게 강화되고 제도화되면서 남학생들을 압박하였다. 같은 시기 창설된 향토예비군과 함께 군 현역 복무 앞뒤에 배치된 교련은 남학생의 생애 주기적인 군대 사이클을 형성했다. 이는 그 시대의 '정상'이 되었고, 반면 이에 대한 저항은 '비정상'이 되었다. 비정상을 정상화하는 가장 효과적인 방법은 강제징집 혹은 그 위협으로 대학생의 몸을 더욱 옥죄는 것이었다.

권력에 의한 '손상'은 비단 대학생에게만 가해지는 것이 아니었다. 당대의 비판적 지식인 역시 다양한 방식으로 '손상'을 입었다. 1965년 박정희 정권이 많은 반대 속에서도 한일협정을 체결하자 2백여 명의 대학교수들은 이에 반대하며 국회 비준 거부를 요구하는 성명서를 발표했다. 이에 정권은 이들 교수를 '정치교수'로 낙인찍는 방식으로 가혹하게 탄압했다. 이제 지식인의 정치 관여는 '비정상'으로 간주되어 배격되었다. 또한 지배 권력이 저항을 탄압하는 과정에서 공안 사건이 지속적으로 발생하였는데 여기에도 많은 지식인이 연루되었다. 그들은 특히 학생운동의 '배후'로 지목되는 경우가 많았고, 이때 어김없이 '북한'과 연계되었다. 1967년 동백림 사건을 통해 그 전형이 완성된 '북한→지식인→학생'으로 이어지는 배후와 연결고리는, 냉전과 분단체제하에서 권위주의 정권이 지식인에게 '손상'을 가하여 저항을 탄압하는 일반적인 방식이었다.

이 시절 대학생과 지식인보다 더 큰 '손상'을 받은 사람들은 민중이었다. 그들은 권력에 의한 '손상'뿐만 아니라 사회적 편견, 특히 엘리트의 편견에 의해서도 많은 '손상'을 입었다. 1960년 4월혁명 당시 대학생 못지않게 적극적으로 시위에 나서고 또 많은 희생을 당한 사람이 바로 고학생과 도시하층민이었다. 하지만 그들의 과격한 행동은 권력과 엘리트가 공유한 사회 질서 유지, 안정이라는 '정상성'에 의해 '손상'으로 간주되어 비판받았다. 그리고 4월혁명의 기억 속에서 배제되고 사라져갔다. 이후에도 민중에게 가해지는 '손상'은 계속되었다. 1970년 전태일의 분신은 그 대표적인 사례다. 애초 권력과 사회가 요구한 '정상성'에 맞춰 성실한 노동자가 됨으로써 성공을 꿈꿨던 전태일은, 그러나 곧 열악한 노동 현실을 직시하고 고뇌하며 각성하고 결단하였다. 이때 그의 기독교 신앙은 중요한 역할을 했다. 그는 자신과 노동자들이 당한 '손상'을 분신을 통해 극적으로 드러내며 저항하였다.

사람들의 '인식' 속에서도 '손상'은 끊임없이 발생했다. 1960년대 중반 박정희 정권은 베트남전쟁에 한국군을 파병했다. 그리고 이를 사회 통제의 효과적인 수단으로 활용했다. 베트남에 대학생 위문단을 파견한 것도 그 일환이었다. 대학생 위문단은 박정희 정권의 조국 근대화 사업의 정당성과 성과를 선전하는 데 주목적이 있었다. 이를 통해 박정희 정권은 그동안 정권의 존립 자체를 위협했던 대학생을 순치하고자 했다. 하지만 대학생 위문단이 직접 체험한 열전의 공간 베트남은, 베트남인의 무표정, 배타성, 그리고 주체성 같이 한국인이 쉽게 이해하기 어려운 '손상'처럼 보이는 부분들을 가시화하며 순치의 균열을 분명하게 드러냈다. 또한 1970년대 유신체제하에서는 긴급조치와 같은 항시적인 억압 속에서 정부나 언론을 통해서는 알 수 없는 그럴듯한 이야기들이 사회 전반에 퍼져 나갔다. 박정희 정권은 이를 '유언비어'라 하여 사회적 '손상'으로 간주하고 끊임없이 단속하였다. 하지만 유언비어는 자유와 정의를 갈망하는 사람들의 '공감대' 속에서 쉽게 확산될 수 있었다. 한마디로 1970년대 유언비어는 잠재된 여론이자 저항의 잠재력이었다.

이렇듯 냉전하 한국의 지배 권력은 자신에 대한 저항을 '손상', 즉 '비정상'으로 규정하고 이를 예방/격리/제거, 재배치하려 하였다. 이는 사회 전반에 '정상성'으로 받아들여지면서 다양한 방식으로 이중 삼중의 '손상'을 초래했다. 하지만 그것은 일방향적인 것이 아니었다. 지배의 관철 과정에서 무수한 균열과 모순이 발생했고, 그 균열과 모순을 따라 주체의 능동적인 저항이 일어났다. 이 책은 이 같은 지배와 저항의 관계를 '손상' 인문학의 문제의식과 관점에서 변증법적으로 파악하고자 했다. 이 책의 내용 가운데 절반 정도는 본 연구소의 〈냉전 생태계와 '손상' 인문학〉 연구가 본격적으로 진행되기 전에 학술지에 게재된 논문을 기반으로 하고 있지만, 그 문제의식과 관점은 '손상' 인문학과 크게 다르지 않다. 이에 본격적으로 '손상' 인문학 연구를 진행하면서 작성한 논문들과 함께 이 책에 수록하였다. 부디 이 책이 냉전하 1960~70년대 지배와 저항의 역사를 풍부하고 입체적으로 이해하는 데 도움이 되고, 이를 통해 '손상' 인문학 발전에 기여할 수 있기를 기원해본다.

제1부

'손상'된 대학생

제1장 주변화된 여학생
—여고생과 여대생의 4월혁명

1. 머리말

한국의 민주주의는 역동적이다. 최근 한국 시민들은 촛불혁명을 통해 대통령을 교체했다. 대통령과 그 측근들의 국정 농단에 항의하는 촛불집회와 시위는 2016년 10월 말부터 시작되었다. 이후 규모가 계속 불어나 12월 3일에는 서울에서만 170만 명, 전국적으로 232만 명이 촛불을 들고 집회와 시위에 참여했다. 청와대 앞까지 진출한 시민들은 대통령 퇴진을 요구했다. 시민들의 압력에 따라 국회는 12월 9일 대통령에 대한 탄핵소추안을 가결했다. 2017년 3월 10일 헌법재판소는 이 탄핵소추안을 재판관 전원일치의 의견으로 인용함으로써 대통령을 파면했다. 대통령이 파면될 때까지 시민들의 집회와 시위는 계속되었다. 134일 동안 지속된 촛불혁명에 참여한 연인원은 1,600만 명에 달했다.[01]

한국에서 촛불혁명과 같은 사례는 그 이전에도 여러 차례 반복한 바 있다. 1987년 시민들은 군사독재정권에 대항해 헌법개정과 독재타도를 외치며 6

---

01 오제연, 「한국 근현대사 속의 6월항쟁」, 『6월 민주항쟁: 전개와 의의』, 한울, 2017, 453~454쪽.

월항쟁을 전개했다. 6월 10일부터 약 한 달간 지속된 항쟁의 참가자는 연인원 400~500만 명으로 추산된다.[02] 이때 곧바로 군사독재가 무너지지는 않았지만, 대신 시민들은 정권으로부터 대통령 직선제 등 대폭적인 민주화 약속을 받아냈다. 그 결과 만들어진 민주적인 헌법 덕분에 이후 한국에서는 1961년부터 이어진 군부통치가 막을 내리고 본격적으로 민주화가 진행될 수 있었다.

1980년 5월 광주항쟁 역시 신군부의 쿠데타에 맞서 시민들이 저항한 대표적인 사건이다. 80만 광주시민 중 30만 명이 거리에 나섰고, 일부 시민들은 직접 총을 들고 시민군을 조직하여 신군부에 맞섰다. 비록 200명 이상의 시민이 사망하는 등 큰 희생을 치르며 항쟁은 좌절되었지만,[03] 오늘날 광주항쟁은 한국의 민주화운동을 대표하는 사건으로 인정받고 있다.

한국의 민주화운동 중 가장 먼저 일어난 것은 1960년 4월혁명이다. 1960년 3월 대통령과 부통령을 선출하는 선거가 정부에 의해 부정하게 치러지자, 많은 시민들이 거리에 나와 항의 시위를 벌였다. 연일 계속된 시위는 4월 19일 서울, 부산, 광주 등 주요 도시에서 10만 명이 거리에 나서며 절정에 달했다. 시위 진압을 위해 경찰이 총을 쏘면서 이날 하루에만 123명의 사망자가 발생했다.[04] 이후 계엄령이 선포되어 시위는 잠시 소강상태를 보였으나, 4월 25일 시위가 다시 재개되었다. 다음 날인 4월 26일, 일주일 전처럼 거리를 가득 메운 10만 명의 시민들은 한목소리로 대통령 하야를 요구했다. 계엄령에 의해 출동한 군도

---

02 서중석, 『6월 항쟁』, 돌베개, 2011, 529쪽.

03 1980년 5월 18일부터 27일까지 열흘 동안 전개된 광주항쟁에서 사망이 공식적으로 확인된 시민은 총 166명이다. 여기에 더해 같은 시기 광주에서 실종된 사람도 최소 60명 이상 되는데 이들 중 상당수는 쿠데타군에 의해 사망한 후 암매장된 것으로 추정된다. 국방부 과거사진상규명위원회, 『국방부 과거사진상규명위원회 종합보고서』 2, 2007, 438쪽.

04 민주화운동기념사업회 연구소 편, 『한국민주화운동사』 1, 돌베개, 2008, 134쪽.

더이상 시위대를 막지 않았다. 궁지에 몰린 이승만 대통령은 이날 사임 성명을 발표할 수밖에 없었다.

1960년 4월혁명은 한국인이 스스로의 힘으로 자유와 민주주의를 획득한 첫 번째 사건이었다. 4월혁명의 경험은 이후 지속된 한국 민주화운동의 원동력이 되었다. 4월혁명 당시 가장 먼저 거리에 나선 이들은 고등학생이었다. 4월혁명의 절정인 4월 19일 시위에는 대학생들이 선봉에 섰다. 4월혁명으로 독재정권이 무너진 직후 한국 사회에서는 목숨을 걸고 혁명에 앞장선 학생들에 대한 찬사가 이어졌다. 이 과정에서 학생, 특히 대학생들은 '젊은 사자들'로 호명되었다.

'젊은 사자들'은 본래 1948년에 발간된 어윈 쇼(Irwin Shaw)의 소설 제목이다. 이 소설은 제2차 세계대전에 참전한 청년 세 명을 주인공으로 하여, 전쟁의 참상과 그 속에서의 인간의 면모를 잘 묘사했다. 『젊은 사자들』은 1958년 영화로도 만들어졌는데, 다음 해 한국에서 개봉되어 큰 인기를 끌었다. 이 영화 때문에 '젊은 사자들'이라는 용어는 1950년대 말 한국 사회에서 유행어가 되었고, 4월혁명 직후에는 학생들을 혁명의 주인공으로 호명하는 관용구가 될 수 있었다.

문제는 4월혁명과 관련하여 학생들을 '젊은 사자들'이라고 호명했을 때 그 표상이 지극히 남성적이라는 사실에 있다.[05] 젊은 사자 자체가 강인한 숫사자의 이미지를 갖고 있을 뿐만 아니라, 실제 소설과 영화 속 주인공들도 모두 남성이다. 이는 4월혁명 직후 언론사 기자들이 간행한 4월혁명 기록집의 표지 속 숫사자 그림과, 1959년 한국에서 개봉된 영화 〈젊은 사자들〉의 포스터에서 잘

---

05 권보드래·천정환, 『1960년을 묻다: 박정희 시대의 문화정치와 지성』, 천년의 상상, 2012, 481~485쪽.

드러난다. 특히 4월혁명 기록집의 표지 속 숫사자 그림에서 과도하게 강조된 갈기는 젊은 사자들의 남성적 표상을 한층 더 부각시킨다.

4월혁명 기록집의 표지 속 숫사자 그림
현역일선기자동인 편, 『사월혁명』, 창원사, 1960.

실제로 4월혁명에 참여한 학생 중 다수는 남학생이었다. 이는 당시 한국의 고등학생과 대학생 중 남학생이 여학생보다 훨씬 많았다는 점에서 자연스러운 현상일 수 있다. 하지만 단지 남학생 수가 더 많았기 때문에 4월혁명의 주체로서 학생에게 젊은 사자들과 같은 남성적 표상이 부여되었다고 볼 수는 없다. 우선 4월혁명 과정에서 남학생 외에 여학생이 실제로 어떻게 참여했는지, 참여한 여학생과 그렇지 않은 여학생의 차이는 무엇인지, 4월혁명의 표상에서 여성은 왜 배제되었는지 등을 하나하나 구체적으로 설명할 필요가 있다. 이를 위해 이 글에서는 4월혁명 당시 학생들의 조직과 네트워크에 주목하고자 한다.

4월혁명에 남성적 표상이 강하게 투영되었던 관계로 4월혁명과 여성의 문제는 오랫동안 학술 연구의 대상에서 외면되어왔다. 그러다 지난 2010년 4월혁명 50주년을 계기로 여러 관련 연구가 진행되었다.[06] 주로 문학 연구자들을 중

06 김미란, 「'젊은 사자들'의 혁명과 증발되어버린 '그/녀들'—4월혁명의 재현 방식과 배제의 수사학」, 『혁명과 여성』, 선인, 2010; 김주현, 「'의거'와 '혁명' 사이, 잊힌 여성의 서사들」, 『혁명

심으로 여성주의적 관점하에 진행된 이들 선행 연구는 크게 세 가지 정도를 지적하고 있다. 첫째, 남학생 중심의 4월혁명 인식·서술 속에서 도시하층민과 더불어 여성이 배제되었다. 그러나 실제로는 많은 어머니, 여학생, 여성 시민들이 시위에 참여하였다. 둘째, 4월혁명과 5·16쿠데타를 거치면서 부패의 근원이자 문란한 집단으로서 여성을 비판하는 목소리가 커졌다. 특히 한국전쟁 후 유행한 아프레걸(Après Girl) 담론 같은 1950년대의 자유롭고 적극적인 여성상에 대한 비판이 거세졌다. 이러한 비판 속에서 "여성은 가정으로!"라는 슬로건이 등장하고 복고적인 현모양처의 여성상이 강조되었다. 셋째, 4월혁명 이후 각종 사회운동이 활발해지면서 여성들은 신생활운동에 앞장섰다. 하지만 이 과정에서 사회적 모순이 개인의 문제로 오도되고, 많은 혁명적 요구들이 신생활의 영역에 갇혀버렸다.

선행 연구 덕분에 우리는 4월혁명에 여성들이 참여하는 모습이나, 남성 중심의 사회 구조와 담론에 의해 여성들이 4월혁명의 기억 속에서 배제되는 양상을 알 수 있게 되었다. 하지만 선행 연구들은 대부분 4월혁명과 여성의 관계를 일반화해서 설명하는 수준에 머물러 있다. 역사적 맥락과 관계없이 예외적이고 단편적인 몇몇 사례들에 과도한 의미를 부여하거나 자의적인 해석을 하는 경우도 많다. 그 결과 4월혁명에 여성들의 참여 여부를 결정한 요인이 여전히 규명되지 못했다. 무엇보다 선행 연구들은 4월혁명에 대한 남성 중심적 역사인식을 비판하는 데 주력했을 뿐, 여성 주체를 통해 4월혁명 그 자체를 어떻게 새롭게 볼 수 있는지에 대해서는 전혀 답하지 못했다.

과 여성』, 선인, 2010; 박지영, 「혁명, 시, 여성(성)—1960년대 혁명시에 나타난 여성성」, 『혁명과 여성』, 선인, 2010; 윤정란, 「4월혁명과 여성들의 참여 양상—여성신생활운동과 장면정권과의 갈등을 중심으로」, 『혁명과 여성』, 선인, 2010; 권명아, 「죽음과의 입맞춤—혁명과 간통, 사랑과 소유권」, 『4·19와 모더니티』, 문학과지성사, 2010.

선행 연구의 한계를 극복하기 위해서는 나열적이고 단편적인 사례 제시와 역사적 맥락을 고려하지 않은 자의적 해석을 넘어, 4월혁명에 참여한 혹은 참여하지 않은 여성 주체들의 모습을 좀 더 구체적으로, 좀 더 분석적으로 살펴볼 필요가 있다. 이 글에서 여성 주체 가운데 여학생의 4월혁명 참여 문제를 조직과 네트워크에 초점을 맞춰 접근하려는 것도 같은 이유다. 특히 선행 연구들은 4월혁명에 참여한 혹은 참여하지 않은 여성들이 갖고 있던 여러 배경에 대해 소홀히 넘어가는 경향이 있다. 하지만 여학생의 경우 여성이라는 정체성과 더불어 특정 학교에 소속된 학생이라는 특수한 배경을 함께 갖고 있다. 조직과 네트워크라는 관점은 특정 학교를 배경으로 4월혁명에 참여한 혹은 참여하지 않은 여학생들의 모습을 이해하는 데 도움을 줄 것이다.

2. 여고생의 조직적 참여

4월혁명의 초기 주인공은 고등학생이었다. 4월혁명은 고등학생에 의해 시작되었고 또 확산되었다. 혁명의 절정이었던 4월 19일에도 고등학생들은 각지에서 열심히 싸웠다. 그리고 적극적으로 시위에 참여한 고등학생 중에는 남학생뿐만 아니라 여학생들이 적지 않았다. 당시 남녀공학 고등학교가 거의 없던 상태에서 여고생들은 자신들이 재학 중인 여고 차원에서 시위에 나섰다.

1960년 2월 28일 대구에서 고등학생에 의해 4월혁명의 막이 올랐다. 먼저 경북고와 대구고 학생들이 거리에 진출했다. 이 소식을 들은 경북여고 학생간부들은 시위를 결의했다. 경북여고 학생들의 시위 참여를 막기 위해 학교 당국에서는 저녁 무렵이 되어서야 학생들을 개별적으로 하교시켰으나, 학생들은 이내 결집하여 시위에 돌입했다. 약 100여 명의 경북여고 학생들은 시위 도중 대구여고 학생들과도 결합했다. 경찰은 이 여고생 시위대를 해산시키면서 30명 정도를 연행했고, 이들에 대한 폭언과 폭행을 자행했다.[07]

3월 15일 사상 최대의 부정선거를 전후하여 전국 각지에서 선거 부정에 항의하는 고등학생의 시위가 잇달았다. 이 중 여고생 시위 사례만 일부 소개하면 다음과 같다. 3월 14일 시위를 모의하던 전주여고와 전주여상 학생 5명이 경찰에 연행되었다. 16일에는 진해여고 학생들이 시위를 감행했다. 3월 25일 부산에서는 데레사여고 학생 1백여 명과 혜화여고 학생 20여 명이 시위에 참여했다. 4월 11일 마산 앞바다에서 약 한 달 전 1차 마산항쟁에 참여했다 실종되었던 고등학생 김주열의 시신이 떠오르자, 마산의 많은 여학생들이 유관순 노래를 부르며 시위에 돌입했다. 다음 날인 12일에는 마산여고와 성지여고 학생간부들이 시위를 결의했고, 이에 따라 13일 두 학교 학생 1천여 명이 시위를 벌였다. 이날 마산제일여고 학생들도 "경찰은 학생의 살상을 책임져라", "협잡선거 물리치고 공명선거 다시 하자" 등의 구호를 외치며 시위를 벌였다. 4월 18일에는 청주여고 학생 3백여 명이 시위를 벌였다.[08]

여고생들의 시위 시도는 이보다 더 많았을 것으로 보인다. 왜냐하면 여학생들을 보호한다는 명목으로 여고에서 학교 당국이 학생들의 시위를 남고보다 더 철저하게 막았기 때문이다. 일례로 3월 24일 부산고 학생들이 시위를 벌이면서 경남여고 앞으로 가 경남여고 학생들의 호응을 요청했을 때, 경남여고 교사들은 학생들을 강당으로 집합시키고 문을 잠가버렸다.[09] 경남여고 학생들의 시위는 결국 좌절되었다.

---

07 안동일·홍기범, 『기적과 환상』, 영신출판사, 1960, 100~101쪽.

08 위 책, 144~206쪽.

09 이강현 편, 『민주혁명의 발자취』, 정음사, 1960, 66쪽.

여고의 학생 시위는 일반적으로 같은 지역 내 남고 학생들의 시위와 함께 진행되었다. 여고 시위와 남고 시위의 관계는 크게 세 가지 유형으로 나눠볼 수 있다. 첫 번째 유형은 남고와 여고가 사전에 모의를 하고 함께 시위에 돌입한 경우이다. 비록 미수에 그쳤지만 부산의 동래고와 혜화여고, 데레사여고 등의 학생들이 3월 12일 서로 상의하여 남고에서는 플래카드를 만들고 여고에서는 유인물을 만들어 함께 시위를 벌이려 했던 것이 대표적인 사례다.[10] 4월 11일 김주열 시신 발견 이후 마산에서 벌어진 학생 시위에서도 사전에 남고와 여고 학생들의 접촉이 있었다. 두 번째 유형은 남고 시위가 먼저 일어나고 사전 모의 없이 그 연쇄반응으로 주변 여고가 시위에 나선 경우이다. 2월 28일 경북여고의 시위, 3월 25일 데레사여고의 시위, 4월 18일 청주여고의 시위 등이 이에 해당된다. 세 번째 유형은 남고와 상관없이 여고 학생들이 독자적으로 시위를 벌인 경우이다. 3월 16일 진해여고의 시위는 여학생들의 독자적인 시위였다. 남고인 진해고의 시위는 다음 날인 17일에 일어났다.

여고든 남고든 4월혁명 당시 고등학생 시위의 특징은 학생들이 학교별로 조직적으로 움직였다는 점에 있다.[11] 이는 학생들의 학도호국단 경험과 밀접한 관계가 있다. 1950년대 내내 학생들은 정부에 의해 수직적으로 조직된 학도호국단에 소속되어 일상적으로 통제·동원되었다. 정부가 마치 군대와 같은 체제

---

10 위 책, 99쪽; 안동일·홍기범, 앞 책, 1960, 265~266쪽.

11 시위에 참여한 모든 고등학생이 학교별로 조직적으로 움직인 것은 아니다. 특히 서울을 중심으로 대규모 시위가 벌어진 4월 19일과 4월 26일에는 학교와 상관없이 개별적으로 참여한 학생이 많았다. 개별적으로 시위에 참여한 학생들은 자신의 학교가 시위에 나서지 않았기 때문에 어쩔 수 없이 혼자 또는 친구들과 함께 거리에 나선 경우가 대부분이었다. 다만 4월혁명은 4월 19일과 26일에만 한정되지 않는 약 두 달간 지속된 사건이고, 또 서울뿐만 아니라 전국 각 지역에서 전개된 사건이기 때문에, 4월혁명 당시 고등학생 시위는 대체로 학교별로 조직적으로 이루어졌다고 보는 것이 타당하다.

로 학생들을 규율했던 것이다. 특히 학생들은 이 학도호국단의 체제에 따라 수시로 관제데모, 즉 정부가 주도하는 대중 캠페인에 동원되었다. 그 결과 당시 학생들은 학도호국단의 지휘 아래 조직적으로 행동하는 경험, 또 거리에 진출하여 시위를 벌이는 경험을 일상적으로 했다. 그런 의미에서 4월혁명은 학생들의 학도호국단 경험이 만들어낸 의도치 않은 결과라 할 수 있다. 실제로 4월혁명 당시 각 고등학교에서는 학도호국단 간부들이 시위를 모의하고 주도한 사례가 많았다.

4월혁명 당시 고등학생은 남고든 여고든 학도호국단이라는 조직을 기반으로 그 누구보다 많은 시위 경험을 갖고 있었다.[12] 학교별로 이뤄지는 조직적 시위는 그들에게 익숙한 것이었다. 그래서 4월혁명 직후 한 지식인은 학생들의 익숙한 시위 경험에 대하여 다음과 같이 논평한 바 있다. "우리 사회의 학생들은 가지가지의 관제데모에 동원된 경험이 많았다. 그러나 4월혁명은 바로 독재정권이 그들의 이익을 위하여 이용한 시위라는 수단을 통해 성취된 것이다. 여기에 역사적 아이러니가 있다."[13]

1950년대 학도호국단 경험이 초래한 의도치 않은 또 하나의 결과는, 지역 내 고등학교 학도호국단 간부들이 긴밀한 네트워크를 형성했다는 점이다. 학도호국단은 정부에 의해 조직되었기 때문에, 정부의 요구에 따라 지역 내 여러 학교 학생들이 연합하여 함께 활동하는 경우가 많았다. 지역 내 각 학교 학도호국단 간부들 사이의 접촉이 활발해지면서, 자연스럽게 이들 사이에는 긴밀한 네트워크가 만들어졌다. 1950년대 각 학교 학도호국단 간부들은 이 네트워크를 통해 상호 논의와 협력의 경험을 쌓았다.

---

12 안동일·홍기범, 앞 책, 1960, 64쪽.

13 한태연, 「전제군주의 몰락—4월혁명의 역사적 의의」, 『세계』 6월호, 1960, 40쪽.

4월혁명은 바로 이 네트워크를 통해 시작되었다. 1960년 2월 28일 대구 학생 시위를 주도한 학생들은 경북고 학도호국단 부위원장, 대구고 학도호국단 위원장 등 약 10명 정도였다. 이들은 개인적으로도 친한 사이였으며 평소 많은 일을 상의하고 토론한 경험을 갖고 있었다.[14] 부정선거 하루 전날인 3월 14일에 서울에서 벌어진 고등학생들의 야간 횃불시위도 이전부터 학도호국단 행사 관계로 자주 모임을 갖던 여러 학교 학생들이 연합하여 전개한 것이었다.[15] 학도호국단은 남고는 물론 여고까지 일률적으로 조직되어 있었기 때문에 여고생들도 이런 네트워크의 한 부분을 차지하고 있었다. 단, 대구 학생 시위가 보여주듯 이 네트워크의 중심은 대부분 남학생이었고, 여학생의 결합 정도는 지역에 따라 달랐다. 그래서 지역에 따라 남고와 여고 사이의 사전 모의와 공동행동의 양상이 앞서 언급한 세 가지 유형과 같은 차이를 보였던 것이다.

3. 조직적으로 참여하지 못한 여대생

4월혁명 초기 고등학생이 시위를 주도한 반면 대학생은 별다른 움직임을 보이지 않았다. 그 이유는 두 가지를 들 수 있다. 첫째, 대학에도 학도호국단이 있었지만 학생들에 대한 학도호국단의 영향력은 고등학교만큼 크지 못했다. 또 대학생이 관제데모에 동원되는 경우도 드물었다. 즉, 대학생은 학도호국단을 중심으로 한 학교 차원의 조직적 집단행동 경험을 고등학생 때만큼 많이 하지는 않았던 것이다. 둘째, 각 지역마다 있는 고등학교와 달리 대학은 서울에

---

14 안동일·홍기범, 앞 책, 1960, 97~98쪽.

15 홍충식, 「숨겨진 이야기 남기고 싶은 사실들」, 『4월혁명과 나』, 4월회, 2010, 396~397쪽.

집중되어 있었다. 부정선거가 치러진 3월은 아직 방학 기간이었기 때문에, 대학생의 다수를 차지하는 지방 출신 학생들은 대부분 학교에서 멀리 떨어진 각자의 고향으로 내려간 상태였다. 당연히 대학생의 결집은 쉽지 않았다.

그러나 1960년 3월 15일 1차 마산항쟁 때 실종된 김주열의 시신이 4월 11일 참혹한 상태로 발견되고, 그로 인해 마산을 비롯한 각지에서 시위가 격화되자, 4월 개강 후 학교로 복귀한 서울의 대학생들이 드디어 움직이기 시작했다. 4월 18일 먼저 고려대 학생들이 시위에 나섰다. 하지만 시위에 나선 고려대 학생들은 정부와 여당의 사주를 받은 정치깡패들의 습격으로 100여 명이 큰 부상을 당했다. 이에 다음 날인 4월 19일 서울시내 거의 모든 대학의 학생들이 학교별로 시위대를 조직해서 거리로 쏟아져 나왔다.

시위에 나선 대학생들의 절대 다수는 남학생이었다. 이는 우선 당시 대학생 중 남학생의 비율이 압도적으로 높았던 것과 관계가 있다. 1960년 한국의 대학생은 총 101,041명이었는데, 그중 남학생은 83,622명으로 전체의 82.8%였다. 여학생은 17,419명으로 전체의 17.2%에 불과했다.[16] 하지만 대학생의 4월혁명 참여가 남학생에 편중되었던 이유를 남학생과 여학생의 수적 차이로만 설명할 수는 없다. 고등학생도 1960년 전체 273,434명 중 74%인 202,246명이 남학생이었고, 여학생은 26%인 71,188명에 불과했다.[17] 대학생보다 그 편차가 작기는 하지만 고등학교 남학생과 여학생의 비율 역시 불균형했던 것이다.

대학생의 4월혁명 참여가 남학생에 편중된 직접적인 이유는 여대생 중 다수가 재학 중이던 여대, 특히 당시 한국에서 가장 큰 여대인 이화여대와 숙명여대 학생들이 조직적으로 4월혁명에 참여하지 못했기 때문이었다. 남고와 여

---

16 문교부, 『문교통계요람』, 문교부, 1963, 337쪽.

17 위 자료, 337쪽.

고가 엄격하게 구분된 고등학교와 달리 대학은 대부분 남녀공학이었다. 그러나 대학 중에도 여대가 있었다. 특히 종합대학교인 이화여대와 숙명여대에는 전체 여대생의 절반 이상이 다니고 있었다. 1960년 17,419명의 여대생 가운데 이화여대 재학생이 7,701명(44.2%), 숙명여대 재학생이 3,036명(17.4%)이었다.[18] 반면 남녀공학 대학에서는 여학생의 비율이 매우 작았다. 통계가 미비하여 1960년의 상황을 정확히 알 수는 없지만, 2년 뒤인 1962년 한국에서 제일 규모가 큰 서울대 학생들을 대상으로 한 조사에 따르면, 전체 11,127명 중 남학생은 9,767명으로 87.8%를 차지했고, 여학생은 1,360명으로 12.2%를 차지했다.[19] 이 때문에 4월 19일 남녀공학 대학에서 여학생들 역시 학교별 시위에 결합했음에도, 여대생의 다수를 포괄하고 있었던 이화여대와 숙명여대가 시위에 조직적으로 참여하지 않는 바람에 여대생의 모습을 쉽게 찾아보기 어렵다.

4월 19일 시위에 적은 수의 여대생이 참여한 사실은, 여대생 일반이 4월혁명에 소극적이었던 것처럼 보이게 했다. 특히 한국의 여대를 대표하던 이화여대의 경우 4월 19일 이후 사회적 비판 대상이 되었다. 이승만 정권 붕괴 직후 한 이화여대 학생의 아버지가 딸에게 쓴 공개편지는 당시 이화여대에 대한 비판적 분위기를 잘 드러내준다. 신문에 게재된 편지 내용 중 일부를 소개하면 다음과 같다.

> 내 사랑하는 딸아! 내가 이 글을 신문에 투고하여 세상에 널리 읽히고자 하는 것은 나만이 딸을 가진 애비가 아니고, 또 너와 같이 너의 학교에 딸을 보낸 수천

---

18 「사립대학의 혼란상」, 『경향신문』 1960. 10. 29, 석간 3면.

19 윤석병·정양은, 「서울대학교 학생 전집 특성」, 『학생연구』 2-1, 서울대학교 학생지도연구소, 1963, 1쪽.

의 부모 형제 자매들이 모두 내 심정과 같을 것을 생각하고 이 부끄러움을, 이 고통을 함께 나누고, 함께 울고자 함이로다. 구태여 너의 학교 이름을 여기서 밝히지 않는다 해도, 한 마디로 서울시내에 있는 '대학교'라는 이름을 가진 학교 중에서 저 4·19 데모 때에 나서지 않고 빠져버린 대학교라면 세상 사람들은 누구다 다 짐작할 것이다. (…) 나는 완전히 할 말이 없게 된 '부끄러운 아버지'가 되고 말았다. (…) 서울의 거리가 온통 너와 같은 젊은 세대의 불길로 거세게 타오를 때, 너는 어디서 무엇을 하고 있었단 말이냐? (…) 어서 뺏지를 떼고 교문을 나와 병원으로 달려가거라. 죄인과 같이 부끄러움과 겸손한 태도로 아직도 병상에서 신음하는 그 젊은 영웅들 앞에 네 피를 아낌없이 쏟아라. 그 젊은이들이 너 같은 여자의 피라도 받아준다면… (…) 결코 '부잣집 맏며느리감'을 만들기 위해서 너를 대학에 보낸 애비가 아니라는 것—네가 잘 알 것이다.[20]

이러한 비판 여론에 누구보다 민감했던 것은 이화여대 학생들이었다. 4월 혁명 후 처음 발행된 1960년 5월 9일자 이화여대 학보는 「4·19혁명과 '이화'」라는 제목의 사설에서 이화여대 구성원들이 느끼는 당혹감과 착잡함을 다음과 같이 표현했다.

이화는 이번 학생 데모와 교수단 데모에 참가하지 않았다는 이유로 일반의 비난의 대상이 되었다. 이화의 학생이나 교직원은 가는 곳에서마다 공격의 대상이 되어 한풀 꺾인 감이 없지 않다. (…) 이번 데모에는 우리가 고의로 참가하지 않은 것이 아니라 참가하지 못하였다고 하는 것이 더 옳을 것 같다. 학생 데모 연락원이 이화 학생대표에게 연락을 할 수 없었다. 그리고 교수들도 집회에 관한 연락

20 「데모 대열에서 빠진 딸에게 '부끄러운 아버지'로부터」, 『조선일보』 1960. 5. 2, 석간 3면.

을 받은 일이 없었다. (…) 물론 데모에 참가하는 것만이 민주 혁명에 참여하는 길이 아니냐고 말할 수도 있을 것이다. 그럼에도 불구하고 이화와 같이 큰 학교가 어떻게 하여 그와 같은 전국적인 운동에서 빠지게 되었느냐 하는 문제는 무시할 수 없는 것이다.[21]

사실 4월 19일 대규모 시위에 개별적으로 참가한 이화여대 학생들도 있었다. 특히 연세대 시위대가 이화여대 부근을 지날 때 이화여대 학생들 중 일부가 학교를 뛰쳐나와 연세대 시위대에 합류했다. 당시 연세대 학생들은 이화여대 학생들에게 "위험하다"며 해산을 종용했지만 이화여대 학생들은 끝까지 시위대의 후미를 지켰다.[22] 그러나 이화여대 학생들의 개별적 시위 참여 사실은 이화여대 자체에 대한 사회적 비판 여론에 묻혀 잘 드러나지 않았다.

4월 19일 이후 이화여대 학생들은 뒤늦게나마 혁명에 동참하기 위해 일일이 병원을 방문하여 부상자들에게 위문품을 전달하고자 했다. 하지만 혹시라도 부상자 중에서 이화여대 학생의 방문을 거부하는 사태가 발생한다면, 이것이 이화여대에 더 치명적인 상처를 줄 수 있다는 우려 때문에 위문품은 결국 신문사를 통해 전달할 수밖에 없었다. 대신 학교를 밝히지 않고 개별적으로 병원에 가서 수혈하거나 거리에서 위문금을 모금하는 학생들이 적지 않았다. 그러나 위문 활동만으로 이화여대에 대한 사회적 비판 여론을 잠재우기에는 역부족이었다. 비판에 직면하여 많은 이화여대 학생들은 부끄러움과 죄책감 속

21 「4·19혁명과 '이화'」, 『이대학보』 1960. 5. 9, 1면.

22 50주년 4·19혁명 기념사업회 편, 『4·19혁명사 下권』, 50주년 4·19혁명 기념사업회, 2011, 195쪽.

플래카드를 든 숙명여대 학생 출처: 3·15의거기념사업회

에서 한동안 학교 배지를 떼고 다녔다.[23]

숙명여대의 경우 4월 19일 각 학과별 신입생 환영 야외 하이킹이 예정되어 있었다. 따라서 대부분의 숙명여대 학생들은 이날 지정된 장소로 이동하다가 대규모 시위 소식을 들었다. 일부 학생들이 산발적으로 다른 대학의 시위대에 합류했지만, 조직적으로 시위를 전개할 수는 없었다. 단, 개별적으로 시위에 참여한 숙명여대의 한 학생이 "대통령·부통령선거 다시 하자"라는 플래카드를 들고 거리를 누볐는데, 이것이 카메라에 잡혀 4월혁명을 상징하는 사진 중 하

23 이헌구(전 이화여대 교수), 「여대 캠퍼스에서 30년」, 『세대』 11월호, 1970, 249쪽.

나로 남았다.[24] 숙명여대 학생 1명은 시위 과정에서 총상을 입기도 했다.[25] 하지만 이화여대만큼은 아니더라도 숙명여대 학생들 역시 사회적 비판 여론에서 자유로울 수 없었다.

이화여대와 숙명여대 학생들이 학교 차원에서 시위에 조직적으로 참여하지 않아 사회적 비판을 받은 것을 젠더적 차원으로만 설명하기는 어렵다. 남학생들도 마찬가지였기 때문이다. 대표적인 것이 인천의 이른바 명문고인 제물포고의 사례이다. 4월혁명 당시 제물포고 학생들도 시위에 참여하지 않았다. 이 때문에 지역사회에서 "인천을 대표하는 제물포고 학생들이 어떻게 시위 한 번 제대로 못했느냐?"는 질타의 소리가 높았다. 제물포고 교사들도 "너희들이 그렇게 비겁한 학생들인 줄 몰랐다"며 학생들을 야단쳤다.[26] 즉, 시위 불참 학생에 대한 사회적 비판 속에는, 당시 고등학교와 대학교 진학자가 많지 않던 상황에서 학생들이 장차 한국 사회의 엘리트로 성장해주길 바라는 기대감과, 그 기대가 무너진 데서 오는 실망감이 교차하고 있었다.

하지만 이화여대와 숙명여대 학생들에 대한 비판 여론에는 분명 여성에 대한 편견과 혐오의 인식도 함께 담겨 있었다. 한 이화여대 학생의 자조 섞인 글 속에서 이를 확인할 수 있다. 이 학생에 따르면 당시 "이화여대 학생하고는 연애도 안 하고 결혼도 안 한다"는 말이 서울에서 유행했다고 한다. 또 개별적으로 시위에 참여한 이화여대 학생들이 있었다고 말해도 "흥, 그나마 옷을 툭툭 털며 지나갔겠군", "이화여대가 시위 안 하기를 잘했어. 왜냐구? 글쎄, 이화여대가 시위를 했더라면 패션쇼 같았을 테니까"라는 냉소적 반응이 돌아왔다

---

24 안동일·홍기범, 앞 책, 1960, 254~255쪽.

25 현역일선기자동인 편, 『4월혁명: 학도의 피와 승리의 기록』, 창원사, 1960, 245~247쪽.

26 김학준, 「4월혁명과 길영희 교장님」, 『4월혁명과 나』, 4월회, 2010, 90쪽.

고 한다. 그래서 이 학생은 앞서 언급한, 한 이화여대 학생의 아버지가 쓴 편지의 구절을 인용해 자신을 '시대의 고아'로 규정했다.[27] 4월혁명에 조직적으로 참여하지 못한 이화여대와 숙명여대에 대한 사회적 비판은 결국 남자 대학생 중심의 4월혁명 인식을 강화시켰다. 이러한 배경 위에서 지극히 남성적인 표상인 '젊은 사자들'은 4월혁명의 주역인 학생, 특히 대학생을 호명하는 관용구로 자리 잡을 수 있었다.

하지만 4월혁명에서 남자 대학생들의 참여와 역할 역시 제한적이었다. 이미 1960년 2월 말부터 고등학생들은 계속 시위를 벌이고 있었지만, 대학이 밀집한 서울에서 남자 대학생들은 오랫동안 시위를 벌이지 않았다. "선배들은 비겁하다"며 고등학생들이 공개적으로 대학생을 비판할 정도였다. 대학생들은 4월 18일 사실상 처음 거리에 나선 이후, 다음 날인 4월 19일 드디어 대학별로 조직적인 대규모 시위를 벌였다. 그러나 이날 그들만 거리에 나선 것이 아니었다. 오히려 일반 시민들, 특히 도시하층민들이 더 격렬하게 독재정권과 싸웠고, 실재 희생자도 대학생보다 더 많았다. 따라서 4월 19일 시위에 조직적으로 참여하지 못한 여대 학생들만 비난의 대상이 되었던 현상은 그 자체로 부당할 뿐 아니라, 그 이면에 분명히 여성에 대한 편견과 혐오가 작용하고 있었다.

4. 남학생 중심의 네트워크에서 주변화된 여대생

이화여대와 숙명여대는 왜 4월혁명에 조직적으로 참여하지 못했을까? 신

---

27 이덕희(이화여대 사회학과 2학년), 「새로운 역사 앞에 서서—진정 우리는 무엇을 말할 것인가」, 『이대학보』 1960. 5. 9, 2면.

입생 환영 야유회 때문에 참여가 어려웠던 숙명여대는 일단 논외로 하고, 사회적 비판의 집중 표적이 된 이화여대의 상황을 살펴보자. 이화여대 학생들의 시위 불참 이유로 가장 많이 언급되는 것이 당시 이화여대 부총장이었던 박마리아의 존재다. 박마리아는 이승만 정권의 2인자로서 3월 15일 부정선거에서 부통령으로 당선된 이기붕의 부인이었다. 박마리아는 이승만 대통령의 부인 프란체스카와의 긴밀한 관계를 이용해 자신의 남편을 사실상 이승만의 후계자로 만들었다는 평을 받고 있었다. 이 과정에서 이기붕과 박마리아 부부의 장남 이강석이 1957년 이승만의 양자로 입적되기도 했다.

정치적 힘을 바탕으로 박마리아는 활발한 사회 활동을 벌였다. 여성계의 주요 요직을 차지했으며, 모교인 이화여대에서는 부총장 자리까지 올랐다. 1960년 4월혁명의 와중에서도 박마리아는 계속 목소리를 높였다. 김주열의 시신 발견을 계기로 마산에서 시위가 재개된 직후 이화여대 학보에 실린 사설 「대학생과 종교」에서 박마리아는 시위에 나선 학생들을 향해 "신의 섭리에 순종"할 것을 역설했다.[28]

박마리아의 주장에 이화여대 학생들은 얼마나 공감했을까? 훗날 이화여대 학생들이 남긴 회고를 보면, 4월 19일 대규모 시위에 이화여대 학생들이 조직적으로 참여하지 않았던 것은, 시위를 벌이려고 했던 학생들에게 김활란 총장이 "이기붕 부통령의 부인인 박마리아 선생은 우리 대학의 부총장일 뿐만 아니라 여러분의 선배"라는 요지의 연설을 했기 때문이라고 한다.[29] 박마리아는 이승만 정권이 무너진 직후인 1960년 4월 28일 자신의 남편 및 아들들과 함께 자살했다. 다음 날인 4월 29일 열린 이화여대 전교 채플 때 학생들은 박마리아

---

28 「대학생과 종교」, 『이대학보』 1960. 4. 15, 1면.

29 六一會 편, 『4월민주혁명사』, 제3세계, 1992, 133쪽.

의 죽음을 애도했다. 김활란 총장의 인도로 박마리아를 위한 기도가 진행되자 많은 학생들이 흐느끼고 울음을 터트렸다.[30]

이렇게 보면 이화여대 학생들이 4월혁명에 조직적으로 참여하지 못한 데는 박마리아에 대한 지지 여부와는 별개로 그 존재 자체가 일정한 영향을 준 것처럼 보인다. 실제로 박마리아의 부정적 이미지는 4월혁명 직후 이화여대 학생은 물론 여대생을 포함한 엘리트 여성 전반에 대한 비판 여론으로 연결되었다. 1960년대 한 소설에 나오는 "박마리아는 뭡니까? 또 프란체스카는 뭡니까? 암탉이 울면 집안이 망한다더니, 여자의 치맛바람으로 나라를 망쳐놓고"라는 구절은 당시의 분위기를 잘 보여준다.[31] 이는 '여성 정치참여 망국론'으로까지 이어져 한국에서 여성정치에 대한 혐오가 커지는 원인이 되기도 했다. 이승만 정권 12년간 부정부패의 원인이 박마리아와 프란체스카를 포함한 소위 '사모님족'에 있다는 것이었다. 결국 4월혁명 후 새 정부 구성을 위해 치러진 1960년 7·29총선에서 여성은 단 1명만 당선되었다.[32]

그러나 박마리아의 존재가 4월혁명에서 이화여대 학생들의 조직적 시위 참여를 막았다는 평가는 일면적이다. 근본 원인은 더 구조적인 측면에서 찾아야 한다. 이와 관련하여 4월 19일 대규모 시위 하루 전날 서울대 학생들이 이화여대 학생들과 접촉을 시도했다는 사실에 주목할 필요가 있다. 4월혁명 당시 서울대 국문과 2학년에 재학 중이던 김만옥의 회고는, 그동안 잘 알려지지 않았던 서울대와 이화여대 학생들 사이의 접촉 과정을 상세하게 보여줄 뿐만 아

---

30 장명수(이화여대 신문학과 3학년), 「사월의 회상: "그를 둘러싼 베일 모두 헤치고"—박마리아 선생의 명복을 빌던 채플」, 『이대학보』 1962. 4. 16, 4면.

31 권보드래·천정환, 앞 책, 2012, 477쪽.

32 윤정란, 앞 논문, 2010, 256~259쪽.

니라, 여대생들의 시위 참여 혹은 비참여의 근본 원인을 파악하는 데 큰 도움을 준다.

서울대 국문과 2학년 중 유일한 여학생이던 김만옥은 평소 남학생과 잘 어울리지 못했다. 남학생 사이에 "끼어들 틈"도 없었고 틈이 있다 하더라도 끼어들 "배짱도 없었다." 남학생이 모여 있는 곳을 지날 때는 "무슨 죄인이라도 된 듯 얼굴을 돌리고 속도를 내서 빨리 지나다녔다."[33] 그런데 1960년 4월 18일 고려대 학생들이 대규모 시위를 진행하고 있던 그 시간에 몇 명의 남학생들이 김만옥을 찾아왔다. 이들은 김만옥에게 이화여대에 있는 친구를 만나 이화여대 학생들의 시위 참여를 요청해달라고 부탁하였다.

마산 출신으로 그동안 마산에서 전개된 항쟁을 뜨거운 마음으로 지켜보던 김만옥은 곧바로 이화여대로 달려가 같은 마산 출신 영문과 친구를 만났다. 그리고 이화여대 학생들의 조직적 시위 참여를 요청했다. 하지만 이화여대의 친구는 김만옥의 요청을 거절했다. 고려대 시위에 대해서 이화여대 학생들이 별 반응이 없고, 시위대의 표적이 될 고위층 자제들이 학내에 많으며, 무엇보다 이 시위가 성공하지 못할 경우 자신이 감당해야 할 희생이 너무 크다는 이유에서였다. 그러면서도 그 친구는 만약 모든 대학이 참여하는 시위가 벌어질 경우 꼭 연락을 해달라고 김만옥에게 부탁했다.[34]

우리는 여기서 두 가지 사실을 알 수 있다. 첫 번째는 4월 19일 대규모 시위 직전 서울대와 이화여대 학생 사이에 접촉이 있었지만, 이화여대 측에서 소극적인 태도를 보였다는 사실이다. 거부의 이유로는 '학생들의 반응이 없다', '고위층 자제가 많다', '감당해야 할 희생이 너무 크다' 등이 언급되었다. 이는 남

33 김만옥, 『내 생애 최고의 날들—특별한 파리 산책, 그 기억의 회전축』, 물레, 2012, 155~156쪽.

34 위 책, 162~163쪽.

〈표 1〉 자신의 경제적 사정에 대한 서울대 신입생의 자체 평가(1966)

	남학생 중 비율	여학생 중 비율
남부럽지 않게 풍족하다	6.1%	16.4%
넉넉하지는 않지만 큰 곤란도 없다	39.7%	52.1%
겨우 현상을 유지할 정도다	28.5%	19.0%
어려운 고비가 많다	22.2%	11.8%
말할 수 없이 곤란하다	3.2%	0.7%
무응답	0.1%	0.0%

* 출전: 김기석·이정섭, 「1966년도 신입생 현황조사」, 『학생연구』 5-2, 서울대학교 학생지도연구소, 1968, 30쪽.

학생들에 비해 경제적으로 가정 형편이 좋았던 당시 여대생들이 정치적으로 무관심하고 나약했다는 통념을 뒷받침해주는 듯하다.

하지만 여대생들의 경제적 가정 형편, 즉 계급적 조건이 그들의 4월혁명 참여에 영향을 주었는지는 좀 더 세밀하게 따져볼 필요가 있다. 1960년대 대학생들을 대상으로 진행된 여러 조사들을 비교 검토해보면 여대생이 남학생보다 서울을 비롯한 도시 출신이 더 많고 가정 형편도 더 좋았다. 1962년 서울대 재학생 8,538명을 대상으로 한 조사에 따르면, 남학생의 28.2%가 서울 출신이었던 반면, 여학생은 51.5%가 서울 출신이었다.[35] 1963년 이화여대 재학생 621명을 대상으로 실시한 조사에서는 88.1%가 도시 출신이었다.[36] 가정 형편과 관련해서는 대학 재학 남학생과 여학생의 객관적인 비교가 쉽지 않지만 〈표 1〉과 같은 1966년 서울대 신입생 2,043명에 대한 조사 결과를 참조할 수 있다.

〈표 1〉에서 알 수 있듯이 1966년 서울대 신입생은—스스로의 주관적 평가이기는 하나—대체로 여학생들의 가정 형편이 남학생보다 더 좋음을 알 수 있다. 앞서 살펴본 1963년 이화여대 학생들을 대상으로 한 조사에서도 82.0%가 자

35 윤석병·정양은, 앞 논문, 1963, 2쪽.

36 학생 사회학회 연구부, 「이대생의 계층조사」, 『사회학연구』 2, 1963, 163쪽.

신의 가정 형편을 중간 이상으로 평가했다. 중간 이하로 답한 학생은 17.6%에 불과했다.[37]

4월혁명 당시 여대생의 경제적 가정 형편이 남학생보다 더 좋았던 것은 분명하다. 국가 전체의 경제 상황이 좋지 않았기 때문에, 많은 가정들은 여성의 진학을 억제하고 남성의 진학에 집중하였다. 일정한 경제적 여유가 없이는 여성이 대학에 진학하기 어려웠다. 그렇다 하더라도 이를 4월혁명에 여대생들이 조직적으로 참여하지 못한 주된 이유로 보기는 어렵다. 계급적 조건과 정치적 참여의 상관관계를 밝히는 것은 그 자체로 쉬운 일이 아니다. 4월혁명 당시부터 참여 학생들의 계급적 특성에 대해 사회경제적 하층이 중심이었다는 견해와,[38] 학생의 참여 정도와 그 가정의 소득 수준 사이에는 큰 상관관계가 없다는 견해로 나뉜 바 있다.[39]

우리가 알 수 있는 두 번째 사실은 서울대와 이화여대 학생 사이의 접촉이 사적인 관계를 바탕으로 이루어졌다는 점이다. 4월혁명 당시 대학생들의 사적인 관계를 바탕으로 한 접촉은 비단 서울대와 이화여대 사이에서만 있었던 것이 아니다. 대학생들이 시위를 논의하고 준비하는 과정에서 그들 사이의 지연, 학연 등에 기반한 다양한 네트워크가 활발하게 작동하고 있었다.

대학생들의 다양한 네트워크가 작동하는 공간은 주로 다방이었다. 1950년대 이래 한국에서 다방은 공적 논의가 사적 만남을 통해 이루어지는 독특한 공간이었다. 다방은 공사(公私)의 경계가 희미한 한국 특유의 공론장을 대변했다.

---

37 학생 사회학회 연구부, 위 논문, 168쪽.

38 김성식, 「학생과 자유민권운동」, 『사상계』 6월호, 1960.

39 김성태, 「4·19 학생봉기의 動因」, 『성대논문집』 5, 1960; 「사월 십구일의 심리학」, 『사상계』 4월호, 1961.

다방은 사적이면서도 공적인 공간이었고, 공적이면서도 사적인 공간이었다.[40] 4월혁명 당시에도 주요 다방을 매개로 각 대학 시위 주도 학생들 간의 접촉이 활발하게 이루어졌다.

다양한 대학생 네트워크가 몇몇 다방을 거점으로 서로 얽히다 보니 혼선이 발생하기도 했다. 4월혁명 당시 대규모 시위의 날짜 합의와 관련한 논란이 대표적이다. 1960년 4월 18일 고려대는 서울의 대학 가운데 가장 먼저 시위를 벌였다. 고려대의 4월 18일 시위는, 다음 날인 4월 19일 대규모 시위의 기폭제 역할을 했다. 하지만 4월혁명 직후부터 고려대가 4월 21일경에 다른 대학과 함께 시위를 벌이기로 한 약속을 깨고 먼저 거리에 나섰다는 비판이 제기되었다. 이에 고려대 법대 운영위원장이었던 강우정은, 자신들이 시위를 모의했던 현대다방에 각 대학 학생들이 많이 드나들었기 때문에 마치 고려대에서 다른 대학과 같이 거사하기로 약속했다가 이를 깬 것 같은 오해를 받았다고 해명하였다.[41] 즉 특정 다방을 거점으로 대학생들의 네트워크가 복잡하게 작동하는 과정에서 시위 날짜 합의와 관련한 혼선이 생겼다는 주장이다. 다방에서 이루어진 학생들 간의 빈번한 접촉이 오히려 합의를 모호하게 만들고 혼란을 키웠던 것이다.

문제는 이러한 대학생 네트워크가 남학생 중심으로 형성되면서 여대생이 주변화되었다는 점에 있다. 평소 남녀공학 대학에서도 남학생과 여학생의 교류는 활발하지 않았다. 같은 학과 동기들끼리도 말을 잘 섞지 않거나 대화를 하더라도 서로 존댓말을 쓸 정도로 거리를 뒀다. 앞선 회고의 주인공인 김만옥도 마찬가지였다.

---

40 강준만·오두진, 『고종 스타벅스에 가다: 커피와 다방의 사회사』, 인물과사상사, 2015.

41 강우정, 「나의 발언—당연한 일로 칭송을 받다니」, 『고대신보』 1960. 5. 21, 4면.

1960년 4월 18일 갑자기 남학생들이 몰려와 김만옥에게 이화여대 친구와의 접촉을 요청한 것은 이례적인 일이었다. 남학생들이 김만옥에게 밝힌 접촉의 목적은 "여대가 참여하면 경찰의 저지가 한결 부드러워질 것"이라는 점이었다. 서울대 남학생들은 이화여대 학생들을 학생운동의 동등한 파트너로 생각하기보다는, 자신들의 계획을 실행하는 데 필요한 동원 수단 정도로 생각했던 것이다. 뿐만 아니라 남학생들은 김만옥에게 이화여대와의 연락 방법을 사전에 약속해놓을 것을 요청하면서도, 정작 가장 중요한 거사 날짜는 알려주지 않았다. 다음 날인 4월 19일 아침 등굣길에 서울대 남학생들의 시위 장면을 목격한 김만옥은 자신도 모르게 시위가 일어난 것에 "잠시 배신감을 느꼈다." 물론 김만옥은 이내 시위에 나선 남학생들의 모습을 보면서 마음이 벅차기 시작했다. 그런데 이때 일부 남학생들이 김만옥에게 책과 책가방을 맡기고 시위대로 뛰어들었다. 이에 김만옥은 '왜 여학생은 그들과 같이 뛰지 않으리라고 단정하지?'라고 생각했다. 그럼에도 김만옥은 시위대가 경찰과 격렬하게 싸우면서 휩쓸고 간 그 자리에서 다른 남학생들이 남기고 간 책가방까지 수습하였다.[42] 서울대 남학생들에게 같은 학교 여학생들 역시 시위에 있어 도구적 수단에 불과했던 것이다.

김만옥의 회고를 보면 서울대 남학생들은 자신들의 네트워크를 김만옥을 매개로 이화여대까지 확장하려 하면서도, 그다지 진지하고 적극적인 모습을 보이지 않았다. 같은 학교 학생인 김만옥을 대하는 태도도 마찬가지였다. 서울대 남학생들은 여학생의 주체적 정치 역량을 과소평가하고 그들을 단순한 동원 수단 정도로 인식했다. 결국 김만옥을 매개로 한 서울대와 이화여대의 접촉은 일종의 요식행위로 끝날 수밖에 없었다. 4월혁명에 이화여대 학생들이 조

---

42 김만옥, 앞 책, 2012, 162~166쪽.

직적으로 참여하지 못한 이유를, 4월 19일 대규모 시위 전날 급박하게 이루어진 김만옥을 매개로 한 서울대와 이화여대 학생들의 접촉 결과만으로 설명할 수는 없을 것이다. 하지만 김만옥의 사례는 4월혁명 당시 여대생들이 남학생 중심의 네트워크에서 주변화되어 있던 모습을 분명하게 보여준다. 4월혁명 당시 대학생들은 지연, 학연 등을 기초로 한 남학생들의 다양한 네트워크를 바탕으로 각 대학별 시위를 전개했기 때문에, 이 네트워크에서 주변화되어 있던 여대생들이 4월혁명에 조직적으로 참여하는 것은 쉬운 일이 아니었다. 여대생의 주변화는 4월혁명에 여대생이 조직적으로 참여하지 못한 구조적이고 근본적인 이유였다.

5. 맺음말

지금까지의 논의 내용을 정리하면 다음과 같다. 여학생의 4월혁명 참여 양상은 고등학생과 대학생을 나누어 살펴봐야 한다. 여고생들은 대부분 여고에 재학 중이었다. 이들은 학교별 학도호국단을 중심으로 조직적인 시위에 나설 수 있었다. 여고생들의 조직적 시위가 가능했던 것은 두 가지 요인 때문이었다. 하나는 정부가 학도호국단을 통해 학생을 규율하고 관제데모에 동원한 것이, 아이러니하게도 여고생들이 학도호국단을 중심으로 일사분란하게 시위에 나설 수 있는 정치적 노하우가 되었다. 다른 하나는 정부 주도로 지역 내 여러 학교가 함께 행사를 치르는 과정에서 학도호국단 간부들 사이에 긴밀한 네트워크가 형성되었는데, 이 네트워크에는 여고생들도 참여하고 있었다. 단, 네트워크에 여고생들이 결합하는 정도는 지역에 따라 차이가 있었다.

여대생들의 4월혁명 참여 양상은 여고생들과 달랐다. 특히 여대생의 절반

이상을 차지하고 있던 이화여대와 숙명여대 학생들이 시위에 조직적으로 참여하지 못했다. 여대생이 4월혁명에 조직적으로 참여하지 못한 근본 요인은, 고등학교와 달리 대학교에서 학도호국단이 큰 영향력을 발휘하지 못하는 상황에서, 지연, 학연 등을 기반으로 한 남학생 중심의 다양한 네트워크에서 여대생이 주변화되었기 때문이다. 이는 지역 내 학도호국단 간부 네트워크에 참여하고 있었던 여고생들의 상황과 근본적으로 다른 것이었다. 4월혁명 과정에서 남자 대학생들도 자신들의 네트워크를 여대생으로까지 확장하려 했다. 하지만 그들은 여대생들을 학생운동의 동등한 파트너로 생각하기보다 시위를 위한 동원 수단 정도로 여겼다. 그 결과 네트워크의 확장은 이루어지지 못했다. 네트워크 주변에 머무른 여대생들이 4월혁명에 조직적으로 참여하는 것은 그만큼 어려운 일이었다.

하지만 이러한 어려움 속에서도 4월혁명에 참여한 여대생들이 있었다. 1960년 4월 19일 김만옥이 학교에 들어갔을 때 교내에는 뒤늦게라도 시위에 참여하고자 했던 서울대 여학생들이 한데 모여 있었다. 김만옥과 이들 서울대 여학생들은 곧 시위에 나섰다. 이들은 종로2가에서 서울대 남학생들을 만나 함께 싸우기 시작했다.[43] 서울대 여학생 시위대는 열심을 다했다. 당시 여고 2학년 학생으로 4월 19일 시위에 참여했다가 서울대 여학생 시위대를 따라 다닌 이재영의 기록에 따르면, 서울대 여학생들은 "울부짖음에 가까울 정도로 구호를 외치고 또 외치곤 하였다." 어느 학생은 목이 쉬어 말도 제대로 못하였고, 또 어느 학생은 구호는 물론 노래를 선창하여 거리를 메운 학생과 시민들의 적극적인 호응을 이끌어냈다.[44] 연세대, 고려대, 중앙대 등 다른 대학에서도 여대생

---

43 위 책, 166~167쪽.

44 이재영, 『4·19혁명과 소녀의 일기—역사의 봄을 되살려 낸 민주주의 이야기』, 해피스토리,

들의 집단적이고 적극적인 시위 참여를 확인할 수 있다.

당시 여대생 자체가 소수였고, 여대생의 절반 이상을 차지하는 이화여대와 숙명여대 학생들이 조직적으로 시위에 참여하지 못했지만, 1960년 4월 19일 혁명의 거리 위에 여대생들은 분명 서 있었다. 그녀들은 독재정권과 맞서 남학생 못지않게 열심히 싸웠다. 특히 결의문이나 선언문을 낭독할 때는 여대생이 앞장서는 경우가 많았다. 남학생들의 의도나 태도와 관계없이 여대생들은 자신의 의지로 4월혁명에 적극 참여한 당당한 주체였던 것이다.

그럼에도 불구하고 4월혁명 이후 '젊은 사자들'로 표상되는 남자 대학생들이 혁명 주체의 자리를 독점하면서, 4월혁명의 기억에서마저 여대생들은 또다시 주변화되었다. 여대생뿐만 아니라, 대학생보다 더 지속적이고 조직적으로 시위를 벌였던 고등학생들과, 시위를 격화시키는 데 앞장섰던 도시하층민을 비롯한 일반 시민들 모두 4월혁명의 기억에서 점차 사라져갔다. 일례로 4월혁명 당시 마산과 서울 등지에서 중년 여성들의 시위 참여가 비교적 활발했지만, 오늘날 그녀들의 모습을 기억하기란 쉽지 않다. 이렇듯 4월혁명에서 여대생을 포함한 여성의 역할을 끊임없이 주변화시키는 태도는, '젊은 사자들'로 표상되는 남자 대학생 중심의 4월혁명의 역사상을 그대로 반영하는 것이라 하겠다.

2011 143~144쪽.

제2장 군대에 묶인 남학생
—1969~1971년 대학 교련과 교련 반대운동

1. 머리말

한국은 징병제 국가다. 징병제하에서 한국의 남성들은 정해진 연령대가 되면 어떠한 방식으로든 병역의 의무를 져야 한다. 전쟁이 아직 완전히 끝나지 않은 분단국가에서 개인이나 집단에게 가해지는 징병제의 힘은 예나 지금이나 강력하다. 특히 권위주의적 국가 권력은 사회를 통제하는 지배의 도구로 징병제를 적극 활용하였다. 그중 군사쿠데타로 집권한 박정희 및 전두환 정권은 군 징집 전후에 학생 교련과 향토예비군 제도를 배치하여 생애 주기적인 군 사이클을 만들고 운용했다. 이는 권력의 지배력과 통제력을 더욱 극대화하고 지속화하고 고착화했다.

박정희 및 전두환의 독재에 맞선 민주화운동은 이에 적극 대응할 수밖에 없었다. 당시 민주화운동을 선도했던 학생운동은 그 당사자들이 연령적으로 군 징집과 밀접하게 연관되어 있었기에 더 민감하게 반응했다. 이 과정에서 정부와 대학생 사이에 크고 작은 충돌이 계속 발생했다. 그 첫 번째 사건이 1971년 대학 교련 강화를 둘러싸고 발생한 충돌이었다. 1969년부터 고등학교와 대학교 남학생들을 대상으로 군사훈련, 즉 교련이 실시되었다. 교련은 학원과 군대의 경계를 허물고 학원을 군대화, 병영화하는 계기가 되었다. 이것이 1971년 대폭 강화되자 대학생들은 1년 내내 교련을 반대하는 운동을 전개했다.

1969년 교련 실시, 1971년 교련 강화, 그리고 장기간 대규모로 이루어진 교련 반대운동에 대한 기본적인 사실은 이미 많이 알려져 있다. 2008년 민주화운동기념사업회 연구소가 펴낸 『한국민주화운동사』 1권의 제4장 「학원병영화반대투쟁과 민주수호투쟁」은 이를 집대성한 성과다.[01] 하지만 『한국민주화운동사』는 한국의 민주화운동사 전반을 다루는 통사이기 때문에 박정희 정권이 대학에서 실시한 교련 및 대학생의 교련 반대운동의 구체적인 내용과 맥락을 파악하는 데는 제약이 따를 수밖에 없다. 그 밖에 당시의 학생운동을 분석한 연구들이 교련 문제를 다루고 있기는 하나,[02] 교련 문제에 초점을 맞추기보다 학생운동 전반의 흐름 속에서 이를 부분적으로만 언급하고 있다. 박정희 정권의 학원 및 사회 통제나 군사주의를 정리한 글 속에서도 교련 문제가 종종 언급되지만,[03] 역시 그 자체에 초점을 맞추지는 않았다.

---

01 민주화운동기념사업회 연구소 편, 『한국민주화운동사』 1, 돌베개, 2008, 540~599쪽. 『한국민주화운동사』 1권의 제4장은 이 책 간행 1년 전에 이루어진 '2007년 현장민주화운동연구'의 성과(허은, 「교련 반대투쟁과 1971년 선거 투쟁의 전개 과정」, 『2007년 현장민주화운동연구 종합보고서』, 민주화운동기념사업회, 2007)를 바탕으로 서술되었다.

02 허은, 「1969~1971년 국내외 정세 변화와 학생운동 세력의 현실 인식」, 『한국근현대사연구』 49, 2009; 허종, 「유신체제 이전 충남대 학생운동의 양상과 성격」, 『인문학연구』 88, 2012; 오제연, 『1960~1971년 대학 학생운동 연구』, 서울대학교 박사학위논문, 2014; 이기훈, 「1970년대 전반 연세대학교 학생운동의 전개와 성격」, 『학림』 48, 2021; 권혁은, 『박정희 정권기 시위 진압 체계의 형성과 변화』, 서울대학교 박사학위논문, 2022.

03 박한용, 「유신체제와 일제말 파시즘체제」, 『역사가, '유신시대'를 평하다』, 유신선포40년역사4단체연합학술대회 자료집, 2012; 오제연, 「병영사회와 군사주의 문화」, 『한국현대 생활문화사 1960년대—근대화와 군대화』, 창비, 2016; 허은, 「유신시대 학교와 학생의 일상사」, 『한국

이에 이 글은 냉전하 열전에 대한 불안감이 커졌던 1960년대 후반 안보위기 국면에서 박정희 정권이 실시한 대학 교련과, 이를 강화하는 과정에서 전개된 학생의 교련 반대운동을 통해 당시 권력이 징병제하 군대를 매개로 대학생을 어떻게 통제했는지 구체적으로 살펴보고자 한다. 우선 박정희 정권이 안보위기 이전부터 대학생과 학생운동을 통제하기 위한 도구로 학생 군사훈련을 구상했었음을 밝히고, 그 맥락 위에서 1969년 교련 실시와 1971년 교련 강화를 설명하고자 한다. 다음으로 1971년 교련 강화의 의미를 학생 군사교육의 제도화라는 차원에서 새롭게 조명하고자 한다. 끝으로 교련 반대운동 과정에서 학생들이 공유한 학원 병영화 담론을 구체적으로 분석한 후, 박정희 정권이 강제징집과 반체제 담론을 통해 학생운동을 탄압하고 대학생을 통제했던 양상을 규명하고자 한다. 이는 궁극적으로 당시 '학원(대학)'과 '군대'의 길항 속에서 전개된 지배와 저항의 관계를 이해하는 데 도움을 줄 것이다.

2. 교련의 부활

애초 교련은 일본에 의한 식민지 교육의 산물이었다. 일본은 1925년부터 학교에서 교련을 실시했다. 식민지 조선에 있는 일본인 중학교에서도 일본과 같은 해 교련을 실시했고, 전문학교에서는 조금 늦은 1928년부터 실시했다. 1930년부터는 일본인들과 조선인들이 함께 다니는 소위 '내선공학' 학교에서 교련이 실시되었다. 일본인 학생 비율이 높은 학교에서 먼저 시작했고, 점차 조선인 학생 비율이 높은 학교로 옮겨갔다. 그리고 1937년 중일전쟁 발발 이후 전시

현대 생활문화사 1970년대—새마을운동과 미니스커트』, 창비, 2016.

체제기에 들어서는 조선인 학생들이 주로 다니는 사립학교에서도 교련이 실시되었다.

식민지기 당시 각급 학교에서 행해진 교련은 법규에 규정된 군사교육뿐 아니라 교내 교련사열과 교외 연합 군사훈련, 군사 시설과 병영 견학, 소풍이나 전적지 견학, 야영훈련과 행군훈련, 취사훈련, 군인정신 강연 등 다양한 형태로 이루어졌다. 또 학교에서는 매주 월요일에 교련조회를 했다. 교련조회가 있는 날은 한 시간 일찍 학교에 와서 사열을 받은 뒤 분열행진을 했다. 교련조회 말고도 강행군, 총검술, 국방경기 등이 행해지면서 학교는 병영이나 다름없게 되었다. 1941년 태평양전쟁 이후에는 해를 거듭할수록 그 강도가 높아졌다.[04]

1945년 해방 이후 교련은 한동안 학교 현장에서 사라졌다. 하지만 대한민국 정부 수립 직후인 1948년 12월 26일부터 전국 중학교에서 교련이 다시 시작됐다.[05] 1949년 2월 문교부가 제정한 교련 요목을 보면 "구령 동작에 있어 군대와 학교의 통일을 기하고", "부득이 약간의 예외"가 있으나 구령을 우리 말로 하도록 했다. 교련 시간은 일반 중학교에서는 매주 2시간씩이었고 실업 고급학교에서는 매주 1시간씩이었다.[06] 또한 1949년 8월에 제정된 「병역법」에서는 재학 중에 있는 중등학교 이상의 생도 및 학생에 대하여는 대통령령의 정하는 바에 의하여 군사훈련을 실시할 수 있도록 했다(제78조).[07]

---

04 최규진, 「학교를 덮친 '전시체제', 동원되는 학생」, 『내일을 여는 역사』 50, 2013, 297~303쪽.

05 우종호(영남대 교련 교관), 「교련교육을 담당하고 나서」, 『효목문총』 2, 1969, 108쪽.

06 「교련 요목 결정」, 『동아일보』 1949. 2. 22, 2면.

07 「병역법」(법률 제41호), 1949. 8. 6. https://www.law.go.kr/lsSc.do?menuId=1&subMenuId=17&tabMenuId=93&query=%ED%95%99%EC%83%9D%EA%B5%B0%EC%82%AC%EA%B5%90%EC%9C%A1%EC%8B%A4%EC%8B%9C%EB%A0%B9#undefined (국가법령정보센터 검색일: 2024.

1950년 6·25전쟁으로 잠시 중단되었던 교련은 1951년 1월 재개되었다.[08] 그리고 1952년 4월에 제정한 「교육법시행령」 속에 고등학교(제118조)와 대학교(제126조) 교과로 명시됐다. 당시 법이 정한 대학 교련은 체육과 합쳐서 매주 2시간 이상 학기당 1학점 수업이었다.[09] 그런데 「교육법시행령」 제정 직전인 1951년 12월 「병역법」에 근거한 「학생군사훈련실시령」이 먼저 만들어졌다. 「학생군사훈련실시령」은 고등학교와 대학의 남학생에 대하여 "군사에 관한 기초적 지식과 실기를 수여하고 그 자질을 향상시키기 위하여 군사훈련을 실시"하도록 했다.[10] 이때 고등학교에서는 매주 4시간, 대학에서는 매주 2시간의 군사훈련이 이루어졌다.[11] 형식적으로는 문교부 주도의 '교련'과 국방부 주도의 '학생 군사훈련'이 구분되었지만, 실제 학교 현장에서는 하나로 합쳐져서 운영되었다.

1955년 2월 국방부가 학생들의 입영 후 집단 군사훈련을 추진하는 과정에서 학교별 교련이 폐지되었다.[12] 하지만 예산 부족으로 학생 입영 후 집단 군사

---

1. 22).

08 우종호, 앞 글, 1969, 108쪽.

09 「교육법시행령」(대통령령 제633호), 1952. 4. 23. https://www.law.go.kr/lsSc.do?menuId=1&subMenuId=17&tabMenuId=93&query=%ED%95%99%EC%83%9D%EA%B5%B0%EC%82%AC%EA%B5%90%EC%9C%A1%EC%8B%A4%EC%8B%9C%EB%A0%B9#undefined (국가법령정보센터 검색일: 2024. 1. 22).

10 「학생군사훈련실시령」(대통령령 제577호), 1952. 12. 1. https://www.law.go.kr/lsSc.do?menuId=1&subMenuId=17&tabMenuId=93&query=%ED%95%99%EC%83%9D%EA%B5%B0%EC%82%AC%EA%B5%90%EC%9C%A1%EC%8B%A4%EC%8B%9C%EB%A0%B9#undefined (국가법령정보센터 검색일: 2024. 1. 22).

11 「학생군사훈련실시령시행규칙」(국방부령 제16호), 1953. 4. 1. https://www.law.go.kr/lsSc.do?menuId=1&subMenuId=17&tabMenuId=93&query=%ED%95%99%EC%83%9D%EA%B5%B0%EC%82%AC%EA%B5%90%EC%9C%A1%EC%8B%A4%EC%8B%9C%EB%A0%B9#undefined (국가법령정보센터 검색일: 2024. 1. 22).

12 「학교별 군사교련은 폐지」, 『동아일보』 1955. 2. 18, 3면.

훈련은 좌절되었다.[13] 반면 학교별 교련 폐지 조치는 유지되었다. 비록 이후 여러 번 개정된 「교육법시행령」 속에 교련 과목에 대한 규정이 계속 남아 있었고, 1953년 개정 이래 「학생군사훈련실시령」도 폐지되지는 않았지만 이후 10여 년 동안 교련은 사실상 학교 현장에서 사라졌다.

10여 년의 시간이 흐른 뒤 1960년대 후반 한반도 안보위기가 발생하면서 박정희 정권에 의해 1969년 교련이 부활했다. 1960년대 중반 북한의 대남전략 변화와 남한의 베트남전쟁 파병을 계기로 전면화하기 시작한 남북 간 군사적 긴장은 1967년부터 급속히 고조되었다. 특히 1968년 초부터 연이어 발생한 1·21 청와대 습격 사건과 푸에블로호 사건 등은 남북관계는 물론 북미관계를 극도의 긴장 상태로 몰아갔다. 안보위기 국면에서 박정희 정권은 사회 통제를 한층 강화했다. 이 과정에서 1968년 4월 북한의 침략에 맞서 지역을 방위하고 북한 노농적위대에 대응한다는 명분으로 "싸우면서 일하고 일하면서 싸우는" 향토예비군을 창설하였다. 이는 국가의 통제 강화 속에서 한국 사회 전체가 군사화, 병영화하고 있음을 단적으로 보여줬다.[14]

사회 전체가 군사화, 병영화하는 상황에서 대학도 예외일 수 없었다. 반공교육 강화와 함께 박정희 정권은 학생 군사훈련을 추진했다. 1968년 4월 국방부는 고등학교와 대학교 남학생에게 정식 교과과목으로 군사훈련을 실시하기로 방침을 세웠고,[15] 문교부도 이에 합의했다.[16] 1968년 2학기 개학을 앞두고 문교부는 전국 11개 시도에 각 1개교를 학도 군사훈련 시범학교로 선정하여 매

---

13 「예산 없어 불능, 학생 집단 군훈」, 『동아일보』 1955. 4. 26, 3면.

14 민주화운동기념사업회 연구소 편, 앞 책, 2008, 541~542쪽.

15 「고교·대학생 전원에 군사교육」, 『동아일보』 1968. 4. 5, 3면.

16 「학도 군사훈련 계획안을 확정」, 『조선일보』 1968. 5. 12, 7면.

〈표 2〉 1969년 대학 교련 과목(1~3학년, 총 180시간)

구분 (비율)	과목	배당시간
일반학 (58.9%)	제식훈련	46
	총검술	24
	군대예절	6
	정훈	14
	독도법	6
	화생방	2
	위생 및 구급법	2
	군대소개	6
화기학 (20.0%)	M1소총	30
	기타화기	6
전술학 (14.4%)	각개전투	12
	분대전술	8
	경계 및 대간첩작전	6
기타 (6.7%)	예비시간	12

* 출전: 「교련 세부 계획 확정」, 『성대신문』 1969. 3. 26, 1면.

주 2시간씩 기초과정 훈련을 실시했다.[17] 그리고 1969년 3월 1일부터는 7대 도시(서울, 부산, 대구, 대전, 광주, 전주, 인천)의 모든 고등학교와 대학교에서 '교련'이라는 이름으로 군사훈련을 실시했다. 교련은 예비역 교관들에 의해 매주 2시간씩 이루어졌다. 그중 대학에서 이루어진 교련의 세부 과목은 〈표 2〉와 같다.

〈표 2〉와 같이 1969년부터 시작된 대학 교련은 크게 일반학, 화기학, 전술학, 기타로 구분하여 각각 106시간(58.9%), 36시간(20.0%), 26시간(14.4%), 12시간(6.7%)씩 총 180시간(1~3학년) 동안 진행하도록 했다. 또한 일반학은 군대소개, 제식훈련, 총검술, 군대예절, 정훈, 독도법, 화생방, 위생 및 구급법 교육으로, 화기학은 M1

17 「고교생도 군사훈련」, 『경향신문』 1968. 8. 30, 3면.

소총과 기타 화기 교육으로, 전술학은 각개전투, 분대전술, 경계 및 대간첩작전 교육 등으로 세분화하였다. 그중 가장 큰 비중을 차지하는 것은 제식훈련, M1 소총, 총검술, 정훈, 각개전투였다.

1969년 2월 문교부는 교련을 부활하며 시·도 교육위원회와 각급 학교에 교련 장학방침을 하달했다. 교련 장학방침은 "북한의 침략 위협에 대처하고 도덕적 생활을 강조하며 장차 병역에 임하여 그 임무를 다할 수 있는 능력을 기름으로써 국가방위력을 증대시키려는 목적 달성에 중점"을 두었다. 구체적으로는 다음과 같은 내용으로 이루어졌다. "① 반공정신을 앙양하여 국토방위에 대한 의무감을 강화한다. ② 심신을 연마하여 인내심과 자립하는 태도를 기른다. ③ 규율과 질서있는 생활을 일상생활화한다. ④ 군사지식을 체득시키며 집단행동능력을 기른다. ⑤ 교련 교관은 훈련을 통하여 반공, 국방정신을 함양시키는 책임감을 더욱 견지하여야 한다."[18]

1950년대 중반 사실상 사라졌던 교련이 1960년대 말 부활하는 데 있어 한반도 안보위기가 중요한 역할을 한 것은 분명하다. 하지만 박정희 정권이 군사훈련을 통해 대학생을 통제하려 한 시도는 이미 안보위기 이전 한일협정 체결 때부터 있었다. 1964~1965년 박정희 정권의 굴욕적인 한일회담과 한일협정 추진을 규탄하며 반대운동이 거세게 일어났다. 특히 1965년 6월 한일협정 조인 뒤에는 한일협정의 국회 비준을 반대하는 교수와 지식인의 성명이 이어졌고, 8월 여당만의 '일당국회'에서 비준이 강행되자 각 대학에서 학생들의 집회와 시위가 동시다발적으로 터져 나왔다. 이에 박정희 정권은 8월 26일 위수령을 선포하고 군을 동원하여 학생운동을 탄압했다.

이 같은 탄압 국면에서 1965년 9월 18일 문교부는 '대학교육정상화안'을 내

18 「'새국민상' 창조에 온 힘」, 『서울신문』 1969. 2. 27, 7면.

놓았다. 대학의 학생은 물론 교수까지 한일협정 반대운동에 나선 것을, 즉 사회 문제에 적극 참여한 것을 마치 대학에 큰 '손상'이 발생한 것으로 간주하고 이 같은 대학의 '비정상'을 정부의 강력한 통제를 통해 '정상화'하겠다는 것이었다. 주요 골자는 과거 잠시 실시되었던 학사자격고시의 부활, 예비역장교훈련단(ROTC) 제도 폐지 및 일률적인 군사교육 실시, 성적불량자 20%의 무조건 낙제, 학생간부의 조건 강화와 임명제 실시, 정치적 사상적 불순 교수와 학생에 영합하려는 부실 교수의 순차 도태 및 교수 겸직 금지 등이었다. 다만 이 '대학교육정상화안'은 여론은 물론 정권 내부의 반대에 직면해 시행되지 못했다.[19]

'대학교육정상화안'이 좌절되자 문교부는 그중 ROTC 제도 폐지 및 일률적인 군사교육 실시 방침만이라도 실현하기 위해 1966년 1월 18일 그동안 대학 3~4학년 지원자에 국한되었던 ROTC 훈련을 전학년 모든 학생에게 실시한다고 발표했다.[20] 그러나 곧바로 국방부는 현행 ROTC 제도를 전 학년에 실시할 경우 1년에 2만 명의 ROTC 장교가 생기지만 실제로 필요한 수는 2천6백 명에 불과하다며, 군의 충원 계획상 지나치게 많은 장교는 필요 없을 뿐만 아니라 실현 불가능하다고 반대를 분명히 했다. 나아가 교관 및 예산 확보의 어려움도 함께 지적했다.[21]

여론은 더욱 냉담했다. 문교부 발표 직후 대학의 교수와 학생들은 이 조치로 학생 자치 활동과 대학의 자유가 흔들릴 것을 우려하면서 "ROTC를 빙자,

---

19 1965년 9월 문교부가 발표한 '대학교육정상화안'에 대해서는 이 책 2부 3장에서 다시 살펴보겠다.

20 「전 학년에 ROTC」, 『경향신문』 1966. 1. 18, 7면.

21 「대학생에 군사훈련」, 『조선일보』 1966. 1. 19, 3면.

대학생들을 군사훈련이란 테두리 안에 묶어놓으려 하는 것"이라고 비난했다.[22] 언론도 마찬가지였다. 『조선일보』는 이를 "위장된 전 학년 ROTC"라고 규정하고, "벌써부터 그 저의를 의심하는 일부 여론"을 언급하며 "무엇 때문에 이 문제에 관한 새로운 시책을 들고나오는지 완전히 주객이 전도된 느낌이 없지 않아 도무지 이해할 길이 없다"고 단언했다.[23] 『동아일보』 역시 "그간의 사정을 짐작할 수는 있을 것 같다"며 "일부에서 말하듯이 예비역 장교를 훈련하는 데 목적을 두는 것이 아니라 학생 전원을 ROTC의 테두리 안에 묶어 데모를 막자는 데 주안이 있다면 이것도 다시 생각할 졸책"이라고 혹평했다.[24]

국방부가 반대하고 여론이 악화되자 권오병 문교부장관은 지난 10여 년간 사문화된 것이나 다름없던 「학생군사훈련실시령」을 근거로 "대학생 군사훈련 실시는 합법적이며 ROTC와 똑같은 것"이라고 강변했다. 하지만 국방부는 이에 대해서도 「학생군사훈련실시령」은 학생들에게 군사지식을 보급하는 것이 목적인 반면, ROTC는 "근본적으로 취지가 다른 것"이라는 점을 다시 한 번 분명히 했다.[25] 결국 대학생 전원에게 ROTC훈련 실시하고자 한 문교부의 방안은 실현되지 못했다. 하지만 3년 뒤 안보위기 국면에서 대학생들은 교련이라는 이름으로 결국 군사훈련을 받기 시작했다.

한반도 안보위기 와중에 1969년 교련이 부활했을 때 일반 여론은 물론 대학생들까지 1966년과 달리 이를 큰 반발 없이 받아들였다. 일례로 1969년 초 한

---

22 「전 학년에 ROTC」, 『경향신문』 1966. 1. 18, 7면; 「대학생에 군사훈련」, 『조선일보』 1966. 1. 19, 3면.

23 「대학생에 군사훈련」, 『조선일보』 1966. 1. 19, 3면; 「(사설) 주객이 전도된 전대학생 군사훈련 계획」, 『조선일보』 1966. 1. 20, 2면.

24 「(사설) 전 학년 ROTC의 문제점」, 『동아일보』 1966. 1. 22, 2면.

25 「전 대학생 군사훈련, 13년 전 대통령령에 의거」, 『조선일보』 1966. 1. 27, 7면.

연세대 학생은 이미 군역을 마친 제대 학생까지 교련의 대상이 되는 것을 '이중부담'이라고 비판하면서도, 교련을 "군관민 할 것 없이 우리들 청년학도들도 공산주의자의 침략성을 재인식하며 의식적으로 반공사상을 더욱 드높여 국가의 백년대계를 반공으로서만이 이룩할 수 있다는 엄연한 한국적인 현실에서 행해진 조치"라며 그 필요성을 인정했다.[26] 한반도 안보위기를 직접 겪었을 뿐만 아니라 북한의 침략 위협, 특히 게릴라 및 노농적위대의 위협이 연일 강조되던 당시 상황에서 학생 다수는 교련의 근본 취지에 대체로 찬성했다. 남북 간 준전시 상태에 있는 우리의 현실에 비추어 봤을 때 불가피하다는 것이었다. 다만 교련 그 자체에는 이의가 없더라도 1966년 대학생 전원에 대한 ROTC 훈련 논란 때와 마찬가지로 그것이 정치적으로 이용될 것을 걱정하는 목소리는 일찍부터 나오고 있었다.[27]

3. 교련 강화와 저항

1969년에 부활한 교련은 1970년 7대 도시를 넘어 전국으로 확대되었다. 이제 대한민국의 고교 이상 재학 남학생 전원이 의무적으로 군사훈련을 받아야 했다. 이때 군사훈련을 받게 된 학생은 602개 고교생 337,617명, 21개 실업고등전문교생 18,893명, 10개 초급대학생 2,371명, 57개 대학생 69,234명 등 모두 424,115명이었다. 문교부는 교련교육을 위해 만기제대자 중 자격이 우수한 자

26 원중근(상학과 3년), 「교련 실시에 즈음하여」, 『연세춘추』 1969. 3. 24, 4면.

27 「(방담) 신입생을 위한 대학생활의 이모저모」, 『성대신문』 1969. 3. 26, 3면.

중에서 공개채용 고사를 거쳐 교관과 조교를 선발하였다.[28]

실제 교련이 진행되자 여러 문제가 계속 발생했다. 먼저 교련 자체가 계획대로 진행되질 못했다. 일례로 영남대의 경우 1969년 1학기 교련은 애초 계획에서 총검술 34%, 각개전투 30%의 아주 저조한 진도를 보였다. 2학기에도 계획된 M1소총 기계훈련과 각개전투 교육을 전혀 실시하지 못했다. 결국 1969년 한 해 영남대 전체 교련은 계획 대비 70% 달성에 그쳤다. 교련이 이렇게 지지부진했던 직접적인 이유는 예기치 않았던 휴강, 조기종강, 기타 학교 행사 때문이었지만, 근본적으로는 제한된 시간에 너무 많은 교련 과목을 교육하려 했기 때문이었다.[29]

교관과 학생 사이에 갈등과 대립도 있었다. 전반적으로 학생들은 교련에 적극적이지 않았다. 반면 교관들은 학점을 빌미로 학생들을 통제하려 했다. 나아가 교련과 관계없는 학생들의 생활 태도까지 획일적으로 바꾸려 했다. 그럴수록 교련에 대한 학생들의 인식은 더 나빠졌고, 경우에 따라서는 학생과 교관이 직접 충돌했다.[30]

교련검열 과정에서도 문제가 발생했다. 교련이 시작한 1969년부터 문교부와 국방부 합동의 학생 교련검열이 실시되었다. 합동 교련검열은 학교 전체의 교련 교육 정도를 평가하는 자리였기 때문에 총장, 학장, 교장 등 학교 책임자를 중심으로 학교 차원에서 철저한 준비가 이루어졌다. 이는 고스란히 학생들의 부담으로 이어져 크고 작은 반발을 야기했다. 1970년 10월 파주군 문산북고에서는 합동 교련검열에 대비해 교련 수업시간 외에 강도 높은 훈련과 기합이

---

28 「내년부터 전국서 실시」, 『서울신문』 1969. 11. 29, 7면.

29 우종호, 앞 글, 1969, 108쪽.

30 「교련 백일 보고」, 『대학신문』 1969. 6. 2, 7면.

계속되자 3학년 학생들이 집단으로 훈련을 거부하였다.[31] 며칠 뒤 부산대 합동 교련검열 과정에서는 더 큰 학생 저항이 일어났다. 비가 오는 가운데 교련검열을 받던 2,000여 명의 부산대 학생들은 장시간의 열병, 분열 등 지나치게 강압적인 교련검열에 반발하면서 투석으로 사열대를 파괴하였다. 그리고 '우리는 학생이지 군인이 아니다', '지성을 모독하지 말라', '내무, 국방, 문교장관 이름으로 정중히 사과하라'라고 외치며 총장의 해명을 요구하다가 자진해산했다.[32] 사건 직후 부산대 당국은 교련검열 반대 시위 당시 주도적인 역할을 했던 학생 8명을 근신 처벌했다.[33]

그 밖에도 합동 교련검열이 가까워지면 오후 학과 수업 시간을 전폐하면서까지 교련 보충수업을 하거나, 또 여러 학교가 함께 겨루는 교련 실기대회에 예비군 학생을 파견하거나, 학교에 큰 행사가 있을 경우 학생 동원을 위해 이를 교련 시간으로 간주하여 출석을 체크하는 등 교련 교육 과정에서 갖가지 문제가 끊임없이 발생했다.[34]

여러 문제에도 불구하고 1년 뒤 교련은 크게 강화되었다. 1971년 1월 문교부는 1971학년도부터 실시할 대학 교련의 강화방안을 최종 확정하고 이를 각 대학에 시달했다. 애초 매주 2시간씩 재학 중 총 180시간 동안 진행될 예정이었던 교련은 이제 매주 3시간씩 이루어지는 일반교육 315시간 및 이와 별도로 방학 중에 진행되는 집체교육 396시간을 합해 총 711시간으로 대폭 확대되었다. 이는 대학에서 이루어지는 전체 교육시간의 20%에 달하는 것이었다. 교육시

31 허은, 앞 논문, 2016, 48쪽.

32 「교련 거부 성토」, 『자유의 종』 3호, 1970. 10. 23, 1면.

33 「'교련거부' 8명 처벌」, 『자유의 종』 4호, 1970. 11. 2, 1면.

34 「우려 속의 가중 교련」, 『성대신문』 1971. 2. 27, 3면.

간이 대폭 늘어나면서 4학년도 1학기까지 교련을 받아야 했다. 또한 교련 강화안은 기존의 ROTC 제도를 폐지하고 대신 교련 평가 합격자 가운데서 장교, 하사관, 사병을 선발하도록 했다. 특히 사병으로 복무할 경우 신병 과정을 면제하고 군 복무기간을 6개월 단축하며 진급에 우선권을 부여하기로 했다.[35] 교련의 세부 과목도 〈표 3〉과 같이 바뀌었다.

〈표 3〉과 같이 1971년 대학 교련 강화안 역시 강화 이전과 마찬가지로 크게 일반학, 화기학, 전술학, 기타로 구분되었다. 다만 전체 교육에서 각각이 차지하는 비중은 일반학이 58.9%에서 41.2%로 줄어든 반면, 화기학은 20.0%에서 20.6%로, 전술학은 14.4%에서 21.2%로 커졌다. 기타는 '평가'와 '답사/견학' 항목이 추가되면서 6.7%에서 17%로 크게 늘었다. 구체적으로 일반학은 강화안 이전 8개 항목에서 10개 항목으로, 화기학은 2개 항목에서 4개 항목으로, 전술학은 3개 항목에서 5개 항목으로 더욱 세분화되었는데, 강화안 이전과 달리 강화안에서는 M1소총 교육의 비중이 제일 컸고, 다음으로 의식 및 밀집훈련, 체력단련, 분대전투, 각개전투 순이었다.

교련 강화안은 이미 1970년 8월경 언론을 통해 그 윤곽이 알려졌다. 이때부터 각 대학 언론에는 교련 강화안에 대한 학생들의 우려가 쏟아졌다. 집체교육까지 포함한 너무 많은 교련 시간이 문제였고, 종래 학생 400명당 1인에서 250명당 1인으로 학원 내 교련 교관이 더 늘어나는 것도 문제였지만,[36] 무엇보다 기존에 예비역 교관이 맡았던 교련 교육을 현역 군인이 담당하게 된 것이 가장 큰 문제였다. 정부 측은 "군사과학이 발전됨에 따라서 예비역 교관은 새로운 교리를 학생들에게 주입하기 어려운 관계로 교련을 현역이 맡게 되었다"고 설

35 「어떻게 강화되었나—교련 교육 강화계획」, 『성대신문』 1971. 2. 27, 3면.

36 「교관 540명 전국 대학 배치」, 『경향신문』 1970. 12. 21, 7면.

〈표 3〉 1971년 대학 교련 강화안의 과목(1~4학년, 총 711시간)

구분 (비율)	과목	배당시간
일반학 (41.2%)	국방개론	37
	군인생활소개	16
	전쟁사	26
	통솔 및 교수법	10
	독도법	20
	위생 및 응급처치법	6
	핵 및 화생방	9
	체력단련	64
	총검술	34
	의식 및 밀집훈련	72
화기학 (20.6%)	무기체계	9
	M1소총	92
	CAR소총	32
	화기소개	13
전술학 (21.2%)	각개전투	55
	경계	16
	분대전투	56
	대간첩작전	8
	야영훈련	16
기타 (17.0%)	전적지 답사 및 군사시설 견학	40
	평가	48
	예비시간	32

* 출전: 「(기획 좌담) 대학 교련 교육 강화안을 이렇게 본다」, 『청량원』 80, 1971, 48~49쪽.

명했지만, 학생들은 이를 인정하지 않았다.[37] 다수의 현역 군인들이 대학 내에 들어와 학생들을 직접 통제하는 것 자체가 대학의 자율성을 심각하게 위협하고 학원의 병영화를 촉진하는 조치였기 때문이었다.

37 「(기획 좌담) 대학 교련 교육 강화안을 이렇게 본다」, 『청량원』 80, 1971, 46쪽.

교련 강화안의 실시를 앞둔 1970년 11월 연세대 학보 『연세춘추』는 연세대 학생들을 대상으로 교련 문제에 대한 설문조사를 했다. 이 조사에서 응답자 239명 중 15%(36명)만이 대학에서의 교련에 대해 찬성했고 '반대한다'가 62%(148명), '말하고 싶지 않다'가 15%(38명)였다. 또 예비역 교관 대신 현역 교관이 교련교육을 맡는 것에 대해서는 '절대 그럴 수 없다'고 답한 학생이 50%(121명)였다. 무응답자도 33%(80명)에 달했는데 『연세춘추』는 이 역시 반대에 가까운 의사표시로 해석했다. 이와 관련하여 한 학생은 "현역 교관의 취임은 대학을 군으로 만드는 것"이라고 단언했다.[38]

이 같은 분위기 속에서 1970년 12월에는 연세대와 경북대에서 교련 강화에 반대하는 집회가 열렸다. 먼저 12월 2일 연세대 학생 5백여 명이 교련 강화와 언론 탄압에 반대하는 성토대회를 열었다. 연세대 학생들은 12월 7일과 8일에도 이틀에 걸쳐 '학원을 병영기지화하지 말라' 등의 플래카드를 내걸고 성토대회를 가졌다.[39] 경북대 학생 2백여 명도 12월 7일 '정부 위한 교련 강화 장기집권 초석된다' 등 5개 항목의 구호를 외치며 대학 교련 강화를 반대하는 성토대회를 열었다.[40] 그럼에도 불구하고 박정희 정권은 앞서 살펴본 대로 1971년 1월 교련 강화안을 최종 확정하고 3월 신학기부터 이를 실시했다.

1971년 3월 신학기를 맞이한 학생들은 교련 강화안에 따른 학원 병영화가 박정희의 장기 집권을 위한 조치에 불과하다는 점을 명확히 지적하며 본격적인 반대투쟁을 전개했다. 먼저 1971년 3월 2일 고려대 총학생회와 서클 대표들

---

38 「대학 교육과 군사훈련」, 『연세춘추』 1970. 11. 30, 5면.

39 「연대생 오백여 명 언론 탄압 등 성토」, 『동아일보』 1970. 12. 2, 7면; 「병영기지화 말라 연세대생 이틀째 성토」, 『동아일보』 1970. 12. 8, 7면.

40 「경북대생 이백여 명도」, 『동아일보』 1970. 12. 7, 7면.

이 교련 수강신청을 거부하기로 결의했다. 3월 15일에는 서울대 법대 학생회가 교련 수강 여부에 대한 찬반투표를 실시하였는데 95%의 학생이 교련 수강을 반대했다. 3월 19일에는 서울대 상대에서 찬반투표가 실시되었는데 결과는 법대와 비슷했다.[41]

3월 19일 고려대 총학생회도 교정에서 전교생 1,066명을 상대로 9개 항목의 여론조사를 실시했다. 그리고 여론조사 응답자 중 고려대 전체 학생 6,000명의 1/10인 600명을 임의 추출하여 그 결과를 발표했다. 당시 발표된 고려대 여론조사 결과의 일부를 소개하면 다음과 같다. 먼저 강화안이 나오기 전 지난 2년간 실시된 교련에 대해 거의 90%에 가까운 학생들이 효과가 없거나(65%) 도리어 해를 끼쳤다(22%)고 응답했다. 70%에 가까운 학생들이 새로운 교련 강화안을 잘 알고 있거나(25%) 대강은 알고 있었는데(42%), 강화안이 그 반대급부로 대학생의 병역 특혜를 약속했음에도 역시 70%에 가까운 학생들이 그 특혜에 대해 회의적이거나(33%) 그것은 문제가 아니다(32%)라고 생각했다. 따라서 총학생회의 교련 철폐 투쟁에도 3/4의 학생이 타당하다고 지지를 표했다. 더불어 80%가 넘는 학생들이 대학 교련이 국방력 강화의 최선이 길이 아니라고 생각했으며, 90%가 넘는 학생들은 교관을 존경하지 않거나(26%) 그들에 무관심했다(66%).[42]

고려대 총학생회는 이 같은 여론조사 결과를 바탕으로 1971년 3월 23일 「여론조사 결과보고 및 6천 고대인의 주장」을 통해 "지금까지 실시되어온 군사교육은 전면 철폐하고, 군사교육단은 학원으로부터 철수"할 것을 촉구했다.[43] 같

---

41 민주화운동기념사업회 연구소 편, 앞 책, 2008, 554~556쪽.

42 고려대학교 총학생회, 「군사교육에 관한 여론조사」, 1971. 3.

43 고려대학교 총학생회, 「여론조사 결과보고 및 6천 고대인의 주장」, 1973. 3. 23.

은 날 전국의 12개 대학 학생회 대표자들 역시 「전국 대학 공동선언문」을 발표하여 군사교육 폐지를 요구하고, 이 요구가 받아들여지지 않으면 "최후의 투쟁"을 전개할 것을 선언했다.[44]

1971년 4월 2일에는 연세대 학생들이 "교련 강화 반대"를 외치며 최초의 가두시위를 시도했다. 4월 6일에는 서울대 상대, 고려대, 성균관대에서 시위가 일어났다. 고려대 시위는 8일까지 이어졌다. 4월 13~14일에는 서울대, 연세대, 고려대, 성균관대, 중앙대, 감리교신학대 학생들이 시위를 전개했고, 지방에서도 경북대, 부산대, 전남대 등에서 시위가 벌어졌다. 1971년 4월의 교련 반대운동은 15일에 절정에 달해 대부분 대학에서 시위가 벌어졌다. 4월혁명 11주년이었던 19일에도 기념행사와 더불어 다양한 방식의 교련 반대운동이 함께 진행되었다.[45]

각 대학에서 교련 반대운동이 활발하게 전개되면서 1971년 1학기 교련은 극히 저조한 실적을 보였다. 문교부에 따르면 1971년 1학기 교련 교육은 전국 58개 대학 중 불과 13개 대학에서만 이루어졌고, 그마저도 소수의 학생만이 참여했다.[46] 국방부 통계에서도 교련교육을 받은 대학생은 이수 예정자 96,000명 가운데 절반도 안 되는 42,000명에 불과했다.[47]

학원 병영화 담론의 형성 및 확산 역시 교련 반대운동을 뒷받침했다. 교련

---

44 「전국 대학 공동선언문」, 1973. 3. 23. 이 선언에 참여한 12개 대학 학생회는 다음과 같다. 고려대, 성균관대, 연세대, 서강대, 전남대, 동아대, 경북대, 부산대, 영남대, 중앙대, 우석대, 서울대. 단 이때 서울대는 총학생회가 아니라 단과대 학생회인 문리대 학생회, 법대 학생회, 상대 학생회가 각각의 명의로 참여하였다.

45 민주화운동기념사업회 연구소 편, 앞 책, 2008, 554~556쪽.

46 「제78회-제22차 국회 본회의 회의록」, 1971. 10. 25, 19쪽.

47 「제78회-제20차 국회 본회의 회의록」, 1971. 10. 22, 14쪽.

반대운동 과정에서 작성된 선언문이나 결의문에 담긴 학원 병영화 담론을 먼저 살펴보면, 학생들은 박정희 정권의 교련 강화안을 "학원을 병영화시킴으로 학생을 획일적, 무비판적, 무반항적 인간으로 만들어 저들을 뜻대로 이용"해 "장기독재정권을 수립하기 위한 최후의 방법"으로 보았다.[48] 즉 정부가 "학원의 병영화를 통해 학생들을 무력화, 소시민화시킴으로써 학원의 완전한 장악을 기해 양심적이고 순수한 비판 세력인 학생 세력을 분쇄"하려 하고 있으며,[49] 이렇게 "대학이 군사화되면 삼천만 국민 전체가 자유의 빛을 잃고 파시스트의 군화 밑에 영원히 노예상태를 강요당할" 수밖에 없다는 것이었다.[50]

따라서 교련의 실시 및 강화는 장차 "두말할 것도 없이 학원의 병영화를 가져올 것"이며, "그것은 명령 복종 지상의 군인정신을 대학에 도입함으로써 무사상 무비판의 획일적 맹종형 인간군을 양성해낼 것"이었다. 나아가 "그것은 교련 학점과 각종 특혜의 제시를 미끼로 하여, 또한 교관이라는 이름의 유사 정보원의 침투를 통하여 학생을 철저한 권력의 통제와 감시에 복종시킬 것이며, 민권 수호자로서의 학생 세력의 분열 파괴를 획책하는 가장 효과적인 수단으로서 활용될 것"이었다.[51]

각 대학 언론에 담긴 학생들의 목소리를 통해서도 학원 병영화 담론을 확인할 수 있다. 우선 학생들은 교련의 전제조건인 안보위기 그 자체를 인정하지 않았다. "미국과 중공 등의 긴장 완화가 이루어지고 동서의 해빙 무드가 조성되고 있는" 1971년 시점에서는 "북괴와의 전면전쟁의 발발 가능성은 다소 적

---

48 고려대학교 총학생회, 「왜 군사교육은 철폐해야 되나」, 1971. 3. 18.

49 서울대학교 문리과대학 정치학과, 「선언문」, 1971. 3. 22.

50 서울대학교 문리과대학 사학과·사회학과·외교학과·정치학과·철학과, 「결의문」, 1971. 3. 24.

51 서울대학교 총학생회, 「교련 철폐 투쟁 선언—교련 문제에 관한 서울대학교 총학생회의 견해와 결의」, 1971. 3. 9.

어지고” 있다고 본 것이었다. 심지어 “적어도 10년 이내 우리나라 전쟁 사태는 없을 것으로 생각한다”고 단언하는 학생도 있었고, 비정규전이 일어날 수는 있으나 “이는 군사적 차원보다 주로 정치적 차원에서 해결되리라”고 전망하는 학생도 있었다.[52]

교련을 통한 국방력 강화론에 대해서도 학생들은 “과학 문명의 발달로 국방이 전문화, 기계화되는 현대에 현역 국군의 정병화와 군 관계기관의 교육 강화가 보다 커다란 효과를 가져올 것”이라거나,[53] “교련 강화는 군장비 현대화로 충분히 대체”할 수 있다고 반론을 폈다.[54] 또 “현재 병역의 의무에서 자발적으로 이탈하는 자들을 효율적으로 운영하는 것이 보다 좋은 방법”이라고 주장하기도 했다.[55]

무엇보다 학생들은 교련이 초래할 학원 병영화, 즉 학원이 군대로 바뀌는 것을 극도로 경계했다. 여기에는 학원과 군대가 상극이며 교련과 대학문화가 반비례 관계이기 때문에 병행할 수 없다는 인식이 깊이 깔려 있었다.[56] 즉, “학문을 연구하는 상아탑과 군사훈련을 시키는 정규군대의 훈련소와는 엄격히 구별”해야 함에도 “전 학생이 교련의 강화 실시로 학원 내에서 훈련을 받는다면 학원은 훈련소의 인상이 짙어질 것이며 온통 군복으로 갈아입은 학생들의 모습으로 학문하는 전당의 이미지는 흐려지지 않을까 걱정”한 것이었다.[57] 운동장이 연병장이 되는 “상황하에서는 어떤 진정한 학문도 학원의 자유도 존립

52 「우리는 휴강 사태를 이렇게 본다」, 『대학신문』 1971. 4. 26, 3면.

53 최영주(국문학과), 「학생논단」, 『고대신문』 1971. 2. 25, 2면.

54 「논란 속의 캠퍼스」, 『성대신문』 1971. 2. 27, 3면.

55 「우리는 휴강 사태를 이렇게 본다」, 『대학신문』 1971. 4. 26, 3면.

56 「논란 속의 캠퍼스」, 『성대신문』 1971. 2. 27, 3면.

57 「국방교육에 대한 나의 의견」, 『연세춘추』 1970. 8. 31, 3면.

할 수 없"으며,[58] "이렇게 되면 학교 내에서 아카데미즘은 사라지고 마치 사관학교처럼 되어버리는 게 아닌가" 하는 우려가 컸다.[59]

현역 교관의 존재는 이러한 우려를 더욱 증폭시켰다. "현역 군인이 교육을 담당할 경우 군인과 대학 교직원 간의 신분상 차이, 사고의 차이에서 오는 의견의 불일치 등으로 많은 혼란이 예상되며 종국에 가서는 학원이 군대식으로 편제"되어 "학원 자율성이 크게 위협받게 될 것"이라는 비판이 나왔다.[60] 또 "학교 당국만이 통솔하여온 대학 전체 학생이 학교의 한 부처로 되어 있는 교련실에 의하여 마음대로 운영되어질 수도 있다는 사실을 감안할 때 대학 사회에 있어 기형적인 사태를 유발시킬 수 있을 것이며, 교육 방법에 있어서도 획일적인 학생의 통솔로 말미암아 대학의 이념, 자유와 낭만이 군의 조직적인 사고방식 때문에 침체"될 수 있는데 "예비역이 아닌 현역의 지도는 다분히 이러한 성격을 노출시킬 것"이라는 비판도 제기됐다.[61]

학원 병영화 담론은 당시 거의 모든 대학에서 많은 학생들이 공유한 보편적인 것이었다. 하지만 학원 병영화 담론의 공유에도 불구하고 학생들 사이에는 이견이 존재했다. 즉 서울대, 고려대, 외대, 경북대 등에서는 교련 자체의 완전한 철폐를 요구하는 목소리가 우세했다. 반면 연세대, 서강대 등에서는 교련 자체가 아닌 강화를 반대하는 목소리가 우세했다. 성균관대, 동국대, 경희대 등에서는 양자가 혼재되어 있었다.[62] 일례로 성균관대의 경우 1971년 4월 12일부

58 「신임 총장에게 말한다」, 『고대신문』 1970. 10. 5, 2면.

59 「학생 군사훈련 기본시행안 발표」, 『고대신문』 1970. 11. 23, 3면.

60 「교련요강 하일라이트」, 『고대신문』 1971. 2. 25, 2면.

61 「우려 속의 가중 교련」, 『성대신문』 1971. 2. 27, 3면.

62 「계속되는 시위—그 촛점은」, 『연세춘추』 1971. 4. 26, 3면.

터 16일까지 성토대회와 시위가 계속 전개되었는데, 연일 주도 세력이 바뀌는 관계로 어떤 날은 교련 전면 철폐를 요구하다가 또 어떤 날은 교련 강화 반대를 주장하는 상이한 양상을 보였다.[63]

연세대에서 교련 반대운동을 주도한 윤재걸은 훗날 구술 인터뷰를 통해 이같이 교련 전면 철폐와 교련 강화 반대가 경합하던 당시의 상황을 후자의 입장에서 다음과 같이 설명했다.

> 교련 반대도 그랬지. 교련 반대를 해봐야 안 통하니까 지금 우리가 현실적으로 교련 반대를 하자고 그러면 국민들이 안 따라온다. 아니 지금 분단된 나라에서 군대를 못 가게 하는 것과 똑같은 의미로 받아들인다, 국민들은. 국민 수준이 아직 안 올라왔는데, 교련을 전면 반대하면 안 되니까 병영화되는 문제점, 그래서 교련을 받긴 받겠다. 그러나 교련을 학원 안에, 학원을 병영화시키는 교련은 우리는 못 하겠다. 이렇게 설득력 있게 해야지, 교련 반대를 무조건 한다고 하면 국민들이 못 따라온다, 안 따라온다. 국민들이 학생들을 신뢰를 안 할 것이다. 그런 주장을 폈거든. (…) 교련을 반대 안 하는 것이 아니라 반대를 한다. 다 같이 반대를 하는데 방법론에 있어서 지금 현실적으로 군대에다 자식을 보내는데, 자식을 보내고 있는데 교련을 완전히 반대한다는 것은 국민들을 견인해내지 못하고 이끌지 못하니까 교련을 우리가 반대한다는 것이 신성한 학원을 병영화하는 것을 반대하니까 교련을 여름방학 때 다른 데에서 훈련을 받든지 해야 한다는 것이었다고.[64]

---

63 「교련 반대 데모 그 허와 실」, 『성대신문』 1971. 4. 24, 3면.

64 윤재걸 구술(면담자: 이기훈, 2007. 7. 26). 이 구술은 민주화운동기념사업회가 실시한 현장민주화운동연구를 통해 이루어졌다.

윤재걸의 구술에서 알 수 있듯이 교련 반대운동에서 나타난 교련 전면 철폐와 교련 강화 반대 간의 이견은 본질적인 입장 차라기보다 학원 병영화 담론을 공유하면서도 안보에 민감한 여론을 어떻게 설득할 것인가를 둘러싼 방법론의 차이였다고 할 수 있다.[65]

4. 교련의 제도화

1971년 4월 27일 제7대 대통령 선거가 실시됐다. 박정희 정권의 교련 강화안에 맞서 3월 신학기부터 학생들이 전개한 교련 반대운동은 자연스럽게 선거 이슈로 부상했다. 야당인 신민당의 김대중 후보는 "향토예비군과 학생 교련 등은 국방보다는 영구집권체제를 강화하기 위해 전국을 병영화하기 위한 것"이며,[66] "청년과 학생들을 군사적으로 묶기 위해 필요한 것"이라고 정부를 비판했다.[67] 신민당의 유진산 당수도 "학생들이 학원에서 군사훈련을 반대하는 것은 당연 이상의 주장"이라며 "군사 지휘관 양성이 더욱 필요하다면 사관학교를

---

65 교련 전면 철폐를 주장한 학생 연합조직 '민주수호전국청년학생연맹'(민주수호전학련)과 교련 강화 반대를 주장한 학생 연합조직 '범대학 민권쟁취청년단'은 교련 반대운동뿐만 아니라 같은 해 치러진 국회의원 선거에 대해서도 각각 선거 보이콧과 선거 참관을 주장하며 입장을 달리했다. 그리고 양자의 이러한 입장 차이에는 방법론의 차이뿐만 아니라 정세관의 차이, 학교 및 조직의 경쟁 관계 등 여러 요인이 작용하고 있었다. 하지만 당시 학생운동의 지형을 보았을 때 방법론 외의 차이가 근본적이라고 보기는 어렵다. 양자가 1971년 6월 '전국학생연맹'(전학련)으로 통합하여 교련 반대운동이 끝날 때까지 공동투쟁을 벌인 사실이 이를 증명해준다. 오제연, 앞 논문, 2014, 300~305쪽.

66 「의원·고급공무원 재산 등록」, 『동아일보』 1971. 4. 8, 1면.

67 「'4·27'로 달리는 '정상'의 첫 접전」, 『동아일보』 1971. 4. 12, 5면.

증설할 것이지 일반 학생들에게까지 군사훈련을 강요하는 것은 이중병역의 의무를 부과하는 불법적인 인권 유린으로서 정부는 이를 즉각 폐지하라"고 촉구했다.[68]

이에 맞서 박정희 대통령은 야당을 향해 "젊은 학생들이 학도 훈련이 하기 싫다고 데모를 하면 나라의 형편을 잘 설명해주고 설득을 해야지 학생에게 장단을 맞추고 한술 더 떠서 교련 폐지를 선동"한다고 비난했다.[69] 하지만 정부와 여당인 공화당은 선거일이 다가오자 시위 격화와 여론 악화를 의식하여 한 발 물러서는 모습을 보였다. 공화당의 김종필 부총재는 "공화당과 문교부 차관 및 8개 대학 총장으로 구성된 협의회 등을 통해 교련 강화에 따른 문제점을 충분히 검토, 선거가 끝난 후 이를 시정할 것을 약속"했다.[70] 박정희 대통령 역시 유세를 통해 자신도 "학생들이 교련을 싫어하는 것을 잘 알고 있"으며 "학생은 교련보다 학업에 중점을 두어야" 하기에 "앞으로 운영 문제에 대해서는 재검토할 생각"이라고 밝혔다.[71] 또 "학교 군사훈련을 한다는 원칙에는 절대 양보할 수 없으"나 "다만 운용 면에서 문제가 있으면 정부와 학교 당국이 협의, 개선해 나갈 것"이라고 언명했다.[72] 이에 발맞춰 문교부도 각 대학의 교련 관련 건의들을 신설된 교련교육협의회에서 충분히 검토케 하여 공약수를 추출, 개선점을 찾기로 했다.[73]

선거에서 승리한 박정희 정권은 1971년 6월 문교부장관 교체를 계기로 본

---

68 「양당 안보·학생 문제 입장 천명」, 『동아일보』 1971. 4. 16, 1면.

69 「침략자에 총칼 맡길 수야」, 『경향신문』 1971. 4. 15, 1면.

70 「교련 운용 선거 후 시정」, 『동아일보』 1971. 4. 16, 1면.

71 「세금 내리곤 건설 못해」, 『조선일보』 1971. 4. 21, 1면.

72 「교련 원칙은 불변, 운용은 협의 개선」, 『동아일보』 1971. 4. 21, 1면.

73 「시간 단축-교관 개선」, 『조선일보』 1971. 4. 23, 7면.

격적인 교련 강화안 개정 작업에 착수하여, ROTC를 부활하고 교련 시간을 매주 2시간씩 총 180시간으로 줄이며 집체교육을 폐지하기로 결정했다. 이 교련 개정안은 표면상 교련 강화 이전으로의 회귀처럼 보였다. 당시 친정부적 언론이었던 『경향신문』은 "학원 정상화를 위해 행정부의 과감한 후퇴로 이뤄진 이 개선책은 정부 측으로서는 전례 없이 학생들의 요구를 폭넓게 반영한 결단"이라고 평가했다.[74]

그럼에도 교련 개정안에 대한 학생들의 반응은 여전히 비판적이었다. 특히 교련의 완전 철폐를 주장하던 학생들은 교련 강화안 이전으로 돌아가는 것에 만족할 수 없었다. 무엇보다 교련 개정안에서도 예비역 교관을 현역 교관으로 대체하는 방침은 전혀 바뀌지 않았다. 이는 그동안 학생들이 가장 크게 반발한 교련 강화안의 최대 문제점이라는 점에서 개정의 의의를 완전히 상쇄하는 것이었다. 여전히 "현역 교관을 대학 사회에 받아들일 수 없다"는 것이 학생 대부분의 공통 의견이었다.[75] 1971년 9월 연세대 총학생회가 실시한 설문조사에 따르면 응답자 2,650명 중 81%가 "현역 교관이 학원에 상주할 경우 대학의 자율권이 암암리에 침해당한다고 우려"했다. 또한 33% 이상이 교련의 완전 철폐를 주장했고 49%는 현역 교관이 학원에서 물러나야 교련을 받겠다고 답했다.[76]

학생들이 현역 교관 유지에 크게 반발한 기본적인 이유는 앞서 살펴봤듯이 그들이 바로 학원 병영화의 첨병이기 때문이었다. 여기에 지난 1971년 1학기에 현역 군인들이 대학 내에서 보여준 실제 모습도 학생들의 거부감을 키웠다. 학생들이 보기에 현역 교관들은 "대학교육을 이해하지 못하고 있고" 그렇

74 「크게 후퇴한 교련」, 『경향신문』 1971. 6. 26, 6면.

75 「대의명분 없는 완화—군사교육 개선안 진단」, 『성대신문』 1971. 7. 3, 3면.

76 「총학생회 앙케이트 통해 본 교련, 학원복지 문제」, 『연세춘추』 1971. 9. 27, 7면.

기 때문에 "대화를 통한 학생과의 의사 교환은 이루어질 수 없"는 것이었다.[77] 심지어 교관단 소속 군인 중 일부는 여학생 성희롱 등 각종 몰지각한 행동으로 물의를 일으켜, "국방색조차 눈에 가시처럼 생각되는 요즈음" "대다수 학생들에 비난의 대상"이 되기도 했다.[78]

학생들은 현역 교관들이 장차 형성해 나갈지도 모르는 '구속의 힘'을 가장 경계했다. 각 대학에서 교련교육을 책임진 교관단장들은 교련 반대운동에 직면하여 "학원의 자율성과 대학의 생리를 조금이라도 손상시키지 않는 범위 내에서 교련교육을 실시할 방침"이며 "대학의 본질을 수호하는 데 최대의 노력을 경주하겠다"(서울대 교관단장 양창식 준장)고 다짐하거나,[79] "현역 교관은 국방부의 지시로 학원 내에 파견된 것이 아니라 문교부의 요청에 의해 온 것이며 현역 교관의 임무는 '교육'에 있는 것이기 때문에 학원의 자율성을 침해할 아무런 이유가 없다"(연세대 교관단장 박윤성 대령)는 점을 분명히 했다.[80] 그럼에도 학생들은 "현역 교관들이 이른바 '교육'에 치중하며 대학의 자율성을 존중"하는 모습을 잠시 보이더라도, 결국에는 "비대해가는 군부의 세력과 함께 대학 사회를 점진적으로 파먹어 들어"갈 것으로 보았다.[81]

나아가 현역 교관 및 휘하 사병들이 교련교육을 빌미로 대학에 들어와 대학생 사찰 등 정보 활동을 할 우려도 있었다. 실제로 1971년 신민당 최병길 의원은 정부를 상대로 한 국회 질의에서 "교련 교관들이 전부 현역 교관이라 큰

---

77 「대의명분 없는 완화—군사교육 개선안 진단」, 『성대신문』 1971. 7. 3, 3면.

78 「명륜춘추」, 『성대신문』 1971. 5. 1, 3면.

79 「오늘부터 교련 실시」, 『대학신문』 1971. 3. 15, 3면.

80 「수난 속의 '교련교육'」, 『연세춘추』 1971. 8. 30, 3면.

81 「수난 속의 '교련교육'」, 『연세춘추』 1971. 8. 30, 3면.

대학은 장교 및 하사관이 30명 내지 40명이 있"는데, "이렇게 많은 현역 장교와 사병을 갖다가 놓고서 여기에 중앙정보부의 끄나풀들이 들어와가지고 실지로 애들을 가르치는 것은 한 열 사람, 나머지 29명(20명의 오독 혹은 오기로 보임—인용자) 내지 30명이 전부 학원 사찰과 정보 활동을 하고 있는 실정"이라고 주장하기도 했다.[82]

박정희 정권은 왜 교련을 강화했고 또 이를 완화하면서도 현역 교관의 대학 배치만은 포기하지 않았을까? 박정희 정권의 정확한 의도를 담은 자료를 찾기는 쉽지 않다. 일단 학생 병영화 담론에서 강조하듯 이를 통해 대학과 대학생, 그리고 학생운동을 확실하게 통제하여 장기집권의 가장 큰 걸림돌을 제거하겠다는 의도가 있었음이 분명하다. 이미 한일협정 반대운동을 폭력적으로 탄압하는 과정에서 대학 정상화를 명분으로 전체 대학생에게 ROTC훈련을 구상했던 전례가 있었다. 교련이 부활한 1969년은 삼선개헌이 이루어졌던 해였고, 교련을 강화한 1971년은 삼선개헌에 따라 치러진 대통령 선거가 있던 해였다. 때문에 앞서 살펴봤듯이 당시부터 교련의 정치적 이용에 대한 우려와 비판이 계속 나왔다. 그리고 교련의 폭력적 관철 뒤 곧바로 이어진 1972년 유신체제 수립은 이것이 기우가 아니었음을 잘 보여줬다.[83]

---

82 「제78회-제2차 국회 예산결산특별위원회 회의록」, 1971. 10. 23, 42쪽.

83 현역 교관을 대학에 배치한 이유가 장교가 남아돌기 때문이라는 소문이 당시부터 돌았다고 한다. 「국방교육에 대한 나의 의견」, 『연세춘추』 1970. 8. 31, 3면. 물론 이 소문의 진위 여부를 현재 검증하기는 어렵다. 다만 1968년 안보위기 국면에서 제2사관학교, 제3사관학교가 연이어 만들어져 1970년대 들어 이전보다 더 많은 장교가 공급되기 시작했다는 점, 반면 이 시기에 베트남전쟁에 참전한 한국군의 철수가 가시화되면서 많은 장교가 돌아올 예정이었다는 점 등을 미루어 봤을 때, 1970년대 초부터 장교의 과잉 공급이 박정희 정권의 고민거리가 되었고 이에 대한 대책으로 ROTC 폐지 및 현역 교관의 대학 배치가 추진되었을 가능성을 배제할 수는 없다.

이와 관련하여 주목할 부분은 1971년 교련 강화 및 개정, 그리고 현역 교관 배치 과정에서 대학 교련을 '일반군사교육'으로 제도화한 것이다. 앞서 살펴봤듯이 1950년대 전반기에 교련은 「교육법시행령」을 근거로 문교부가 주관하고 학생 군사훈련은 「학생군사훈련실시령」을 근거로 국방부가 주관했으나, 실제 학교 현장에서는 하나로 합쳐져서 운영되었다. 1969년 교련이 부활했을 때도 두 법령은 여전히 존속하여 법적 근거가 되었다. 그런데 「학생군사훈련실시령」이 1969년 6월 폐지되고 새롭게 「학생군사교육실시령」이 제정되었다. 전시에 만든 「학생군사훈련실시령」이 현실과 맞지 않았고 오랫동안 사문화되었기에 그 폐지는 자연스러운 것이었다. 하지만 새로 제정된 「학생군사교육실시령」의 목적과 내용은 「학생군사훈련실시령」과는 크게 달랐다.

1969년 국무회의에 부의된 「학생군사교육실시령」의 제안 이유를 보면 이는 학생 전체를 대상으로 하는 군사훈련, 즉 교련을 뒷받침하기 위한 것이 아니라, 1961년에 시작되어 계속 운용 중이었던 ROTC 제도의 법적 근거를 보완하기 위한 것이었다. 당시 ROTC 제도는 「병역법」에 의거하여 실시 중이었는데 "시행령이 없어 시행상 많은 애로가 있으므로 시행에 만전을 기하기 위하여" 「학생군사교육실시령」을 제정했던 것이다. 실제 내용도 ROTC만을 대상으로 하고 있다.[84] 덕분에 ROTC 제도는 더 공고해질 수 있었지만, 반면 막 부활한 교련의 제도적 취약성은 커질 수밖에 없었다.

박정희 정권은 1970년대에 들어 교련 강화를 추진했다. 이때 정부가 내세운 교련 강화의 표면적 이유는 교련 실시 후 대학생이 받는 군사교육이 ROTC 훈련과 교련으로 이원화되고, 나아가 예비군훈련까지 포함하면 삼원화되었기

84 「학생군사교육실시령(안)」(국무회의 안건, 국방부장관 임충식 제출, 1969년 5월 22일, 국가기록원 BA0084565).

때문에 이를 통합하여 일원화함으로써 효율성을 높이자는 것이었다.[85] 하지만 이는 결국 1966년 문교부가 대학생과 학생운동을 통제하기 위해 모든 학생에게 ROTC훈련을 실시하려 했던 구상과 통하는 것이었다. 그래서 교련 강화안은 ROTC 제도를 폐지하는 대신 모든 대학생이 집체교육과 함께 전체 대학교육의 20%나 되는 시간 동안 군사훈련을 받게 한 것이었다.

다만 1971년 1월 교련 강화안을 최종 확정했을 때도 이를 뒷받침할 법적 근거는 당장 마련하지 못했다. 대신 1970년 12월 「병역법」을 개정하여 학적 보유 대학생은 학교의 연한에 따라 일정 연령까지 징병검사를 연기할 수 있게 하되 "휴학한 자와 군사교육을 정당한 이유 없이 받지 아니한 자"는 징병검사를 연기할 수 없게 하였다(제22조).[86] 이는 군사교육을 받지 않으면 대학생을 강제징집하겠다는 일종의 협박이었다. 본격적인 교련 제도화 전에 그 강제 장치부터 먼저 만들었던 것이다.

교련의 제도화에 있어 중요한 계기는 1971년 6월 정부가 교련 강화안을 완화하고 ROTC 제도를 부활하면서 「학생군사교육실시령」을 전면 개정한 일이었다. 당시 국무회의에 국방부와 문교부가 공동 제출한 「학생군사교육실시령」 개정안을 보면, 그 제안 이유로 "학생 군사교육은 「병역법」에 의거한 군사교육과 「교육법」에 의하여 실시하는 교련 등 이원적인 교육을 실시하여왔으나 앞으로는 대학에 있어서는 하나의 통합된 체제 아래 군사교육을 실시하여 그 실효를 거두고자" 함을 명시했다. 주요 골자는 학생 군사교육을 '일반군사교육'과 '예비역무관후보생군사교육'으로 구분하는 것이었다. 여기서 전자는 교련,

---

85 「(사설) 교련 교육의 일원화 지향—교련교육 강화의 문제점」, 『성대신문』 1971. 2. 27, 2면.

86 「병역법」(법률 제2259호), 1970. 12. 31. https://www.law.go.kr/lsSc.do?menuId=1&subMenuId=17&tabMenuId=93&query=%EB%B3%91%EC%97%AD%EB%B2%95#liBgcolor0 (국가법령정보센터 검색일: 2024. 1. 22).

후자는 ROTC 제도를 의미했다. 나아가 「학생군사교육실시령」 개정안은 '군사교육과 교련의 관계'를 명문화한 조항(제12조)을 신설하여 「교육법시행령」에 의한 "교련은 이 영(「학생군사교육실시령」—인용자)의 규정에 의한 군사교육으로 실시하며, 그 교련을 받으면 이 영에 의한 군사교육을 받은 것으로 본다"는 사실을 분명히 했다.[87]

1971년 6월 「학생군사교육실시령」 개정 이후 1972년 3월에는 이를 뒷받침할 「학생군사교육실시령시행규칙」이 새로 제정되었다.[88] 이 시행규칙은 대학 교련, 즉 일반군사교육에 대한 세부적인 내용을 구체적으로 명시했고, 일반군사교육의 교과 기준과 과목을 〈표 4〉와 같이 제시했다.

〈표 4〉를 앞서 정리한 〈표 2〉(1969년 교련 부활 당시 과목) 및 〈표 3〉(1971년 3월 교련 강화안의 과목)과 비교해보면, 일반학 비중이 계속 줄어드는 반면(58.9% → 41.2% → 37.8%), 화기학(20.0% → 20.6% → 23.3%)과 전술학(14.4% → 21.2% → 23.3%)의 비중은 점차 늘어나고 있음을 알 수 있다. 이는 대학 교련이 일반군사교육으로 제도화되면서 학생의 군사적 수준도 점차 고도화되고 있음을 보여준다. 환언하면 교련의 제도화는 대학생을 더욱 군인에 가깝게 만드는 과정이었다.

박정희 정권이 교련을 강화하려 했던 이유는 물론, 이를 완화하여 개정안을 마련하면서도 현역 교관만은 끝까지 포기하지 않았던 이유도 교련의 제도화라는 맥락에서 이해할 수 있다. 대학생을 진짜 군인처럼 만들기 위해서는 더

---

87 「학생군사교육실시령 개정령(안)」(국무회의 안건, 문교부장관 민관식·국방부장관 정래혁 제출, 1971년 6월 25일, 국가기록원 BA0084645).

88 「학생군사교육실시령시행규칙」(국방부령 제233호), 1973. 3. 10. https://www.law.go.kr/lsSc.do?menuId=1&subMenuId=17&tabMenuId=93&query=%ED%95%99%EC%83%9D%EA%B5%B0%EC%82%AC%EA%B5%90%EC%9C%A1%EC%8B%A4%EC%8B%9C%EB%A0%B9#undefined (국가법령정보센터 검색일: 2024. 1. 22).

〈표 4〉「학생군사교육실시령시행규칙」(1972)의 교련 과목(1~3학년, 총 180시간)

구분 (비율)	과목	배당시간
일반학 (37.8%)	국방개론	16
	군 편재 소개	2
	독도법	6
	통솔법	4
	핵 및 화생방	2
	총검술	12
	의식 및 밀집훈련	20
	정훈	6
화기학 (23.3%)	M1소총	24
	CAR소총	10
	지뢰 및 부비츄렙	2
	수류탄 및 총류탄	2
	화기소개	4
전술학 (23.3%)	각개전투	16
	경계	6
	분대전투	10
	전투대형	6
	야전축성	4
기타 (15.6%)	평가	24
	예비시간	4

* 출전: 대한민국 정부, 『관보』, 1972. 3. 13, 2046쪽.

많은 군사훈련, 더 고도화된 군사훈련, 그리고 이를 교육할 수 있는 현역 교관이 꼭 필요했던 것이다. 이 글의 범위 밖이지만 1975년 「학생군사교육실시령」 개정을 통해 '입영교육' 조항을 신설하여 대학생들이 '문무대' 입소훈련, 나아가 1980년대 전방 입소훈련을 받게 한 것 역시 같은 맥락에 놓여 있다. 그런 의미에서 1971년 6월의 교련 개정안, 즉 교련 강화안에 대한 표면적 완화 조치는 사실 강화 이전으로 회귀하는 것이 아니라, 교련 강화안과 마찬가지로 교련의 제도화를 통해 오히려 대학생들을 더욱 군대에 묶어 통제하는 과정이었다고 평가할 수 있다.

5. 교련의 폭력적 관철

박정희 정권은 표면적이나마 교련 강화안을 완화함으로써 1971년 2학기부터 교련의 정상 운영을 기대했지만, 현역 교관에 의한 교련을 거부하겠다는 학생들의 의지는 매우 강했다. 결국 1971년 9월 6일 고려대 총학생회의 「교련백서」 발표를 계기로 교련 반대운동이 재개되었다. 「교련백서」에서 학생들은 "대학은 민족지성의 존재 근거이며 대학의 자율성은 민족정신의 성립 조건이고 민족운명의 최후 보루"라 전제하고, 대학의 본질인 자율성을 침해하는 교련을 고발 축출할 것을 결의했다.[89] 이후 9월 15일 서울대, 고려대, 성균관대, 서강대 등 4개 대학 총학생회장들이 교련의 '전면 철폐'를 재천명하는 성명서를 발표했고, 9월 28일에는 연세대 학생들이 '현역 교련 교관'의 즉시 철수를 요구하는 가두시위를 벌였다.

하지만 정부는 전국 58개 대학 중 1학기에는 13개 대학에서만 교련이 이루어졌지만 2학기 들어 54개 대학에서 교련이 이루어졌고,[90] 여름방학 동안 수강신청을 하고 교련을 받고 있는 학생이 전체의 70%가 넘었다며, 일부 대학에서 극소수의 학생만이 교련 반대를 부르짖고 있다고 주장했다.[91] 반면 고려대 총

---

89 「총단, '교련백서' 발표」, 『고대신문』 1971. 9. 7, 3면.

90 「제78회-제22차 국회 본회의 회의록」, 1971. 10. 25, 19쪽.

91 「제78회-제14차 국회 본회의 회의록」, 1971. 9. 22, 49쪽.

학생회는 교련 수강 신청 거부 학생이 전체의 60~70% 정도라고 주장했고,[92] 연세대 총학생회도 2학기 교련 수강률이 1학기 28.8%보다 훨씬 떨어진 10.2%에 불과하다고 주장했다.[93] 정부와 학생의 주장 중 무엇이 더 정확한지는 각 대학 사례를 하나하나 모두 따져야 하므로 정확히 알기 어렵다. 다만 1971년 10월 22일 국회에서 김현옥 내무부장관은 "신학기(2학기—인용자)가 시작한 지 수업일수 한 달 남짓한 기간에 전후 105회의 데모가 있었고 성토, 수업거부 등이 전후 117회에 자행"되었다고 보고한 바 있다.[94] 따라서 2학기 교련 반대운동도 주요 대학에서는 1학기 못지않은 열기와 참여 속에 전개된 것으로 보인다.

1971년 2학기 교련 반대운동 당시 학생들은 교련 반대와 함께 부정부패 원흉 처단을 함께 요구했다. 이 과정에서 고려대 학생들이 윤필용 수도경비사령관의 이름을 거론하자 10월 5일 새벽 수도경비사 소속 군인 20여 명이 고려대에 난입하여 관련 학생들을 불법 납치, 구타하는 사건이 발생했다. 여기에 10월 5일부터 시작된 종교계의 부정부패 규탄시위가 맞물려, 교련 반대운동은 부정부패 척결 요구 및 군의 학원 난입 규탄 등 사회 전반에 걸친 광범위한 문제를 제기하며 폭발적으로 고양되었다. 그 결과 각 대학에서는 연일 성명서 발표, 규탄대회, 가두시위가 계속 이어졌다.

학생들의 교련 반대운동이 부정부패 척결 요구 및 군의 학원 난입 규탄과 결합하여 연일 격화되자 박정희 정권은 이를 폭력적으로 탄압하기 시작했다. 1971년 10월 12일 국방부장관과 문교부장관은 시위를 벌이거나 군사교련을 거부하는 학생은 징집하겠다는 공동성명을 발표했다. 그리고 박정희 대통령은

92 「(신·구 회장단 좌담) 학생 활동의 결산과 전망」, 『고대신문』 1971. 8. 31, 2면.

93 「애드바룬」, 『연세춘추』 1971. 9. 27, 3면.

94 「제78회-제20차 국회 본회의 회의록」, 1971. 10. 22, 14·17쪽.

10월 15일 특별 명령을 내려 학원 질서를 파괴하는 데모 주동 학생의 제적, 경관의 학원 투입, 군대의 학원 진주를 명하고 학칙 개정을 지시하였다. 이에 따라 서울시장의 요청으로 위수령이 발동되었다. 군은 서울대, 고려대, 연세대, 성균관대, 서강대, 경희대, 외국어대 등 7개 대학에 수도경비사령부와 서울 주변의 공수단 병력을 투입했다. 동시에 문교부는 이들 대학과 전남대에 무기 휴업을 명하고 시위 주동 학생의 제적, 학칙 개정 등을 지시했다. 그 결과 전국적으로 177명의 학생이 제적되었다. 동시에 수많은 학생단체가 해체되고 학생 간행물이 폐간되었으며 여러 대학에서 학생회의 기능이 정지되었다.[95]

학원에 진주한 군은 학생들을 체포하여 경찰에 이관했다. 위수령 발동 직후 국회에서 김현옥 내무부장관이 보고한 바에 따르면 총 1,910명의 학생을 연행하여 1,669명을 당일 즉시 훈방하고 나머지 주동자급 241명을 조사하였다.[96] 그중 4명에 대해 구속영장을 청구했으나 기각되자 박정희 정권은 학생 기소를 단념하고 강제징집으로 응징하기 시작했다. 체포된 학생들 가운데 70~80명은 구속영장 없이 장시간 구금된 후에 신체검사를 받고 곧바로 강제징집당했다.[97] 제적생 가운데 용케 체포를 피한 경우에도 갖은 압박과 회유 속에서 순차적으로 강제징집을 당할 수밖에 없었다.

2022년 제2기 진실·화해를위한과거사정리위원회(이하 진실화해위원회)의 조사에 따르면, 1971년 위수령 직후 강제징집의 경우 10월 말까지 신병이 확보된 학생은 단체로 입대하였고, 이후 개별 검거된 학생은 개별적으로 입대하였다. 10월 말에 단체 입대한 학생들은 입대 전까지 며칠 동안 도주를 방지한다는 명

---

95 「(풍향계) 데모, 위수령, 대학의 침묵」, 『월간중앙』 12월호, 1971, 58~59쪽.

96 「제78회-제24차 국회 본회의 회의록」, 1971. 10. 27, 32쪽.

97 「(풍향계) 데모, 위수령, 대학의 침묵」, 『월간중앙』 12월호, 1971, 58~59쪽.

목으로 경찰서 유치장에 구금되거나, 집과 여관 등에서 담당 경찰서 형사의 감시를 당했다. 강제징집된 학생 대부분은 최전방에 배치되었고, 보안부대로부터 지속적인 동향 관찰을 받는 것은 물론 외부에서 시국 사건이 발생할 경우 수사기관으로부터 별도의 조사를 받았다.[98]

당시 신민당의 김대중 의원은 국회에서, 군 입대 시 보통 "6개월 전에 본인에게 통고해서 군대에 가는 데 사전 준비를 충분히 할 시간 여유"를 주는데, 강제징집당하는 학생들에게도 "일반 징집 대상자와 똑같이 사전에 시간 여유를 주어 가지고 그 사람이 가사 정리할 것도 정리하고 마음에 준비할 것도 준비하도록 시간 여유를 주어야 할 것이 아니냐"고 따졌다. 그리고 "자신의 주변을 정리할 시간 여유도 주지 않고 끌고 가는" 강제징집에 대해 "군대의 입영을 하나의 징벌"이자 "보복" 수단으로 이용하고 있다고 비판했다.[99]

시위 주도 학생뿐만 아니라 교련을 거부한 모든 학생이 강제징집 대상이었다. 이는 앞서 살펴본 대로 교련 강화안을 추진할 때 개정한 「병역법」에서 군사교육을 거부한 학생을 강제징집할 수 있도록 한 규정에 따른 것이었다. 위수령으로 대학의 문이 닫힌 기간 동안 각 학교는 일반군사교육, 즉 교련을 거부한 학생들을 일괄 신고해야 했다. 이때 총 16,342명의 학생이 신고되었는데, 그중 징집 연령에 도달한 자는 6,322명이었다.[100] 많은 학생들이 강제징집당할 위기에 빠진 상태에서 1971년 10월 28일 박정희 대통령은 "소정의 군사훈련을 수강치 못한 학생들 중 일부 불순 학생의 위협과 선동 또는 방해 때문에 본의 아

---

98 진실·화해를위한과거사정리위원회, 『2022년 하반기 조사보고서 제7권 결정서 모음』, 2022, 37~38쪽.

99 「제78회-제21차 국회 본회의 회의록」, 1971. 10. 23, 9쪽.

100 「아픔 남긴 '시련 15일'」, 『조선일보』 1971. 10. 31, 2면.

니게 수강치 못한 선의의 학생"에 대해 "징집 연기 조치를 강구할 것"을 지시했다.[101] 박정희 대통령의 지시를 받은 문교부와 국방부는 당일 곧바로 전국 총학장 회의를 소집하여, 병무신고자 중 교련 미수강자는 앞으로 교련을 철저히 이수하겠다는 서약서를 받고 계속 징집 연기 혜택을 주기로 했다.[102]

1971년 11월 1일부터 다시 문을 연 대학들은 곧바로 교련 관련 서약서 및 재수강 신청을 받기 시작했다. 일례로 서울대의 경우 각 단과대학별로 교련 이수를 약속한 서약서와 교련 과목 재수강 신청을 접수하였다. 이에 "학칙 등 제반 규정을 준수하고 군사교련을 성실하게 이수하며 이를 어길 때는 여하한 조치도 감수할 것을 보호자와 연서하여 이를 서약합니다"라는 내용의 서약서를 11월 6일 오전 현재 교련 대상 학생 6,626명 중 약 82%에 해당하는 5,450명이 제출하였다. 또한 서약서와 병행하여 교련 미수강자들은 재수강 신청서를 접수하였는데, 11월 5일 현재 재수강 신청 대상자 964명 중 93.2%에 달하는 926명이 수강신청을 완료했다. 원래 서약서는 교련 미수강자에 한해 받을 예정이었지만, 방침이 바뀌어 교련 대상 학생 전원에게 서약서를 제출토록 했다.[103] 다른 대학들의 사정도 대체로 비슷했다. 이후 대학에서 교련은 순조롭게 이루어졌다. 뿐만 아니라 1971년 12월 국가비상사태 선포 때도, 1972년 10월 유신쿠데타 때도 대학생들은 계속 침묵을 지켰다.

박정희 정권이 교련 반대운동에 나선 학생들을 '반체제'로 낙인찍은 담론의 효과 역시 저항을 위축시켰다. 교련 반대운동이 일어났던 1970년 전후의 시기는 전 세계적인 '스튜던트 파워', 즉 68운동이 거세게 일어났던 시기이기도

---

101 「교련 미수강 '선의의 학생' 구제」, 『동아일보』 1971. 10. 28, 1면.

102 「"교련 수강하겠다" 서약 받고 징집 보류」, 『동아일보』 1971. 10. 28, 7면.

103 「교련 서약서 82% 접수」, 『대학신문』 1971. 11. 8, 1면.

했다. 한국의 학생운동은 서구의 학생운동과 여러모로 성격이 달랐지만, 권력 및 기성세대들은 한국의 학생운동이 68운동이 갖고 있는 반체제적 성격으로 전환하지 않을까 촉각을 곤두세우고 있었다. 특히 1971년 10월 교련 반대운동이 부정부패 규탄과 결합하여 학원 민주화는 물론 사회 민주화를 요구하는 운동으로 격화되자, 당시 언론들은 이 운동이 "반체제운동 비슷한 구호까지 튀어나오게 될 싹을 보이고 있다"거나,[104] "반체제의 빛까지 나타내고 있다"고 지적했다.[105]

반체제 담론은 언론만의 것이 아니었다. 박정희 정권 역시 교련 반대운동을 반체제운동으로 규정했다. 1971년 10월 22일 국회에서 김종필 국무총리는 위수령 발동 경위를 설명하면서, 학생운동이 무엇을 주장하던 간에 "그 기본성향은 오직 정부나 국가를 반대하고 현 체제 자체를 부정하는 데 목적이 있다"고 단언하고 이를 68운동의 스튜던트 파워와 연결시켰다.[106] 다음 날 공화당의 이교선 의원도 국회에서 "지금 미국이나 일본이나 불란서나 우리나라의 모든 학생운동이 반체제 운동화하고 있고 그것은 공산당보다도 어느 의미에서 더 격렬한 전술을 쓰는 소위 학술적으로는 요새 신좌익" 운동의 양상을 띠고 있으므로, "반체제적인 난동을 벌이는 학생만은 통치권을 확립한다는 의미에서 반드시 진압한다 반드시 처벌한다는 권력의 의지를 관철해야" 한다고 주장했다.[107] 반체제 낙인은 여기서 끝나지 않았다. 학교에서 제적된 후 강제로 입영한 학생운동 주도 학생들의 병적기록부에는 'ASP'라는 붉은색 스탬프가 찍혔다.

---

104 「(사설) 권력과 학생 간의 준칙」, 『조선일보』 1971. 10. 15, 2면.

105 「(사설) 박 대통령의 학원 비상조치」, 『경향신문』 1971. 10. 16, 2면.

106 「제78회-제20차 국회 본회의 회의록」, 1971. 10. 22, 11~12쪽.

107 「제78회-제2차 국회 예산결산특별위원회 회의록」, 1971. 10. 23, 15·18쪽.

ASP는 Anti-Government Student Power의 약자로 반정부(체제) 성향의 학생 세력을 뜻했다.[108]

교련 반대운동 과정에서 학생들은 권력의 반체제 담론 공세에 위축된 태도를 보였다. 당시 박정희 정권에 의해 학생 '지하신문'으로 규정되며 탄압을 당했던 서울대 『자유의 종』의 논조가 대표적인 사례다. 『경향신문』이 1971년 5월 29일자 사설에서 당시 학생운동을 "반체제나 히피 같은 스튜던트 파워를 모방한 망국의 데모"인 것처럼 비판하자, 『자유의 종』은 이를 적극적으로 반박했다. "학생들은 '민주체제'에 반대한 일이 한 번도 없었고 단지 '파쇼체제'나 '반민주체제'에는 '반체제적'이었다. 즉 학생들은 사회주의 파시즘은 물론 반공의 미명하에 자행되는 파시즘에 대해서도 반체제적일 수밖에 없다"는 것이었다.[109] 이 같은 반박이 반체제 담론에 적극적인 대응인 것처럼 보이나, 사실 그 맥락을 살펴보면 68운동과 달리 당시 한국 학생운동이 갖고 있던 '체제 긍정적인 성격'을 강조한 주장이었다. 『자유의 종』은 다른 기사에서도 한국의 학생운동이 "선진국 학생들의 '참가의 논리'와는 그 역사적, 사회적 배경이 많이 다르

108 오제연, 「1970년 전후 한국 학생운동의 새로운 양상과 68운동의 '스튜던트 파워'」, 『역사비평』 123, 2018, 128~129쪽. 2022년 진실화해위원회는 1970~80년대에 벌어진 '대학생 강제징집 및 프락치 강요 공작 사건'에 대한 조사에서 「ASP 감시 계획」(국보안(대) 1978. 11. 20), 「반정부 관련 학생 입영자 보호 계획」(1979. 2. 20), 「ASP 관리 철저」(국보안(대) 1981. 1. 23) 등의 문서명을 발견했으나 관련 문서를 찾지는 못했다. 다만 1970년대 중반 작성된 것으로 보이는 「전력자원카드」를 입수하였는데, 이 문서는 보안사 존안자료로서 강제징집된 학생들이 'ASP'로 분류되어 동향 관찰의 대상이 되었음을 보여준다. 위수령으로 인해 강제징집된 병사들이 'ASP'라는 명칭으로 따로 특별관리되고 있다는 사실이 훈련소와 배치된 각급 부대에 알려지면, 이들에 대한 차별과 집중감시 및 가혹행위가 일상적으로 이루어졌다. 진실·화해를위한과거사정리위원회, 앞 책, 2022, 35·39~40쪽.

109 「'차라리 솔직하게 본색을 드러내라'—정부 언론 경향신문에 바람」, 『자유의 종』 19호, 1971. 6. 7, 3면.

며 지향하는 바 또한 다른 바 많다"는 점을 강조했다.[110]

후진국 한국의 학생운동이 선진국의 반체제적인 68운동과 다르다는 주장은 다른 논의에서도 쉽게 찾아볼 수 있다. 일례로 1971년 10월 위수령 선포 후 국회에서 정부와 여당이 교련 반대운동을 반체제운동으로 거세게 몰아붙이자 신민당의 강근호 의원은 이를 반박하며 한국 대학생의 순수성을 강조했다. 한국의 대학생들은 "부두 노동자나 각종 기업 각종 공장을 쫓아다니면서 그 저 소득층 공장 노동자를 선동"하거나 "핍박한 농민을 쫓아다니면서 반정부 선동"을 한 사실이 없으며, "오직 학원 내에서 자기들 나름대로 조국을 위하고 민주주의를 살리기 위해서 자유롭게 토론하고 창의적으로 자기들 의사표시를 하는 것"뿐이라는 주장이었다. 그러면서 학생들의 "애국적인 충정"을 "용공시하는 이유가 무엇이냐"고 따져 물었다.[111]

하지만 교련 반대운동은 당시부터 기존 학생운동과 다른 새로운 방식의 학생운동으로 주목받고 있었다.[112] 또한 이때 학생운동에서는 교련 반대 외에도 68운동과 유사한 다양한 학원 민주화, 사회 민주화 시도가 있었다.[113] 분명 시차가 존재했고 성격도 완전히 유사하다고는 할 수 없으나, 한국의 학생운동 역시 세계사의 큰 흐름과 동떨어지지 않고 한국의 상황과 맥락에 따라 이와 연동하고 있었다. 그럼에도 대학생들은 학생운동에 대한 권력의 반체제 담론에 적극적으로 대응하기보다 이를 부인하는 전략으로 일관했다. 냉전하 열전의

---

110 「한 총장 담화에 이의 있다」, 『자유의 종』 22호, 1971. 6. 29, 1면.

111 「제78회-제2차 국회 예산결산특별위원회 회의록」, 1971. 10. 23, 35쪽.

112 「대학과 군사교육」, 『고대신문』 1971. 1. 1, 8면.

113 이 글에서는 지면관계상 교련 문제에만 집중했으나 1971년 학생운동은 교련 반대운동만으로는 설명하기 어려운 복잡한 양상을 보였다. 1971년 학생운동 전반의 양상에 대해서는 오제연, 앞 논문, 2014; 2018을 참고하기 바란다.

공포에 기초한 당시 한국 사회의 반공주의와 국가주의 속에서 권력에 대한 저항을 선도하던 대학생마저 자유로울 수 없었던 것이다. 이렇게 위수령을 통한 군 동원, 강제징집, 그리고 반체제 담론 공세 속에서 교련 반대운동은 좌절하고 일반군사교육으로 제도화된 교련이 대학에 관철되었다.

6. 맺음말

대학생 대다수가 남성이던 1960년대 말 1970년 초 상황에서 대학생의 최대 고민은 징병제에 따른 군(병사) 문제였다.[114] 이러한 상황에서 일반군사교육으로 제도화된 교련을 강제징집과 반체제 담론을 통해 대학에 관철하는 것은 권력이 대학생을 통제하는 효과적인 수단이 될 수 있었다. 이제 대학 교련은 향토예비군 제도와 함께 각각 군 징집의 앞과 뒤에 배치되어 한국 대학생의 몸 그 자체를 군대, 나아가 권력에 묶어버렸다. 고등학교와 대학교에서의 교련 교육 → 징병제에 의한 군 입대 → 제대 후 향토예비군을 통한 군 경험의 지속이라는 사이클은 대학을 넘어 한국 사회 전체의 병영화를 가속화했다.[115] 이는 교련 반대운동 당시 학원 병영화 담론을 통해 이미 예견됐던 모습이었다.

교련의 부활, 강화, 제도화를 통해 대학생의 몸을 군대 및 권력에 묶어버린 이 사이클은 그 시대의 '정상'이었다. 1966년 ROTC훈련을 대학의 모든 학생에게 실시하려 했을 때도 애초 이는 '대학교육 정상화' 방안으로 포장되었다. 반대로 이에 대한 저항은 국가에 '손상'을 가하는 '비정상'이 되었다. 교련 반대

---

114 「(방담) 신입생을 위한 대학생활의 이모저모」, 『성대신문』 1969. 3. 26, 3면.

115 오제연, 앞 논문, 2016, 210~211쪽.

운동에 대한 반체제 낙인은 이를 잘 보여준다. 비정상을 정상화하는 가장 효과적인 방법은 강제징집 혹은 그 위협으로 대학생의 몸을 더욱 옥죄는 것이었다. 1971년 교련 반대운동은 이렇게 좌절되었다. 이후에도 학도호국단 부활과 입영교육 실시 등 통제의 강도는 커졌만 갔다. 하지만 대학생들이 완전히 굴복한 것은 아니었다. 1980년대에 들어 학도호국단 해체, 입영 집체훈련 반대, 전방입소 거부 등 저항이 계속 이어졌다. 그런 의미에서 1971년 교련 반대운동은 패배한 투쟁이 아니라 긴 싸움의 시작이었다.

제2부

'손상'된 지식인

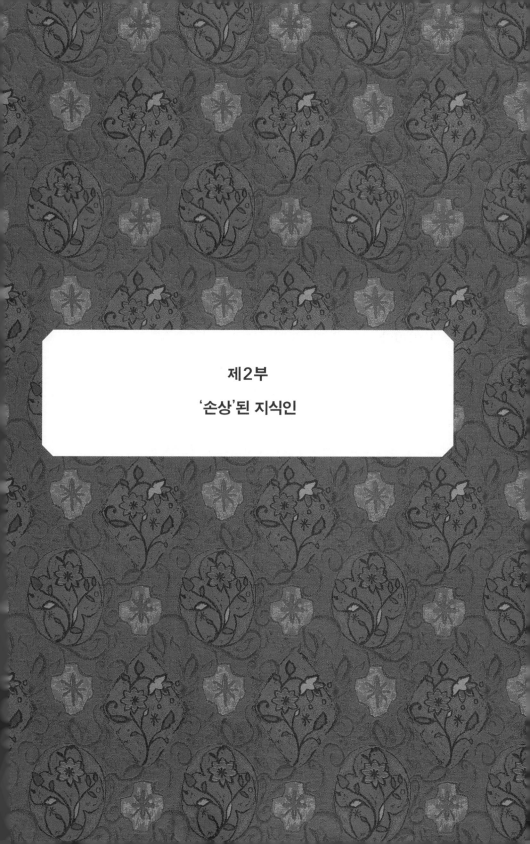

제3장 '정치교수'라는 낙인
—대학 교수들의 한일협정 반대운동

1. 머리말

대학을 '상아탑'이라고 부르던 시절이 있었다. 상아탑 비유가 불러일으키는 대학의 이미지는 맥락에 따라 다양할 수 있지만, 흔히 혼탁한 사회와 외부 간섭에 흔들리지 않는 대학의 권위를 상징한다. 하지만 상아탑이라는 용어가 관용적으로 쓰이던 시절에도 한국의 대학이 진정한 상아탑인 적은 없었다. 초기부터 대학은 국가권력과 밀접한 관련을 맺었고, 국가정책에 따라 부침을 거듭했다. 시장이 요구하는 인력 공급과 기술 개발이 대학의 최대 과제가 된 오늘날에도 한국 대학에서 국가권력의 영향력은 여전히 강하다.[01] 오히려 학령인구의 급속한 감소로 대학의 존립 자체가 위협받는 현 상황은 대학을 국가권력에 더욱 의존하게 만들고 있다.

한국에서 대학과 국가권력의 관계를 역사적으로 고찰할 때 주목되는 몇몇

01 오제연, 「(서평) 가야 할 길이 먼 대학사 연구의 소중한 첫걸음: 『대학과 권력—한국 대학 100년의 역사』(김정인, 휴머니스트, 2018)」, 『한국사연구』 181, 2018, 313~314쪽.

계기가 있다. 그중 식민지기 경성제국대학 설립, 해방 직후 국립서울대학안(국대안) 파동과 더불어 초창기 대학사에서 주목되는 사건이 바로 '한일협정 반대운동'이다. 1960년 4월혁명에 대학생들이 적극 나서면서 대학의 사회참여가 본격화되었다. 또 1961년 5·16쿠데타로 군부가 권력을 잡으면서 국가권력이 한층 강력해졌다. 두 세력은 1960년대 초부터 '근대화'를 지향하며 지식-권력관계를 형성해 나갔으나,[02] 1964~65년 한일협정 반대운동에서 정면으로 충돌했다.

1964년 3월 24일 대학생들의 시위로 본격화한 한일협정 반대운동은 다음 해인 1965년까지 약 1년 반 동안 지속했다. 1964년의 경우 애초 '굴욕적인 한일회담 반대'를 내걸고 시작한 학생 시위의 수위가 계속 올라가면서, 1964년 6월 3일, 4월혁명을 방불케 하는 대규모 반정부 항쟁이 발생했다. 박정희 정권은 계엄령을 선포하고 군대를 동원하여 학생들의 '6·3항쟁'을 저지하였지만, 타결 직전까지 갔던 한일회담을 당분간 중단할 수밖에 없었다.

1965년 들어 회담을 재개한 한일 양국 정부는 6월 22일 1조약(한일기본조약) 4협정(청구권, 어업, 재일한인 법적 지위, 문화재 반환)으로 이루어진 한일협정에 조인하였다. 학생은 물론 야당도 강하게 반발하였지만 박정희 정권은 물리력을 앞세워 한일협정 조인을 강행했다. 한일협정 조인 이후에도 아직 국회 비준 절차가 남아 있었다. 이때부터 한일협정 반대운동은 국회의 한일협정 비준을 반대하는 운동이 되었다. 그리고 비준반대 국면에서 운동의 주체로 학생과 야당 외에 지식인들, 특히 대학 교수들이 등장했다. 당시 교수들은 '교수단'의 '성명' 형태로 한일협정 반대운동에 참여했다. 그러나 한일협정은 여당만의 일당 국회에

---

02 1960년대 초부터 형성된 한국의 '근대화' 지향 지식-권력관계에 대해서는 홍석률, 「1960년대 지성계의 동향—산업화와 근대화론의 대두와 지식인 사회의 변동」, 『1960년대 사회변화 연구』, 백산서당, 1999; 정용욱, 「5·16쿠데타 이후 지식인의 분화와 재편」, 『1960년대 한국의 근대화와 지식인』, 선인, 2004 참조.

서 끝내 비준되었고, 박정희 정권은 그동안 자신과 맞섰던 대학을 대대적으로 탄압했다. 이 과정에서 운동 주도 학생들과 더불어 일부 교수들이 '정치교수'로 몰려 대학에서 축출되었다.

지금까지 한일협정 반대운동에 대한 연구는 주로 학생 동향에 초점을 맞췄다. '정치교수' 파동과 같은 교수들의 움직임에 대해서는 단편적인 서술에 머물렀다.[03] 1960년대 지식-권력관계를 다룬 연구들은 민족주의와 민주주의의 분화/재편에 있어 한일협정 반대운동을 중요한 전기로 보았지만, 주로 담론 문제에 집중하여 '정치교수' 파동 같은 대학의 격변에는 관심이 적었다.[04] 이 글의 연구 대상과 직결된 선행연구는 '정치교수' 파동을 『사상계』 그룹의 와해와 대학의 변화 계기로 파악한 김건우의 저서이다.[05] 김건우는 '정치교수' 파동의 여파로 『사상계』 편집위원회가 붕괴했다는 점에서 이 시점에 『사상계』가 사실상 종말을 고했다고 보았다. 또 이 사건을 1960년대 대학의 제도화 및 연구비 증가에 따른 교수의 '체재 내'화와 연결시켰다. 이는 동의할 수 있는 주장이지만, 김건우의 연구에는 정작 '정치교수' 파동 그 자체에 대한 정리와 분석이 나와 있지 않다.

이에 이 글에서는 지금까지 구체적으로 정리 분석되지 않았던 교수들의 한일협정 반대운동 참여 양상과 '정치교수' 파동의 전개 과정, 그리고 그것의

---

03 대표적인 것이 관련 연구를 집약하여 민주화운동기념사업회 연구소가 엮은 『한국민주화운동사』 1(돌베개, 2008)이다.

04 임대식, 「1960년대 초반 지식인들의 현실인식」, 『역사비평』 65, 역사비평사, 2003; 홍석률, 「1960년대 한국 민족주의의 분화」, 『1960년대 한국의 근대화와 지식인』, 선인, 2004; 오제연, 「1960년대 전반 지식인들의 민족주의 모색—'민족혁명론'과 '민족적 민주주의' 사이에서」, 『역사문제연구』, 역사문제연구소, 2011; 홍정완, 『한국 사회과학의 기원—이데올로기와 근대화의 이론 체계』, 역사비평사, 2021.

05 김건우, 『대한민국의 설계자들—학병세대와 한국 우익의 기원』, 느티나무책방, 2017.

영향과 의미를 살펴보고자 한다. 특히 대학 교수들의 한일협정 비준반대 성명을 누가 주도했는지, 이 성명의 특징은 무엇인지, 박정희 정권이 왜 그렇게까지 교수들을 탄압했는지를 규명하는 데 초점을 맞출 것이다. 그리고 '정치교수' 파동 이후 상황과 연결해 이 사건이 한국의 대학사에 끼친 영향과 그 의미를 생각해보고자 한다.

2. 교수들의 한일협정 비준반대 성명

한일협정 반대운동은 1964년 3월부터 본격화되었으나, 초기 운동에 교수들은 적극 참여하지 않았다. 개별적으로 언론(신문, 잡지)에 자신의 의견을 개진하는 정도였고, 집단적으로 목소리를 내거나 요구를 하는 일은 별로 없었다. 1964년 5월 20일 '민족적 민주주의 장례식' 직후 경찰이 서울대 미대 캠퍼스에 난입하고, 군인들이 법원에 난입하여 학생 처벌을 협박하는 일이 벌어지자, 1964년 5월 27일 서울대 교수 200여 명이 군의 정치적 중립과 학원 자유 보장을 요구하는 '결의문'을 채택한 일,[06] 또 1964년 '6·3항쟁'의 클라이막스인 6월 3일 시위 전날 서울대 문리대 교수 30여 명이 학생들의 주장을 관철시키기 위한 교량적 역할을 하기로 의견을 모으고, 교수회를 거치지 않은 시위 주도 학생에 대한 징계는 무효라고 결의한 정도가 전부였다.[07]

1965년 들어 재개된 한일회담이 급진전되면서 학생 시위가 다시 한 번 격화되었지만 대학 교수들의 침묵은 계속 이어졌다. 이에 대학가에서는 교수들

---

06 「서울대 교수, 6개 항목 '시국수습' 결의」, 『조선일보』 1964. 5. 28, 7면.

07 「'교량역' 맡기로」, 『동아일보』 1964. 6. 3, 1면.

의 소극적 태도에 대한 비난이 터져 나왔다. 일례로 1965년 5월 3일 연세대 학보 『연세춘추』의 '사설'은 한일회담과 한일협정 문제에 소극적인 교수들을 다음과 같이 질타했다.

> 학원을 중심하여 빚어진 현하의 어지러운 사태를 직시할 때, 소위 대학생들의 지도자로 자부하는 교수들의 책임을 묻지 아니할 수 없다. 4·19 후의 혼란 속에서는 또는 민주당의 무기력하던 정권하에서는, 무슨 발언도 많고 행동도 적극적이던 대학 교수들이, 무장한 경관이 곤봉을 휘두르고, '데모'나 폭동 진압에 숙달한 몇 개 사단이 서울 주변에 대기하고 있다는 소문이 떠도는 이때에는 아무런 의사표시도 없이 잠잠하기만 하니 이것이 도대체 어떻게 된 일인가! 속담에 있듯이 "굿이나 보다 떡이나 먹자"는 격인가! (…) 최근 문제의 초점이 되어 있는 한일회담에 대하여 대학 교수들의 양심적이며 무게 있는 발언이 반드시 있어야 한다. 학생을 선도할 아무런 책임도 느끼지 않고, 교수들이 계속 방관적 태도만을 취해 나가면, 이 시국은 결단코 수습되지 못할 뿐 아니라 결국 파탄을 면치 못할 것이다. 목에 칼이 들어와도 할 말은 해야 한다. 할 말을 못하는 사람은 비겁한 사람이라고 한다.[08]

위의 사설에서도 강조했듯이 한국의 대학 교수들은 1960년 4월혁명 당시 계엄령하에서도 교수단 시위를 전개해 이승만 대통령 하야를 공개적으로 요구하고, 결국 이를 관철한 바 있었다. 때문에 4~5년 뒤 한일협정 반대운동 국면에서 교수들의 침묵은 더욱 비난의 대상이 될 수밖에 없었다.

박정희 정권이 한일협정 조인을 강행하고 반대 학생들을 폭력적으로 탄압

---

08 「(사설) 할 말은 해야 한다—교수들의 양심적 발언을 기대함」, 『연세춘추』 1965. 5. 3, 1면.

하자, 집단적인 의사표현을 자제하고 있었던 교수 등 지식인들이 이에 자극받아 움직이기 시작했다. 우선 1965년 6월 26일 이화여대와 연세대 교수 300여 명은, 한일협정 조인에 맞춰 벌어진 6월 21~23일의 학생 시위 당시 경찰이 교내에까지 들어와 최루탄을 터트리고 곤봉으로 학생들을 구타하는 등 무자비하고 비인도적인 과잉진압을 자행한 것을 규탄하고 정부의 공식해명과 관련자 처벌을 요구하는 대정부 항의문을 채택하였다.

지식인들의 집단적 움직임은 7월부터 도미노처럼 이어졌다. 1965년 7월 1일 개신교 교역자 100여 명은 영락교회에서 한일회담 비준반대 성토대회를 갖고 성명서를 발표했다. 정부는 한일협정에 관한 애국적 국민의 의사표시를 권력으로 탄압하는 비인도적인 행위를 즉시 중단하고, 국회는 정당보다 한국 역사의 장래를 위하는 의미에서 민족정기의 앙양을 중시하여 비준을 거부할 것을 촉구했다. 개신교 교역자들은 이후에도 서울, 군산, 대전 등지에서 한일협정 비준을 반대하는 구국기도회를 계속 개최했다. 같은 날 대한교련은 학생 시위에 대한 경찰의 과잉진압이 국민의 기본 권리를 유린하는 것이며 민주경찰의 기본자세에 어긋나는 행위라는 내용의 항의성명을 발표하였다. 7월 3일 대한변협은 경찰이 한일협정을 반대하는 시위 학생들에게 최루탄을 난사하고 그들을 경찰봉으로 무차별 난타하여 중경상을 입힌 것은 비인도적 처사이며 법치국가에서는 절대 용납할 수 없는 중대한 인권침해라고 경고했다. 7월 9일에는 문인 84명이 전체 국민의 단결과 궐기를 호소하면서 "민족의 자주자존과 국가의 영원한 주권과 권익의 옹호를 위해 투쟁하는 문화 전선의 대열"에 적극 참여할 것을 선언했다.[09]

교수들도 움직였다. 역사학자들이 먼저 나섰다. 1965년 7월 9일 역사학회,

---

09 민주화운동기념사업회 연구소 편, 『한국민주화운동사』 1, 돌베개, 2008, 456~457쪽.

한국사학회, 역사교육연구회 등 역사학 관련 3개 학회가 "이번 한일협정은 호혜평등의 원칙에 따른 선린상조(善隣相助)의 국제조약이 아니며" "우리가 기대하는 진정한 한일 국교 정상화와는 도리어 반대되는 사태를 초래할 중대한 요소를 내포"하고 있기 때문에, "이번 협정 조인을 백지에 돌리고 국민이 만족할 수 있는 명예로운 협정의 성립을 위하여 정부가 최선을 다해야 한다"는 내용의 공동성명을 발표했다.[10]

이 공동성명의 작성 경위는 당시 이화여대 교수이자 한국사학회의 간사로 공동성명 작성의 실무를 맡았던 김성준의 회고를 통해 알 수 있다. 1965년 6월 26일 서울대 문리대에서 열린 역사학회의 연구발표회 후 전해종 교수 등 10여 명의 역사학자들이 대학다방에 모여 담소를 나눴다. 이 자리에서 한일협정이 화제에 오르자 누군가의 입에서 역사 관계 학회에서도 비준반대 성명을 내야 하지 않느냐는 말이 나와 의견이 금방 일치되었다. 그 후 역사학 관련 5개 학회 중 세대가 달랐던 진단학회를 제외한 4개 학회를 상대로 교섭에 들어갔는데, 이 과정에서 서양사학회를 제외한 3개 학회가 뜻을 모았다. 7월 8일 서울대 문리대 소강당에서 3~4백 명이 모인 가운데 열린 역사학회 총회에서 비준반대 의견을 만장일치로 이끌어낸 뒤, 7월 9일 서울대 문리대 류홍렬 교수 연구실에서 역사학회 간사 고병익 교수와 역사교육연구회 간사 변태섭 교수, 한국사학회 간사 김성준 교수 등이 만났다. 여기서 고병익과 변태섭이 공동성명 초안을 작성한 뒤 참석자 모두의 윤독을 거쳐 저녁 때 등사를 완료하고 이를 언론사에 배포했다. 첫 번째로 들렀던 동아방송사에서는 마침 저녁 9시 뉴스가 임박했던 덕에, 고병익 교수가 직접 뉴스에 출연해 육성을 내보내기도 했다.[11]

---

10 「문화계에도 '열풍'—'역사학회' 등 사학도들 반대 대열에」, 『조선일보』 1965. 7. 10, 3면.

11 김성준, 『역사와 회고』, 국학자료원, 1997, 100~102쪽; 김성준, 「나의 한국사 연구」, 『한국사학

1965년 7월 12일 오전에는 서울대학교 교수회관 앞에서 '재경(在京)대학교수단' 명의의 한일협정 국회 비준반대 선언문이 발표되었다. 이 선언문에 서명한 교수는 18개 대학 350명이 넘었다.[12] 재경대학교수단은 이 선언문에서 한일회담의 경과와 협정 내용이 민족적 자주성과 국가적 이익에 막대한 손실을 가져올 뿐만 아니라 장차 심히 우려할 사태가 전개될 것이라고 지적했다. 그리고 "국회는 여야를 막론하고 당파적 이해를 초월하여 치욕적인 불평등 협정을 결연히 거부"할 것과 "정부는 그동안의 애국 학생들에 대한 비인도적 만행을 사과하고 구속 학생들을 즉시 석방"할 것을 요구했다. 또한 한일협정을 구성하는 1조약, 4협정에 각각 대응하여 5개 항목의 구체적인 반대 이유가 적시되었다. 기본조약의 경우 "과거 일본 제국주의 침략을 합법화시켰"고 "우리 주권의 약화 및 제반 협정의 불평등과 국가적 손실을 초래할 굴욕적인 전제를 인정"했다고 비판했다. 청구권 협정에 대해서는 "재산상의 피해를 보상"할 정도가 되지 못할 뿐만 아니라 일본의 "경제적 시혜를 가식하였으며 일본 자본의 경제적 지배를 위한 소지(素地)를 마련"했다고 비판했다. 어업협정은 결국 "평화선을 포기함으로써 우리 어민의 생존권을 치명적으로 위협하고 국가 어업을 일본 어업 자본에 예속시키는 결과를 초래"했다고 지적했다. 재일한인의 법적 지위에 관한 제규정은 "일본 군국주의의 강제 노력동원 등에 의해 야기된 제결과를 피해자에게 전가시킴으로써 비인도적 배신을 자행"했으며, 문화재 반환에 있어서는 "무실한 품목만을 인도"받은 반면 "마땅히 요구해야 할 귀중한 품목의 반환을 자진 포기"했다고 지적했다.[13] 이상의 선언문 내용은 한일협정 반

사학보』 2, 2000, 159~162쪽.

12 서명자 수는 기록마다 353~356명으로 상이하다.

13 「재경대학교수단 선언」, 『동아일보』, 1965. 7. 12, 1면; 「한일협정 비준반대 선언문」, 『동아일

대운동 당시 제기된 여러 주장의 핵심만을 선별 정리한 것이었다.

서명 교수들은 이 같은 반대운동이 비정치적이며 민주적이라고 규정, 앞으로 영구적이고 전국적인 운동을 벌이기로 했으며,[14] 이를 위해 조윤제, 김윤경, 김경탁, 정석해, 권오돈, 이헌구 교수를 의장단으로 선출하고 이들에게 집행위원회 인선을 일임했다.[15]

이 선언문이 나오게 된 배경과 과정에 대해 알려주는 기록은 현재 많이 남아 있지 않다. 단, 연세대 교수로서 이 선언문 작성에 깊이 관여하고, 또 『동아일보』 비상임 논설위원으로 언론을 통해 한일회담, 한일협정, 그리고 박정희 정권을 날카롭게 비판하다 끝내 '정치교수'로 몰려 학원에서 추방당한 서석순의 회고 및 그의 회고와 함께 실린 한홍수의 글이 비교적 자세하게 그 내막을 설명하고 있다.[16]

서석순은 1965년 6월 22일 한일협정이 조인되자, 한일협정의 국회 비준을 막기 위하여 반대성명을 내자는 생각을 갖고 서울대 양호민 교수와 함께 이를 추진했다. 이들은 동아일보사 근처에 있는 중국집에서 주로 모였는데, 서명 작업을 본격화할 무렵 연세대 이극찬 교수 등 몇 사람이 더 합류했다. 그리고 조직된 연락망을 통해 각 대학에서 자필로 서명을 받아 그 명단을 서석순이 수합했다.[17] '선언문'은 서석순이 기초하고 양호민과 함께 수정하여 확정했다. 그리

보』 1965. 7. 12, 4면.

14 「"국가이익에 막대한 손실 초래"」, 『고대신문』 1965. 8. 7, 7면.

15 「한일협정 비준반대 선언」, 『조선일보』 1965. 7. 13, 1면.

16 서석순, 「제1부 석산(碩山) 자전」, 『석산 서석순박사 고희기념문집』, 석산서석순박사고희기념문집간행위원회, 1991; 한홍수, 「1965년의 한일협정 비준반대운동과 석산 서석순」, 『석산 서석순박사 고희기념문집』, 석산서석순박사고희기념문집 간행위원회, 1991.

17 서석순이 아닌 다른 교수의 증언에 따르면, 서석순 외에 양호민, 안병욱, 조지훈, 차기벽 교수

고 선언문 발표 하루 전날인 1965년 7월 11일 서석순은 이극찬 등 몇몇 교수들과 함께 서대문의 어느 교회 뒷방에서 선언문을 등사해 다음 날 경찰의 감시를 피해 발표 장소인 서울대학교 교수회관 앞까지 가져갔다. 서석순이 언론계와 긴밀한 관계를 유지하고 있었기 때문에 선언문 발표 장소와 시간은 정보가 새나가지 않은 채 각 언론사에 전달되어 성공적으로 성명과 집회가 이루어질 수 있었다. 서석순이 사회를 보고 고려대 이항녕 교수가 선언문을 낭독한 이날의 집회는 전격적으로 빠른 시간 내에 끝났다.[18] 이후 1965년 8월 8일에는 대구의 대학 교수 43명이 "지난 7월 12일자로 재경교수단이 채택한 한일회담 비준반대 결의 및 성명을 전적으로 지지 찬동하여 서명한다"는 성명을 발표하였다.[19]

서석순 한 사람의 회고에 기초한 재구성이 사실에 어느 정도 부합하는지는 확언할 수 없다. 다만 고려대와 서울대 소속 서명 교수가 각각 30여 명인 데 비해[20] 연세대의 경우 95명에 달했던 점,[21] 그리고 이후 '정치교수'로 몰려 추방당한 서석순이 같이 추방당했던 다른 교수들과 달리 끝까지 복직하지 못하고 '망명자'처럼 미국에 머물러야 했다는 점 등을 고려했을 때, 서석순이 재경대학교수단의 선언문 작성과 발표를 주도한 것은 분명해 보인다.

여기서 주목되는 점은 서석순, 양호민, 이극찬 등이 재경대학교수단의 성

가 교수 성명 발표 준비를 주도하였고, 곧이어 이극찬, 한배호, 박경호, 길현모, 박두진 교수가 합류하여 6회에 걸친 준비작업 끝에 여러 교수들의 서명을 받았다고 한다. 한홍수, 앞 글, 322쪽.

18 서석순, 앞 글, 1991, 40쪽; 한홍수, 앞 글, 321~323쪽.

19 「43명이 성명」, 『동아일보』 1965. 8. 9, 3면.

20 「"국가이익에 막대한 손실 초래"」, 『고대신문』 1965. 8. 7, 7면; 「비준반대 성토」, 『대학신문』 1965. 7. 12, 1면.

21 한홍수, 앞 글, 1991, 325쪽.

명과 집회를 주도했음에도, 의장단으로는 조윤제, 김윤경, 김경탁, 정석해, 권오돈, 이헌구가 추대되었다는 사실이다. 의장단은 대부분 5년 전 4월혁명 때 교수단 시위를 주도했던 인물들이었다. 이는 1960년 4월혁명에 참여한 교수단과 1965년 한일협정 반대운동에 참여한 교수단의 공통점과 차이점을 보여준다. 4월혁명 당시 교수단 시위를 이끈 주도 세력의 네트워크를 검토한 이황직의 연구에 따르면, 이때 주도 교수들은 대부분 직간접적인 독립운동 경험이 있어, "이들의 투쟁 경험은 겁 많은 집단이었던 일반 교수 사회에 저항의 기운을 불어넣기에 충분했다"고 한다.[22] 5년 뒤 재경대학교수단 역시 이들을 전면에 내세워 4월혁명 교수단의 정통성과 성과를 이어가고자 했던 것으로 보인다.

4월혁명 때 교수단 시위를 주도했던 인물들이 의장단에 추대되었지만, 1965년 재경대학교수단의 성명과 집회를 이들이 주도했다고 보기는 어렵다. 이는 의장단의 한 사람이었던 김경탁이, 언론 인터뷰를 통해 자신이 의장단에 뽑힌 것은 "나이 탓"이라고 직접 언급한 것에서 잘 알 수 있다.[23] 앞서 살펴보았듯 1965년 재경대학교수단의 성명과 집회를 주도한 사람은 60세 전후의 의장단이 아니라 서석순, 양호민, 이극찬 등 40세 초중반의 중견 교수들이었다. 이들은 서석순이 『동아일보』 논설위원, 양호민이 『사상계』 주간, 이극찬이 『사상계』 편집위원을 맡는 등 대체로 언론과 관계가 깊었다.

재경대학교수단 성명에서 또하나 주목되는 것은 '반공'에 대한 언급이다. 앞서 살펴보았듯 교수들은 선언문에서 한일협정의 문제점을 1조약 4협정 체제에 맞춰 하나하나 열거했다. 이는 반대운동 당시 제기된 여러 주장의 핵심을 집약한 것으로 새롭거나 특별한 내용은 아니었다. 하지만 아래와 같이 선언문

22 이황직, 『군자들의 행진—유교인의 건국운동과 민주화운동』, 아카넷, 2017, 498쪽.

23 「'캠퍼스' 떠난 교수들 (上)」, 『동아일보』 1965. 9. 25, 3면.

후반부에 등장한 '반공' 관련 언급은 이 선언문의 특징으로 주목할 만하다.

> 정부는 이 모든 희생을 무릅쓰는 이유가 일본과 제휴하여 반공 세력을 강화하는 데 있다고 주장, 미국 역시 이를 뒷받침하여왔다. 그러나 일본 측은 여전히 한일 국교 정상화가 반공을 위한 조치는 결코 아니라고 밝히고 있으니, 굴욕외교의 명분은 어디서 찾아볼 수가 있겠는가.[24]

이 구절은 일단 반공을 강조한다기보다는 반공을 앞세운 정부의 주장이 갖는 모순을 지적하고 있다. 하지만 선언문 안팎의 맥락을 고려했을 때 이는 한일협정 반대운동에서 종종 등장했던 반공 담론을 반영하고 있다. 한일협정 반대운동의 반공 담론은 한일협정 국회 비준을 앞두고 1965년 7월에 '긴급증간'하여 간행된 『사상계』를 통해 집약적으로 확인할 수 있다. 여기에는 한일협정 비준 문제와 관련하여 지식인 115명의 앙케이트가 실렸다. 모두가 앞서 소개한 여러 성명에 등장하는 내용들을 대동소이하게 반복하며 한일협정의 비준을 반대하는 가운데, 일부 인사들은 그 명분으로 반공을 강조하였다. 일례로 1965년 7월 1일 개신교 교역자 성명을 상징하는 인물인 영락교회 한경직 목사는 한일 국교가 "반공의 토대" 위에서 이루어져야 한다고 주장했다.[25] 이 성명에 함께 서명했던 새문안교회 강신명 목사는 일본이 "우리 교포 북송이라든지 중공과의 무역행위" 등을 중지해야 한다고 촉구했다.[26] 서울YMCA 이사장 이용설은 "일본과의 국교정상화는 한국인의 경제적 발전을 저해하므로 반공 제

---

24 「한일협정 비준반대 선언문」, 『동아일보』 1965. 7. 12, 4면.

25 「(앙케트) 百十五人의 발언」, 『사상계』 7월호(긴급증간호), 1965, 121쪽.

26 위 글, 88쪽.

1선에 선 한국이 약화될 가능성"을 염려했다.[27]

기독교계만이 아니었다. 『동아일보』 편집국장 천관우 역시 "반공을 바탕으로 하나로 해온 우리 민족주의가 그 향방에 허탈을 느끼게 되는 일이 혹시라도 없을까, 이 점이 가장 우려"된다면서 "현 단계에서는 일본의 반공체제가 확고"해야 함을 분명히 했다.[28] 각주 17번에서 서석순, 양호민과 더불어 재경대학교수단 성명 주도자 중 하나로 언급된 차기벽 성균관대 교수도 박정희 정권의 한일협정 비준 강행에 따른 "국론의 양분으로 반공체제가 약화될까 우려"했다.[29] 서석순과 양호민은 이 앙케이트에 등장하지 않았지만, 양호민의 경우 『사상계』의 다른 지면에서 대담을 통해, 모든 이익을 챙기기 위해 반공이 아닌 중립주의를 내건 일본이 우리를 위해 소련/중국과 싸우지 않을 것이며 일본과는 반공체제를 강화하지 못할 것으로 전망했다.[30]

이 같은 교수와 지식인들의 '반공' 언급은 1950년대 이승만 정권이 지배 담론으로 내세웠던 '반공=방일/반일'과 같은 맥락에 있는 것으로, 한일협정 반대운동에서 주로 '매국 규탄', '반외세', '반매판', '신식민주의 비판', '민족주체성' 등을 앞세웠던 학생들의 주장 속에서는 잘 보이지 않는 부분이었다. 나아가 4월혁명 당시 교수단 시위를 주도하고 한일협정 반대운동에서는 재경대학교수단 의장단으로 선출된 조윤제가, 앞서 언급한 『사상계』 앙케이트에서 한일협정 비준 문제는 "정치 문제가 아니요, 민족 문제"라고 주장한 것이나,[31] 역시 4

27 위 글, 116쪽.

28 위 글, 105~106쪽.

29 위 글, 107쪽.

30 「(대담) 욕된 길을 왜 서두느냐?」, 『사상계』 6월호, 1965, 93~96쪽.

31 「(앙케트) 百十五人의 발언」, 『사상계』 7월호(긴급증간호), 1965, 121쪽.

월혁명 때 교수단 시위에 적극 참여했고 한일협정 반대운동 때는 재경대학교수단 성명에 서명했던 김성식이, 한일협정 반대운동을 4월혁명과 동일한 '민족주의 운동'으로 규정한 것도 반공 담론과는 구별되는 부분이었다.[32] 한마디로 한일협정 반대운동에 참여하여 함께 성명을 발표한 교수들 사이에서도 '민족'과 '반공'의 강조에서 미묘한 차이가 존재했던 것이다.

그렇다면 한일협정 반대운동에서 반공 담론은 어떤 위상과 의미가 있었을까? 이는 별도의 개별 연구가 필요한 큰 주제이지만, 여기서는 교수들이 선언문에서 언급한 내용을 토대로 간단하게 살펴보고자 한다. 선언문에서 교수들이 지적한 사실은 정부가 한일협정의 명분으로 '반공 세력 강화'를 앞세웠으나 정작 일본은 이를 부인했다는 점이었다. 실제로 박정희 정권은 물리력을 앞세워 한일협정 반대운동을 통제하고 탄압하는 한편, 한일협정 체결의 정당성을 홍보하는 데도 힘을 쏟았다. 이때 정부가 가장 강조한 것이 한일 국교가 '정상화'되면 동북아 군사동맹과 같은 반공 진영의 결속이 강화된다는 주장이었다.[33] 교수들은 선언문에서 이 같은 정부 주장이 갖는 모순을 일본 측의 입장을 내세워 공박했다. 선언문에는 명시되지 않았으나 이 같은 공박의 이면에는 앞서 살펴본 대로 1950년대 이래 일본이 보여준 이중적 태도, 즉 반공과 중립주의(혹은 용공) 사이의 모호함에 대한 비판과 경계가 깔려 있었다.

더불어 한일협정 반대운동에서 반공 담론은 외적으로는 정부의 공세를 차단하고, 내적으로는 이 운동의 과열을 억제하는 역할을 했다. 박정희 정권은 한일협정 체결의 정당성을 선전하는 한편, 한일협정 체결을 비난하는 공산권의 태도 및 정책을 함께 부각시켰다. 이는 한일협정 반대운동을 '이적(利敵)' 행

32 김성식, 「'四·一九' 추억」, 『사상계』 4월호, 1970, 245쪽.

33 「'국민 여론'에 비친 한일 문제」, 『사상계』 7월호, 1965, 166쪽.

위로 매도하려는 의도를 담고 있었다.[34] 따라서 한일협정 반대운동에서 등장하는 반공 담론은 기본적으로 정부의 '이적' 공세를 차단하려는 방어적 성격이 강했다. 그런데 교수들은 선언문에서 '반공'과 함께 '미국'을 언급했다. 매우 간단하게 언급되어 그 의미나 의도를 정확하게 파악하기 어렵지만, 한일협정 배후에 있는 미국에 대한 비판이 학생들을 중심으로 점차 커지고 있었다는 사실과 무관해 보이지 않는다. 교수들의 성명 직전인 1965년 6월 29일 고려대 학생 시위에서는 "Yankee Keep Silent"라는 구호가 적힌 플래카드가 등장할 정도였다.[35] 아직 '반미'라고 할 정도는 아니었지만, 미국에 우호적인 교수나 지식인들이 보았을 때 우려할 만한 상황이었다. 이런 상황에서 '반공'을 강조할 경우 한일협정 반대운동이 '반일'을 넘어 '반미'로까지 확대되는 것을 억제할 수 있었다. 한일협정 반대운동에서 나타난 '민족'과 '반공' 강조의 미묘한 차이는 이 같은 구도를 반영한 것이었다.

재경대학교수단의 한일협정 비준반대 성명 직후인 7월 14일 퇴역장성 11명이 박정희 정권이 "일본 측 제안에 그대로 추종"한다는 이유로 한일협정 비준반대를 성명하는 등 반대 성명의 물결은 계속 이어졌다.[36] 그런데 1965년 7월에는 한일협정 비준반대 성명뿐만 아니라 비준찬성 성명 또한 잇달아 나왔다. 찬반 양측에서 일종의 '성명전'을 벌였던 것이다. 당시 언론의 분석에 따르면 비준찬성 성명은 주로 경제계, 반공단체, 관변단체에서 나온 것으로 "반대 성명만 있을 수 없다"는 다분히 장식적인 효과를 노리고 있었다. 또한 비준찬성 성명이 주로 고가의 신문광고란을 이용하는 데 비해, 비준반대 성명은 거의 전

34 위 글, 166쪽.

35 「고대생 3천 명 데모」, 『조선일보』 1965. 6. 30, 3면.

36 「협정 반대 퇴역장성 11명 성명」, 『동아일보』 1965. 7. 14, 1면.

부가 기사로만 일부 내용이 전해질 뿐이었다. 애초부터 재정적 기반이 달랐기 때문이었다.[37]

결국 1965년 7월 내내 이어진 교수와 지식인들의 한일협정 비준반대 성명은 그 목표를 달성할 수 없었다. 1965년 7월 14일 국회에서 한일협정 비준안을 날치기로 발의한 여당 공화당은, 8월 11일 비준 문제를 다루기 위해 만든 특별위원회에서 다시 한 번 비준안을 날치기로 통과시켰다. 그리고 8월 14일 야당 의원들이 모두 퇴장한 가운데 공화당만의 일당 국회 본회의에서 한일협정 비준안을 최종 통과시켰다.

한일협정 비준안이 통과되자 한일협정 반대운동은 곧바로 비준 무효화 투쟁으로 돌입했다. 1965년 6월 22일 한일협정 조인과 함께 시작한 '정치방학'이 마무리되고 학교가 다시 문을 연 8월 20일 이후부터 학생 시위가 거세게 일어났다. 경찰은 전보다 훨씬 폭력적으로 학생 시위를 진압했다. 8월 25일에는 군까지 투입되어, 수도방위사령부 소속 무장군인 500여 명이 시위 학생을 쫓아 고려대 내로 난입해 무자비한 폭력을 행사했다. 그리고 다음 날인 8월 26일 위수령이 선포되어 6사단 병력이 서울에 진주했다. 각 대학에 분산 배치된 군인들은 고려대뿐만 아니라 연세대에도 난입하는 등 폭력진압을 한층 더 강화했다. 학생들은 '학원 방위'를 외치며 군에 맞섰지만 압도적인 물리력 차이로 인해 더 이상 저항을 지속하기 어려웠다. 이렇게 1964년 3월 이후 1년 반 정도를 지속한 한일협정 반대운동은 서서히 마무리되어갔다. 남은 것은 이 운동에 적극 나섰던 학생들에 대한 대량 징계, 그리고 그 배후로 지목된 교수들에 대한 보복이었다.

---

37 「열띤 성명전의 중간 결산」, 『동아일보』 1965. 7. 31, 3면.

3. 박정희 정권의 교수 비판과 단속

위수령 선포 직전인 1965년 8월 25일 저녁 박정희 대통령은 방송을 통해 특별담화를 발표했다. "학생 데모가 근절되지 않는다면 정부는 학원을 폐쇄하는 한이 있더라도 데모 만능의 폐풍을 기어이 뿌리 뽑"겠으며, 교수나 학교 당국자가 학원의 질서를 유지하는 책임을 다하지 못하면 "엄격한 책임을 추궁하고 가차 없는 행정조처를 취하겠다"는 경고였다. 이 담화에서 박정희는 자신이 갖고 있는 학생과 교수에 대한 부정적 인식을 여과 없이 드러냈다. 먼저 시위 학생에 대해서는 "공부하기 싫고 시험 치기 싫어서 한일회담 반대를 핑계 삼아 선량한 학생까지 폭력으로 협박하여 거리로 끌고 나"왔다고 매도했다. 또 "자존심 때문에 타학교가 데모를 했으니까 우리도 안 하면 학교의 명예가 손상된다"는 "이따위 사고방식이 과연 지성인을 자부하는 학생들이 할 행동"인지 되물었다. 다음으로 교수들을 향해 "학생 데모를 영웅시하고 그들을 선동함으로써 자기가 입신출세할 수 있는 기회가 올 것을 은근히 바라는 기회주의 학자", "학생의 주장에 아부하고 그 감정에 영합하여 값싼 인기를 얻지 않고서는 자기의 무식과 무능을 감출 수 없는 사이비 학자", "신분이 보장됨을 기화로 삼아 책임도 지지 못할 망언으로 국민을 우롱하는 무책임한 학자" 등 "엉터리 학자"를 제거하겠다고 공언했다. 한마디로 박정희는 "일부"라는 단서를 달았기는 했지만, 대학의 학생과 교수가 "국가 민족의 정상적인 발전을 저해하는" "암적 존재"라고 단정 지었다.[38] 그리고 다음 날 곧바로 이 암적 존재들을 제거하기 위해 위수령을 선포하고 군을 동원했다.

---

38 「데모 만능 뿌리 뽑겠다」, 『조선일보』 1965. 8. 26, 1면; 「학생 데모에 대한 박 대통령 특별담화(전문)」, 『조선일보』 1965. 8. 26, 2면.

한일협정 반대운동에 참여한 학생과 교수에 대한 박정희 대통령의 부정적 인식은 1년 전인 1964년 6·3항쟁 때부터 확인할 수 있다. 사실 1961년 5·16쿠데타 초기만 해도 박정희 정권은 대학 교수를 비롯하여 학자, 문인, 언론인을 광범위하게 끌어들였다. 대표적인 것이 국가재건최고회의의 자문기구였던 '국가기획위원회'와 군사정권의 2인자 김종필이 주관한 '정책연구실'이었다. 국가기획위원회는 5개 분과에 470여 명이 참여한 거대 기구로 출범했는데, 당시 유명 교수들을 거의 다 망라하였다. 하지만 여기에 참여한 교수들이 실제로 정책을 입안하거나 추진한 사례는 별로 없었다. 그런 의미에서 국가기획위원회는 쿠데타로 권력을 찬탈한 군사정권이 지식인의 호응을 받고 있다는 이미지를 국민들에게 보여주고자 교수들을 동원한 성격이 강했다. 반면 정책연구실은 규모가 작았지만 교수들이 자의로 참여하여 능동적으로 활동하였다. 이 기구는 중앙정보부의 부속기관이 되면서 군사정권이 민정으로 넘어가는 데 실질적인 조력을 했다.[39]

미국의 근대화론자들은 제3세계의 경제개발을 위해 교수로 대표되는 지식인과 군부로 대표되는 권력의 결합이 필요하다고 일찍부터 주장하였다. 즉, 지식인의 전문적 기능과 군인들의 실천적 권력의 결합이 제3세계 근대화에 있어 필수적이라는 것이었다.[40] 박정희도 이를 잘 알고 있었기에 쿠데타 직후부터 대학 교수들을 동원하여 군사정권에 지적 풍모를 접목시키고자 했다. 정권 초기만 해도 그는 지식인을 존경했고 학계나 언론계의 원로급 인사들에게 깍듯이 예를 갖추었다고 한다. 나아가 지식인 가운데서 오히려 비판적인 인물을 선호했다고 한다. 자기 앞에서 듣기 좋은 이야기만 늘어놓는 사람보다 정당하게

---

39 이상우, 「박정권 18년의 소위 '어용교수'들」, 『신동아』 12월호, 1985, 331~332쪽.

40 정용욱, 앞 논문, 2004, 171~173쪽.

반론을 제기하는 사람을 무겁게 여기고 개인적으로 청와대로 불러 여러 가지 자문을 받았다는 것이다. 하지만 민정 이양 직후 한일협정 반대운동을 거치면서 지식인에 대한 박정희의 태도가 크게 변화하였다.[41]

1964년 6월 3일 계엄령 선포 다음 날에 열린 정부 회의에서 박정희 대통령은 "이번 사태의 근인인 일부 학생의 불법 데모를 감안하여 학원 내의 불량 학생과 일부 불순 교수를 철저히 단속함으로써 학생들의 학구생활의 보장과 신성한 교권을 재확립"할 것을 지시하였다.[42] 이에 1964년 6월 19일 문교부는 학원 내에서 정치 활동을 하거나 할 목적으로 조직이나 선동을 한 자 및 학장의 허가 없이 집단적 행위로 수업을 방해한 자 등에 대해 교수회의를 거치지 않고 총장이 직접 퇴학을 명할 수 있도록 학칙을 개정할 것을 각 대학에 지시하였다. 사실상 정부가 문제 학생을 직접 처벌하겠다는 것이었다.[43]

1964년 7월 29일 계엄이 해제되자마자 박정희 정권은 학생과 교수의 정치 활동 관여를 실질적으로 금지하는 '학원보호법' 제정을 추진하였다. 이 법에 따르면 학생과 교수는 어느 특정 정당 또는 그 정강 정책을 집단적으로는 물론 개인적으로라도 지지하거나 반대할 수 없었고, 그 자신이 정치단체에 가입해서는 안 되었다.[44] 위헌적이고 전제주의적인 악법이라는 거센 비판에 직면하자 정부와 여당은 학원안정법 처리를 포기하였지만, 학생은 물론 교수들의 정치적 행위 그 자체를 원천 봉쇄하겠다는 의도는 1년 뒤 '정치교수' 파동으로 결국 실현되었다.

---

41 이상우, 앞 글, 1985, 338쪽.

42 「불순 교수 불량 학생 철저 단속」, 『경향신문』 1964. 6. 4, 1면.

43 민주화운동기념사업회 연구소 편, 앞 책, 2008, 434~435쪽.

44 양호민, 「학원의 보호냐, 학원의 위기냐?」, 『사상계』 9월호, 1964, 90쪽.

해를 넘긴 1965년에도 한일협정 반대운동은 계속 확산되어 나갔다. 학생과 교수에 대한 박정희 정권의 태도 역시 갈수록 경직되어갔다. 박정희 대통령은 학생과 교수는 물론 지식인과 언론에 대한 적대적 인식을 공공연하게 드러냈다. 대표적인 것이 1965년 5월 소위 '진해 발언'이었다. 1965년 5월 2일 박정희는 진해에서 열린 제4비료공장 기공식에 참석하여 미리 준비한 치사(致辭)를 제쳐놓고 약 20분간 한일협정 반대운동을 비난하는 연설을 하였다. 이 연설에서 그는 격한 어조로 "우리나라 인텔리들은 정부가 하는 일은 무조건 반대해야만 지식인이고 인텔리라는 사고방식을 뜯어고쳐야 한다"며 "정부가 잘하는 일을 잘했다고 칭찬하지 못하는" 지식인은 "용기 없고 옹졸한 인텔리"라고 비난하였다. 더불어 "무책임한 언론 기관에서 무책임한 소리를 하는데 국민은 부화뇌동하지 말라"고 경고했다.[45]

교수들이 한일협정 반대운동의 전면에 나서자 박정희 정권의 입장은 더욱 강경해졌다. 1965년 7월 12일 재경대학교수단의 한일협정 비준반대 성명이 발표되었을 때, 윤천주 문교부장관은 이 성명에 대해 "다음 세대를 짊어질 학생을 지도할 입장에 있고 대학 교수란 신성한 신분을 가진 사람들이 학교 관리자의 허가 없이 학원 안에서 정치적 집회를 감행한 것은 매우 유감"이라며, 그들의 "주장도 진리를 탐구하는 교수의 태도라기보다 정략적 견해와 편견, 그리고 그릇된 전제에서 이루어진 것"이라고 비난했다.[46] 곧 문교부는 재경대학교수단의 한일협정 비준반대 선언문에 서명한 교수들의 명단을 대학별로 분류, 그들의 성분에 대한 조사에 착수했다.[47] 이 과정에서 조윤제, 김경탁 등 재경대학

---

45 「박 대통령 현 시국에 격한 즉흥 연설」, 『조선일보』 1965. 5. 4, 1면.

46 「윤 문교, 교수단 성명 비난」, 『동아일보』 1965. 7. 13, 1면.

47 「'서명 교수' 성분 조사 지시」, 『동아일보』 1965. 7. 13, 7면.

교수단의 의장단은 수사기관에 연행되기까지 했다.

서명 교수에 대한 중앙정보부의 사찰도 강화되었다. 2007년 국정원과거사건진실규명을통한발전위원회(약칭 국정원과거사위원회)는, 1965년 7월 12일 재경대학교수단의 성명 발표 직후 중앙정보부가 선언문에 서명한 교수들을 개별적으로 사찰한 사실을 확인했다. 중앙정보부는 선언문 작성에 주도적인 역할을 했던 교수들을 성명 발표 이후 지속적으로 관찰하면서 과거 전력, 문제 소지의 발언, 접촉 인물, 추후 활동 계획들을 면밀하게 검토하였다. 관련 정보의 수집 경로는 알 수 없지만, 교수들의 사적인 대화와 은밀한 논의까지 매우 상세하게 파악했다는 점에서, 당시 중앙정보부의 교수 사찰이 매우 강도 높고 광범위하게 진행되었음을 짐작할 수 있다.[48]

앞서 살펴본 1965년 8월 25일 특별담화에서 박정희 대통령이 학생과 교수들을 격하게 비난하고 그중 "일부"에 대한 제거를 공언했던 맥락이 바로 여기에 있다. 그리고 이 비난과 공언은 빈말로 끝나지 않았다. 박정희 정권은 다음 날인 8월 26일 위수령 선포와 군 동원으로 학생 시위를 물리적으로 틀어막은 뒤 곧이어 시위 주동 학생과 배후에서 이를 선동한 교수들에 대한 색출 및 검거에 나섰다. 이를 위해 우선 8월 28일 윤천주 문교부장관을 경질하고 법무부 차관이었던 권오병을 그 자리에 앉혔다. 권오병 신임 문교부장관은 취임과 동시에 가진 기자회견에서 "일부 정치학생과 학생 탈선에 영합, 선동하는 교수들을 속히 제거하는 것이 건전한 학풍 조성과 교권 확립에 기본 요건"이라며 자신의 역할을 분명히 하였다.[49]

---

48 국정원과거사진실규명을통한발전위원회, 『과거와 대화 미래의 성찰 VI. 학원·간첩 편』, 국가정보원, 2007, 85~88쪽.

49 「"정치학생에 영합하는 교수들은 조속히 제거"」, 『조선일보』 1965. 8. 29, 7면.

8월 31일 이번에는 정일권 국무총리가 기자회견을 갖고, 25일 박정희 대통령의 특별담화를 뒷받침하는 7개 항의 정부 방침을 밝혔다. 이 7개 항의 방침을 보면 "어떠한 불법적인 데모 행위도 일절 용인하지 않을 것이며 데모 만능의 망국 풍조는 철저하게 뿌리 뽑겠다", "데모의 주동자는 물론 선동자와 배후 인물에 대해서는 끝까지 색출하여 법에 의해 처단한다", "학생 데모를 선동하는 정치교수나 데모 주동 학생들의 처벌을 기피하는 교직자에 대해서는 그 책임을 추궁하고 응분의 조치를 취한다" 등이었다.[50] 여기서 '정치교수'라는 용어가 처음 등장하였다. 이미 박정희 정권은 한일협정 반대운동에 참여한 학생들을 '정치학생'이라고 규정한 바 있었는데, 그 연장선상에서 한일협정 반대운동 시 학생들에게 영향력이 있어 보이거나 직접 한일협정 반대운동에 참여한 교수를 '정치교수'라고 명명했던 것이다. 이후 '정치교수'란 말은 박정희 정권의 학원 탄압 과정에서 일종의 유행어처럼 퍼져 나갔다.

4. '정치교수' 명단 발표와 학원 추방

1965년 8월 25일 박정희 대통령 특별담화, 8월 26일 위수령 선포, 8월 28일 문교부장관 교체를 거쳐 학생과 교수에 대한 본격적인 징계가 시작됐다. 교수들의 경우 소위 '정치교수'로 지목된 인사들이 8월 말부터 수사기관에 연행되어 조사를 받았다. 9월 3일 문교부는 서울 각 대학 학생처·과장들을 불러 문교부가 작성한 시위 주동 학생 처벌 대상자 명단을 주고 전원 '강력한 조처', 즉 '제적'시킬 것을 지시했다. 또한 문교부는 '파면' 대상자인 '정치교수'의 명단을

50 「끝까지 색출 처단」, 『동아일보』 1965. 8. 31, 1면.

작성하여 다음 날인 4일 발표하였다.[51] 실제 명단 작성의 주체는 청와대의 비상대책회의였고, 판단 근거는 중앙정보부의 보고였다고 한다.[52] 애초 13명 정도로 알려졌던 '정치교수'의 수는 최종 발표 단계에서 21명으로 늘었다. 문교부는 처음 '정치교수'의 숫자만 언론에 발표했으나, 며칠 뒤 그 명단이 알려졌다. 그 명단은 아래와 같다.

건국대(1명)	정범석
고려대(5명)	김경탁, 김성식, 이항녕, 조동필, 조지훈
대구대(1명)	박삼세
동국대(1명)	양주동
서울대(2명)	양호민, 황성모
숙명여대(1명)	김삼수
연세대(4명)	권오돈, 서석순, 이극찬, 정석해
이화여대(2명)	김성준, 이헌구
청구대(2명)	조윤제, 김경광
한국신학대(1명)	전경연
한양대(1명)	김윤경[53]

명단을 보면, 1965년 7월 12일 재경대학교수단의 한일협정 비준반대 성명 시 의장단(조윤제, 김윤경, 김경탁, 정석해, 권오돈, 이헌구)이거나 이를 주도한 교수들(서

51 「'정치교수' 전원 파면, 며칠 내」, 『조선일보』 1965. 9. 4, 3면.

52 황산덕, 『회고록』, 한동문화사, 2017, 264쪽.

53 「'정치교수' 명단 공개」, 『조선일보』 1965. 9. 10, 3면.

석순, 양호민, 이극찬), 또 이에 서명하고 한일협정 반대 의견을 적극적으로 공언한 교수들이 대부분이었다. 8월 8일 대구에서 동조 성명을 발표했던 교수들(박삼세, 김경광)도 포함되었다. 여기에 7월 9일 역사학 관련 3단체 성명의 실무를 맡았던 교수(김성준)와 한일협정 비준반대 국면에서 재야인사들이 결집해 만든 '조국수호국민협의회'에 참여한 교수들(양주동, 권오돈, 정석해), 그리고 서울대 문리대 학생 시위를 주도했던 '민족주의비교연구회'의 지도교수(황성모) 등이 추가되었다. 한마디로 한일협정 반대운동의 전면에 나선 교수들이었다.

박정희 정권은 이들 21명 '정치교수'의 '파면'을 각 대학에 요구했다. 하지만 해당 대학들은 교수 징계는 물론 학생 징계에도 소극적인 모습을 보였다. 그러자 정부는 시위 주동 학생과 '정치교수' 징계에 협조하지 않았다는 이유로 1965년 9월 4일 고려대와 연세대에 무기휴업령을 내렸다. 동시에 두 대학에 대한 학사감사도 실시했다.

고려대와 연세대에 대한 무기휴업령은 9월 4일 아침에 열린 치안관계 국무위원 협의에 따라 나왔다.[54] 두 대학이 학생과 교수 처벌에 미온적이라는 것이 휴업령의 이유였지만, 문교부가 하루 전날 징계 학생과 교수의 명단을 대학별로 통보한 직후 전격적으로 단행한 것에서 알 수 있듯이, 이 휴업령에는 두 대학에 대한 압박을 넘어 사립대학 전체에 일종의 '본보기'를 보이고자 하는 의도가 담겨 있었다.

사실 1964년 6·3항쟁 때까지는 학교의 '휴업'은 학교장의 권한이었다. 정부가 이를 명령할 권한은 없었다. 하지만 정부는 1965년 8월 27일, 즉 위수령 발동 직후 '교육법 시행령' 76조를 개정하여 "감독청은 학교의 장에게 휴업을 명할 수 있으며" 학교장이 "명령에도 불구하고 휴업을 하지 아니할 때에는 감독

---

54 「고대·연대에 무기휴업령」, 『동아일보』 1965. 9. 4, 1면.

청은 휴교처분을 할 수 있다"는 조항을 집어넣었다.[55] 이로써 정부는 학교, 특히 대학을 압박하고 통제할 수 있는 강력한 힘을 확보했다. 정부가 휴업령을 내리면 해당 학교는 법정 수업일수 미달로 학생의 진급 및 졸업이 불가능해지므로, 결국 정부의 요구를 수용할 수밖에 없었다. 1965년 9월 4일 박정희 정권은 고려대와 연세대에 그 강력한 힘을 확실하게 행사했다. 그러나 이 같은 시행령 개정은 위헌적인 것이었다. 정부에 휴업령 권한을 부여하는 것은 헌법상 국민기본권을 제한하는 행위인데, 이런 경우에는 반드시 '법률'로써만 제한해야 하고 '명령'으로써는 불가했기 때문이다.[56]

박정희 정권이 위헌까지 불사하며 휘두르는 강력한 힘 앞에 대학은 무기력했다. 고려대와 연세대 모두 급하게 정부와 협상에 나섰으나 정부의 입장은 강경했다. 일례로 교수 징계의 경우 "자퇴로도 가능한가"라는 대학 측 문의에 정부는 "반드시 해직하라"고 답변했다. 이것이 단지 두 대학만의 문제가 아니었던 만큼 10개 사립대학이 함께 정부와 교섭을 시도했다. 정부 역시 자신들이 갖고 있는 강력한 힘을 극한까지 밀어붙이는 데 부담이 있었다. 1965년 9월 13일 10개 사립대학 총장과 정일권 국무총리, 권오병 문교부장관이 직접 만난 자리에서 접점이 생겼다. 고려대와 연세대는 그동안 고수했던 '선(先) 학원정상화, 후(後) 징계'의 원칙을 버리고 정부가 요구한 대로 신속한 징계에 착수했다. 반면 정부는 징계 요구 교수의 수를 줄이고 '파면'이나 '해직'이 아닌 '자진사퇴'를 용인했다. 연세대 학보 『연세춘추』는 이를 통해 "강경조치를 철회도 추진도 할 수 없던 당국의 '체면'과 대학의 권위를 안고 진통을 겪어온 학교 측의

55 「교육법 시행령」(대통령령 제2206호, 1965. 8. 27, 일부개정), 법제처 국가법령정보센터. https://www.law.go.kr/lsSc.do?menuId=1&subMenuId=17&tabMenuId=93&query=%EA%B5%90%EC%9C%A1%EB%B2%95%EC%8B%9C%ED%96%89%EB%A0%B9#undefined (검색일 2023. 1. 31).

56 이병린, 「법치와 정치」, 『신동아』 11월호, 1965, 70~71쪽.

'체면'이 서로 유지"된 것으로 평가했다. 이 같은 타협 속에서 1965년 9월 20일 약 2주간 지속하던 고려대와 연세대에 대한 무기휴업령이 해제되었다.[57]

고려대와 연세대의 무기휴업령이 해제되는 과정에서 '정치교수'로 지목된 교수들 가운데 고려대의 김성식, 김경탁, 이항녕, 연세대의 서석순, 이극찬 교수가 자진사퇴했다. 반면 고려대의 조동필, 조지훈 교수는 불문에 붙여졌고, 연세대의 권오돈, 정석해 교수는 이미 퇴직하여 현직 교수가 아니라는 이유로 징계 대상에서 빠졌다. 다른 대학에서도 '정치교수'로 지목된 인사들의 희비가 엇갈렸다. 고려대와 연세대의 휴업령이 해제된 직후 이화여대의 이헌구, 김성준, 동국대의 양주동, 건국대의 정범석 교수는 자진사퇴했다. 하지만 숙명여대의 김삼수, 한양대의 김윤경 교수는 여러 정상이 참작되어 구제되었다.[58] 그 뒤 한국신학대의 전광연, 청구대의 조윤제, 김경광 교수가 자진사퇴했다.[59]

파면당한 교수도 있었다. 대구대의 박삼세 교수는 자진사퇴를 거부하다 1965년 9월 29일 학교에 의해 파면당했다. 박삼세는 학교의 파면 결의가 부당하다며 행정소송을 제기했으나 패소했다.[60] 서울대에서도 파면 교수가 나왔다. 그런데 서울대에서 파면당한 김기선, 황산덕 교수는 애초 정부가 발표한 '정치교수' 명단에 들어 있지 않았다. 하지만 1965년 8월 서울대 신임 총장으로 임명된 유기천은 학생 시위를 선동했다는 이유로 두 사람을 파면시켰다. 반면 정부가 서울대에서 '정치교수'로 지목했던 양호민, 황성모 교수의 경우, 유기천 총

---

57 「휴업 16일 침묵 속의 진통」, 『연세춘추』 1965. 9. 20, 3면; 「휴업 일지」, 『고대신문』 1965. 9. 25, 2면.

58 「네 교수 자진사퇴」, 『동아일보』 1965. 9. 24, 1면.

59 「한국신대생 맹휴」, 『경향신문』 1965. 10. 2, 7면; 「두 교수 자퇴 1일자로」, 『경향신문』 1965. 10. 6, 7면.

60 「때늦게 파면 결의」, 『경향신문』 1965. 10. 2, 7면.

장이 징계에 소극적인 모습을 보였다. 이 과정에서 서울대와 문교부의 갈등이 커졌는데, 결국 양호민만 자진사퇴하고 황성모는 불문에 붙여졌다.[61]

서울대에서 '정치교수' 명단에 없었던 김기선, 황산덕이 파면당한 실제 이유는 같은 법대 교수였던 유기천 총장과의 불화 때문이었다.[62] 황산덕에 따르면 유기천은 정부가 소위 '정치교수' 명단을 작성할 때부터 애초 서울대 몫으로 포함된 양호민과 황성모 대신 김기선과 황산덕을 포함시키려 했다고 한다. 하지만 '정치교수' 명단 교체는 이루어지지 않았다. 대신 정부는 유기천 총장이 김기선과 황산덕을 서울대에서 추방하는 것을 양해했다.[63] 이는 '정치교수' 규정과 학원 추방에 있어 정부 차원의 보복과 학교 차원의 보복이 무원칙하게 뒤섞여 있었음을 보여준다.

'정치교수'의 학원 추방 이후에도 한일협정 반대운동 참여 교수들에 대한 탄압은 다양한 방식으로 계속 이어졌다. 1965년 10월 13일 문교부는 연세대가 승인 신청한 의학박사학위 수여 대상자 17명 중 4명의 교수에 대해 재경대학교수단의 한일협정 비준반대 선언문에 서명했다는 이유로, 즉 집단 정치 활동을 했다는 이유로 그 승인을 보류하였다.[64] 문교부는 또한 같은 이유로 연세대 교수 2명의 해외 출국 추천을 거부했다.[65] 박정희 정권의 이 같은 처사에 '졸렬하다', '비이성적이다'라는 비판이 쏟아졌다. 하지만 10월 14일 권오병 문교부 장관은 재경대학교수단의 한일협정 비준반대 선언문에 서명했던 교수 전원은

---

61 「황성모 양호민 두 교수 "징계 못한다"」, 『동아일보』 1965. 9. 24, 3면; 「양호민 교수 자퇴」 『조선일보』 1965. 9. 26, 7면.

62 「(좌담) 지금도 강의 시간만 되면」, 『신동아』 11월호, 1965, 96~97쪽.

63 황산덕, 앞 책, 2017, 264~265쪽.

64 「의과대학 4교수 박사학위 승인보류」, 『연세춘추』 1965. 10. 18, 1면.

65 「발 묶이는 대학 교수」, 『연세춘추』 1965. 10. 25, 1면.

앞으로도 해외 출국 추천, 박사학위 승인, 승진 등에서 제외된다는 점을 분명히 했다.[66]

한일협정 반대운동에 참여했던 교수들에 대한 탄압이 오래 지속하지는 않았다. 우선 서명 교수들에 대해서도 1966년 초부터 학위논문 승인 및 해외 출국 추천이 이루어졌다. 학원에서 추방당한 교수들의 경우 권오병 문교부장관이 물러난 뒤 1967년 1학기에 대부분 복직하였다. 단, 재경대학교수단의 한일협정 비준반대 성명을 주도했던 서석순과 양호민은 예외였다. 서석순은 미국으로 가서 오랫동안 귀국할 수 없었고, 양호민은 언론계로 자리를 옮겨 학계를 완전히 떠났다.

1965년 '정치교수' 파동이 남긴 여파는 개인 차원에 머무르지 않았다. 사실 '정치교수'들이 학원에서 추방당한 이유는 단지 한일협정 반대운동에 참여했기 때문만이 아니었다. 이들 중에는 당시 박정희 정권에 가장 비판적이던 『사상계』와 『동아일보』에 깊이 관여한 교수들이 많았다. 예를 들어 양호민은 1964년 말까지 『사상계』 주간을 맡았고, 이극찬, 황산덕은 『사상계』의 편집위원을 맡았다. 또 서석순과 황산덕은 『동아일보』의 논설위원을 겸하고 있었다. 그 밖에 다수의 교수들이 이 잡지와 신문에 각종 글을 실었다. '정치교수' 파동이 일어나자 정부가 교수들이 『사상계』와 『동아일보』에 관여하는 것을 불온시하여 이를 문제 삼고 있으며, 앞으로는 어떠한 관여도 불허할 것이라는 설이 파다하게 퍼졌다.[67] 결국 『사상계』는 교수 출신 편집위원들을 보호하기 위해 편집위원 13명 중 교수직을 겸임하고 있는 11명을 해촉했다. 이로써 『사상계』의 편집위

66 「"서명은 잘못했다"고 서약 않는 한 혜택 못 준다」, 『동아일보』 1965. 10. 14, 7면.

67 「(권두언) 오늘의 극한상황은 누구의 책임인가」, 『사상계』 11월호, 1965, 26쪽; 장리욱, 「대학의 혼을 곡하다」, 『사상계』 11월호, 1965, 32쪽.

원회는 사실상 붕괴하였다.[68] 여기에 박정희 정권의 재정적 압박이 더해지면서 지난 10년간 한국 지성계에서 가장 큰 영향력을 발휘했던 『사상계』는 급격한 내리막길로 접어들었다.[69] 언론과의 긴밀한 관계를 통해 행사되었던 교수들의 사회적 발언권도 함께 약해졌다. 언론과 대학 모두 각개격파를 당했던 것이다.

5. 맺음말

마지막으로 '정치교수' 파동이 한국의 대학사에 끼친 영향과 그 의미에 대해 생각해보고자 한다. '정치교수' 파동이 한창 진행 중이던 1965년 9월 18일 문교부는 돌연 '대학교육정상화안'을 내놓았다. 대학의 학생과 교수가 한일협정 반대운동에 나선 것을, 즉 사회 문제에 적극 참여한 것을 마치 대학에 큰 '손상'이 발생한 것으로 간주하여 이 같은 대학의 '비정상'을 정부의 강력한 통제를 통해 '정상화'하겠다는 것이었다. 주요 골자는 과거 잠시 실시되었던 학사자격고시의 부활, ROTC 폐지 및 일률적인 군사교육 실시, 성적불량자 20%의 무조건 낙제, 학생간부의 조건 강화와 임명제 실시 등이었다. 교수와 관련한 내용은 정치적 사상적 불순 교수와 학생에 영합하려는 부실 교수의 순차 도태 및 교수 겸직 금지가 있었다. 특히 교수 겸직과 관련하여 『동아일보』와 『사상계』 관여자를 조처하겠다는 점을 명문화했다.[70] '정치교수' 파동의 본질을 그대로

68 「월간지 사상계 편집위원 해임」, 『경향신문』 1965. 10. 4, 7면.

69 김건우, 앞 책, 2017, 89~90쪽.

70 「문교부, '대학교육정상화안' 성안」, 『동아일보』 1965. 9. 18, 1면; 「대학교육의 정상화방안(내용)」, 『조선일보』 1965. 9. 19, 2면.

반영한 것으로, 이를 제도적으로 정착시키겠다는 의도를 담고 있었다.

'대학교육정상화안'은 여론은 물론 국방부와 여당의 반대에 직면해 결국 시행되지 못했다. 문교부는 그 대안으로 1965년 말 '공부할 수 있는 학풍 조성 방안'을 작성하였다.[71] 이 역시 대학을 통제하여 길들이겠다는 발상에서 나왔다. 문교부는 이어서 1년 뒤인 1966년 말 전국 각급 대학 총학장 회의를 소집하고 '공부하는 대학(생), 연구하는 교수'라는 대전제를 내건 1967학년도 대학 장학 지침을 시달했다. 학생들에 대한 학사 관리를 엄격하게 시행하는 한편, 교수들은 해마다 연구계획서를 제출하고 연구업적을 문교부에 보고토록 하여 연구업적을 교수 승진과 임용에 반영하도록 했다. 교수 겸직도 제한했다.[72] 같은 맥락에서 문교부는 얼마 후 대학 당국에 연 2회에 걸쳐 '교수동태보고서'를 반드시 제출하도록 했다.[73] 이렇듯 교수들의 한일협정 반대운동 참여와 이에 따른 '정치교수' 파동은 이후 박정희 정권이 대학의 '정상화'를 명분으로 교수들을 제도적, 항시적으로 통제하는 시발점이 되었다.

그렇다면 박정희 정권의 이 같은 대학 통제, 교수 통제는 얼마나 효과를 거두었을까? 이는 별도의 연구가 필요한 복잡한 문제이다. 교수들이 정치적으로 민감한 사안에 적극적으로 나서기가 갈수록 어려워진 것만은 분명하다. '정치교수' 파동을 겪은 후 1965년이 마무리되는 시점에 나온 아래의 글은 위축된 대학 교수의 모습을 잘 보여주고 있다.

> 구(舊) 자유당 치하의 폭정하에서도 그 당시의 위정자를 상대로 제법 끈기 있

---

71 「교육법 시행령 등 전면 개정—'공부할 수 있는 학풍 조성 방안' 문교부서 극비 속에 만들어」, 『조선일보』 1965. 12. 15, 3면.

72 「"공부하는 대학" 시달」, 『경향신문』 1966. 12. 9, 3면.

73 「전국 대학총학장 교육감 연석회의」, 『경향신문』 1967. 1. 24, 3면.

게 정론을 펴고 굽힐 줄 모르는 간언을 서슴치 않던 이 나라의 대다수 대학의 양식(良識)들마저, 이제는 그들의 생명인 사상과 양심의 자유는 물론, 그들의 호구지책을 마련해 주는 직장까지를 위협당하고서도 꿀먹은 벙어리가 돼버리고 있는 오늘의 현실을 우리는 어떻게 해석해야 좋을지 모르겠다. 구(舊) 정권하에서는 적어도 학원 자체의 존폐 문제라든지, 또는 교수 개개인의 신분 문제 같은 것에 대해서는 별로 신경을 쓸 필요가 없었으나, 이제는 사정이 좀 달라졌다고 말하는 사람이 있음을 우리는 모르는 바는 아니다.[74]

위의 글이 잘 보여주듯 '정치교수' 파동을 겪으면서 교수들은 지식인으로서의 책무보다 자신의 신분 문제를 더 신경 써야 하는 처지로 몰렸다. 그 결과 학생들과의 거리도 멀어졌다. 한일협정 반대운동 이후에도 1960년대 후반 학생운동은 사카린 밀수 규탄, 6·8부정선거 규탄, 3선개헌 반대 등으로 계속 이어졌지만, 교수들은 더 이상 학생들과 함께하지 않았다. 3선개헌 반대운동 당시 교수들의 침묵에 대해 한 교수는 다음과 같이 설명했다.

교수가 현실의 정치 문제에 관하여 학생들의 비웃음을 받으면서도 찬반의 의견을 대화로 나누지 못하는 데는 그 나름대로의 사정이 있다. 예를 들어서 말하면 한일회담을 둘러싸고 일어났던 6·3사태 때에 소위 정치교수라고 하여 설움을 당하였던 대학 교수가 있었다는 사실을 너무나도 잘 알고 있기 때문이다.[75]

한일협정 반대운동 과정에서 일부 교수가 '정치교수'로 낙인찍혀 학교에

---

74 김승한, 「위기에 선 한국 지성의 정신 상황」, 『사상계』 12월호, 1965, 55쪽.

75 현승종, 「'단절 교수'의 실상과 허상」, 『월간중앙』 11월호, 1969, 184쪽.

서 쫓겨난 전례를 많은 교수들이 기억하고 있었던 것이다. 그 결과 교수들은 침묵했고, 그에 비례해 교수에 대한 학생들의 실망과 불신감은 커져갔다.[76]

이는 두 가지 상반된 방향으로 이어졌다. 한편에서는 경제개발과 맞물려 전문성과 기능성을 강조하는 지식인관이 강화되었다.[77] 그만큼 지식-권력은 더욱 밀착하였다. 대표적인 사례가 '정치교수 파동'과 같은 해에 출범한 '평가교수단'이었다. 1965년 5월 박정희 대통령의 지시로 내각기획조정실은 15명의 저명한 대학 교수를 경제개발계획 평가위원으로 위촉하였다. 그리고 다음 해인 1966년에 평가교수단이 정식 발족하였다. 1967년 30명으로 확대된 평가교수단은 1970년에는 그 규모가 90명까지 늘어났다.[78] 평가교수단으로 위촉된 교수들은 대부분 '정부의 입장이나 시책을 지지하고 호흡이 통하는 인물'로 평가되어 여러 가지 혜택을 누렸다.[79]

다른 한편에서는 다수의 교수와 지식인들이 박정희 정권이 학문과 정치사상의 자유를 억압하는 것에 대해 불만을 갖게 되었다. 1966년 교수 761명과 언론인 754명을 대상으로 한 설문조사에 따르면, 정부가 지식인의 자유를 억압하고 있다는 응답이 30%, 약간 제약하고 있다는 응답이 43%였다.[80] 즉, 70% 이상의 교수와 지식인이 자유의 억압을 문제로 인식하고 있었던 것이다. 이 같은 문제의식은 대학의 자유 및 자주성에 대한 고민을 심화시켰고, 결국 1971년 주요 대학에서 확산한 교수들의 '대학자주선언'으로 이어졌다. 동시에 전문적,

---

76 오제연, 「1970년 전후 한국 학생운동의 새로운 양상과 68운동의 '스튜던트 파워'」, 『역사비평』 123, 2018, 112쪽.

77 정용욱, 앞 논문, 2004, 175~176쪽.

78 이경식, 「'평가교수단'을 평가한다」, 『신동아』 1월호, 1971, 182쪽.

79 이상우, 앞 글, 1985, 333~334쪽.

80 홍승직, 『지식인과 근대화』, 고려대 사회조사연구소, 1967, 116~117쪽.

기능적 지식인관을 비판하며 지식인의 사회적 역할을 강조하는 주장도 계속 제기됐다. '정치교수' 파동을 거치며 강화된 박정희 정권의 대학 통제, 교수 통제는 이 같은 상반된 두 가지 방향에 모두 영향을 줬던 것이다.

제4장 만들어진 '배후'와 연결고리
—동백림 사건의 지식인

1. 머리말

'동백림'은 젊은 세대들에게 낯선 단어다. '동백나무 숲' 정도로 생각하기 쉽다. 그러나 1970년대 이전에 교육을 받은 세대는 '백림(伯林)'이 '베를린'의 한자식 표현이라는 것을 잘 알 것이다.[01] 즉, '동백림'은 구동독의 수도 '동베를린'을 의미한다. 그래서 사건 당시에도 '동백림 사건' 외에 '동베를린 사건'이라는 말이 함께 쓰였다. 참고로 이 글에서는 사건의 경우 '동백림 사건'이라는 용어를, 지역의 경우 '동베를린'이라는 용어를 각각 사용할 것이다.

동백림 사건의 개요는 다음과 같다. 1967년 7월 8일 중앙정보부는 '동백림을 거점으로 한 북괴대남적화공작단 사건'의 전모를 발표했다. 중앙정보부 발표에 따르면 이 사건은 과거 유럽(주로 서독과 프랑스)에서 유학한 바 있는 현역

---

01 과거에는 세계 각지의 지명을 한자의 중국어 발음 가운데 지명의 원 발음에 최대한 가까운 것을 찾아 표기했다. 지명을 표기하는 한자를 결정하는 과정에서 '발음'과 함께 '뜻'도 일정하게 고려되었다. 일례로 오스트리아는 오지리(墺地利)로, 워싱턴은 화성돈(華盛頓)으로 표기하는 식이다.

교수나 현재 유학 중인 학생들을 중심으로 194명이 관련된 역대 최대 규모의 '간첩'사건이었다. 관련자 중 15명은 1958년 9월부터 1967년 5월 사이에 동베를린에 있는 동독주재 북한대사관을 왕래하면서 북한과 접선, 간첩 활동을 해왔으며, 7명은 소련과 중국 등을 경유하여 직접 평양까지 방문, 밀봉교육을 받고 귀국하여 간첩 활동을 해왔다고 공표되었다. 이후 중앙정보부는 7차례에 걸쳐 중계방송을 하듯 연일 이 사건의 중간 수사결과를 발표했다. 그리고 7월 말까지 총 315명을 조사해서 66명을 검찰에 송치했다. 검찰은 이 중 34명을 '간첩죄'와 '잠입죄' 등을 적용하여 재판에 넘겼다. 또 동백림 사건에서 파생된 민비연(민족주의비교연구회) 사건 관련자 7명을 '반국가단체' 구성 혐의로 역시 구속 기소했다.

재판은 매우 길고 복잡하게 진행되었다. 1심과 항소심에서는 관련자들의 혐의가 대부분 인정되었다. 그러나 1968년 7월 상고심에서 대법원이 '간첩죄'와 '잠입죄' 적용에 문제가 있다며 중형자 대부분의 원심을 파기하고 이 사건을 고등법원으로 돌려보냈다. 이후 재항소심을 거쳐 1969년 4월 재상고심에서 관련자 2명에게 사형, 1명에게 무기징역 등이 확정되면서 무려 5차례에 걸친 재판이 모두 마무리되었다. 하지만 동백림 사건으로 실형을 선고받은 관련자 전원은 1970년 말까지 모두 감형과 특사의 방식으로 감옥에서 나왔다. 해외에서 귀국했던 사람들은 대부분 다시 출국하였다. '역대 최대 규모의 간첩 사건'이라는 애초 발표와 어울리지 않는 용두사미식 결말이었다.

유럽에서 유학했거나 하고 있는 최고 엘리트들이 대규모로 연루되었다는 사실뿐만 아니라, 서독 및 프랑스 정부와 협의 없이 관련자들을 한국으로 데려오는 과정에서 발생한 외교적 마찰 때문에 동백림 사건은 한국 현대사의 중요 사건으로 인식되었다. 하지만 '간첩' 관련 공안 사건의 특성상 오랫동안 학술적인 연구는 제대로 이루어지지 못했다. 2000년대에 들어 정부 차원의 과거사진상규명 작업이 진행되면서 2006년 '국정원과거사건진실규명을통한발전위원회'(이하 국정원과거사위)가 동백림 사건에 대한 종합적인 조사보고서(이하 조사보고서)를 내놓았다. 동백림 사건 당시 한국 정부와 서독 정부가 작성한 관련 외교문서들 역시 2006년에 공개되었다. 이를 계기로 동백림 사건에 대한 본격적인 연구가 가능해졌다.

현재까지 동백림 사건 연구는 크게 세 방향에서 이루어졌다. 하나는 주로 '국내정치'에 초점을 맞춰 동백림 사건의 전체적인 전개 과정을 정리하고 분석한 연구이다. 1989년 『신동아』 4월호에 실린 전진우의 「동백림 사건과 '6·8부정선거'」와 1993년에 간행된 유영구의 『남북을 오고간 사람들』은 학술적 연구라 할 수는 없으나, 동백림 사건과 관련된 주요 인물들의 증언을 바탕으로 사건의 전체적인 모습을 보여줬다.[02] 2012년에 나온 전명혁의 연구는 국정원과거사위의 조사보고서와 공개된 한국 정부의 외교문서를 바탕으로 동백림 사건 전반을 정리 분석하고, 관련해서 한국 사회의 간첩 담론을 탐색했다.[03]

다른 하나의 연구 방향은 각종 외교문서들을 분석하여 냉전체제하에서 동백림 사건을 둘러싸고 전개된 한국 정부와 서독 정부의 갈등 및 협상 과정을 살펴보는 것이다. 우선 노명환의 연구는 동백림 사건이 서독 정부와 서독인들에게 한국 정부의 비민주성과 한·독 간 분단현실의 차이를 각인시켰음을 밝혔다.[04] 김명섭과 양준석은 한국 정부와 서독 정부의 외교적 긴장을 '한국의 사

---

02 전진우, 「동백림 사건과 '6·8부정선거'」, 『신동아』 4월호, 1989; 유영구, 「동백림 사건—희생 부른 해외동포들의 통일열망」, 『남북을 오고간 사람들』, 도서출판 글, 1993.

03 전명혁, 「1960년대 '동백림 사건'과 정치·사회적 담론의 변화」, 『역사연구』 22, 2012.

04 노명환, 「냉전시대 박정희의 한국 산업화 정책과 서독의 의미와 역할 1961~1967」, 『사림』 38, 2011.

법주권'과 '서독의 압박외교'의 충돌과 타협이라는 관점에서 살펴보았다.[05] 이정민은 일련의 연구를 통해, 동백림 사건 관련자들의 전원 석방과 서독 송환을 위해 서독 정부가 견지한 일관된 입장 및 단계별 계획을 정리하고, 서독인들과 한국인들이 보낸 항의서한 및 탄원서가 한국과 서독 양국 정부 모두에 사건 해결의 압박으로 작용했다고 설명했다.[06]

끝으로 동백림 사건에 연루된 주요 학자, 예술인들을 중심으로 '문화정치'라는 측면에서 접근한 연구들이 있다. 천정환은 동백림 사건을 촉발시킨 철학자 임석진의 사상과 행로를 '전향'이라는 관점에서 분석했다.[07] 임유경은 동백림 사건이 '유럽'이라는 공간을 남북이 뒤섞이는 침투와 오염의 공간으로 재인식하게 만들었으며 이 사건을 계기로 유럽이 국민화 프로젝트의 대상 범위에 본격적으로 편입되었다고 보았다. 그녀는 동백림 사건에 연루된 철학자 임석진, 화가 이응노, 작곡가 윤이상의 사례를 통해 박정희 정권의 통치 기술과 불온한 지식인·예술가의 자기 기술을 살펴보는 별도의 연구도 수행했다.[08]

국정원과거사위의 조사보고서 발표와 관련 외교문서 공개 이후 본격화된 여러 연구들을 통해 동백림 사건의 진상 및 역사적 의미들이 상당 부분 밝혀졌다. 그러나 여전히 논란이 되는 쟁점들도 많이 남아 있다. 보수적인 인사들 중 일부는 윤이상, 이응노 등 동백림 사건 관련자들의 '간첩' 혐의에 집착하면

---

05 김명섭·양준석, 「1967년 "동백림 사건" 이후 한독 관계의 긴장과 회복—비밀해제된 한국 외교문서를 중심으로」, 『한국정치외교사논총』 35-1, 2013.

06 이정민, 「동백림 사건을 둘러싼 남한 정부와 서독 정부의 초기 외교갈등」, 『사림』 50, 2014; 「탄원서에 나타난 서독인들의 동백림 사건 인식」, 『사림』 55, 2016.

07 천정환, 「엇갈린 운명, 1960년대의 지성과 사상전향—동백림 사건 임석진과 통혁당 사건 김질락의 삶과 사상」, 『1960년을 묻다—박정희 시대의 문화정치와 지성』, 2012.

08 임유경, 「냉전의 지형학과 동백림 사건의 문화정치」, 『역사문제연구』 32, 2014; 「'신원'의 정치—권력의 통치 기술과 예술가의 자기 기술」, 『상허학보』 43, 2015.

서 그들의 사건 이후 행적까지 계속 문제 삼고 있다. 또한 동백림 사건에 대한 기존 연구들은 사건의 전개 과정에 주로 초점을 맞춤으로써, 사건 전후의 역사적 맥락, 그중에서도 1960~70년대 공안 사건의 흐름 속에서 이 사건을 이해하고 그 위치를 파악하는 데 일정한 한계를 드러냈다. 이러한 한계는 동백림 사건 연구를 촉발하고 관련 논의의 주요 근거로 활용되는 국정원과거사위의 조사보고서에서도 발견된다.

국정원과거사위는 국가 차원에서 상당한 예산과 전문인력을 투입하여 체계적이고 조직적인 활동을 수행했고, 각지에 흩어진 관련자들의 증언을 폭넓게 청취했으며, 무엇보다 민간에서 사실상 접근이 불가능한 옛 중앙정보부의 자료를 직접 들여다봤다. 따라서 조사보고서는 개별 연구자들의 연구를 압도하는 결과물이라 할 수 있다.[09] 일례로 국정원과거사위는 동백림 사건 수사 과정에서 고문 등 가혹행위가 있었는지를 조사하여, 구타, 물고문, 전기고문 등 가혹행위를 당했다는 사건 관련자들의 진술 가운데 최소한 14건 정도는 그 내용이 구체적이고 일관된다는 점에서 사실일 가능성이 높다고 보았다.[10] 반면 동백림 사건 재판에 중앙정보부가 개입했다는 의혹에 대해, 중앙정보부가 재판관들을 호텔에 투숙시켜 판결문 작성을 배후조정했거나 재판 과정에서 권총을 휴대하고 참관했다는 등 일부 사건 관련자들의 주장은 대부분 사실이 아닌 것으로 판단했다. 또 대법원의 파기 환송 직후 판결에 관여한 대법원 판사

---

09 국정원과거사위는 조사보고서 작성을 위해 중앙정보부의 후신인 국가정보원 보유자료 3만 4,169매, 국가기록원·서울지검·외교통상부 등 타기관 보유자료 4만 3,529매의 문서들을 섭렵했고, 총 46회에 걸쳐 관련자 47명을 면담했다. 면담자 47명 중 동백림 사건 관련자 및 유족이 26명, 재판 당시 변호사 2명, 검사 1명, 판사 1명, 수사를 맡았던 당시 중앙정보부와 군 방첩대 직원 12명, 기타 5명이었다. 국정원과거사건진실규명을통한발전위원회, 「1967년 '동백림 사건'」, 2006. 1. 26, 5~8쪽.

10 위 글, 88~104쪽.

들을 "김일성 앞잡이", "용공판사" 운운하며 비난하는 괴벽보와 괴전단이 법원 주변에 뿌려진 바 있었는데, 그 배후에 중앙정보부가 있다는 의혹 역시 국정원 과거사위는 이를 입증할 수 있는 자료를 찾지 못했다. 대신 국정원과거사위는 1968년 7월 동백림 사건에 대한 상고심에서 대법원이 사건의 원심을 파기 환송한 직후, 중앙정보부가 '검찰 및 재판부 지원' 명목으로 예산을 신청한 사실을 새롭게 밝혀냈다.[11] 예산의 실제 집행 여부는 확실치 않지만 중앙정보부가 재판에 뒤늦게 개입했을 가능성을 보여주는 대목이다. 이러한 조사보고서의 내용 중 실증적으로 문제 삼을 수 있는 부분은 많지 않다.

그러나 국정원과거사위는 1년이 채 되지 않는 짧은 기간 동안 동백림 사건의 사실관계를 확인하는 데 역량을 집중한 나머지, 확인된 사실들을 깊이 있게 분석·해석하는 데까지는 나아가지 못했다. 특히 분석·해석의 방향과 관련해서 동백림 사건의 역사적 맥락과 본질을 제대로 살펴보지 못했다. 이에 이 글에서는 앞서 언급한 기존 연구들과 자료들, 그 밖에 여러 관련자들의 회고 및 언론 기사 등을 토대로 동백림 사건에서 아직도 논란이 되는 몇 가지 쟁점들을 짚어보고, 1960~70년대 공안 사건의 흐름 속에서 이 사건의 역사적 위치를 규명하고자 한다.

2. 몇 가지 쟁점들

1) 해외 관련자들의 강제귀국 여부

동백림 사건의 쟁점 중에서 먼저 살펴볼 부분은 해외(주로 서독과 프랑스)에

11 위 글, 110~114쪽.

거주하고 있던 사건 관련자 30명이 '자발적'으로 귀국했는지, 아니면 '강제적'으로 귀국했는지 여부이다. 이는 사건 처리의 적법성과 직결된 중요한 쟁점이다. 사건 당시 한국 정부는 해외 관련자들이 자신들의 간첩 혐의를 해명하고자 자발적으로 귀국했다고 주장했다. 반면 중앙정보부가 공작과 폭력적 수단을 통해 해외 관련자들을 강제귀국시켰다는 의혹도 일찍부터 제기되었다. 강제귀국은 관련자 거주국 입장에서 주권침해나 다름없었기 때문에 이는 곧바로 외교적 마찰로 이어졌다.

국정원과거사위 조사보고서에 의하면 동백림 사건 당시 중앙정보부는 해외 혐의자를 체포·연행하기 위해 작성한 「GK-공작계획」에 따라 수사관들을 해외에 파견하였다. 애초 계획에는 혐의자 호송 과정에서 필요시 해당국 기관에 협조를 요청하거나 마취제로 혐의자를 제압하는 강압적 방안이 들어 있었다. 그러나 실제 연행 과정을 살펴보면 기록상 서독에서의 연행자 전원이 자진귀국한 것으로 되어 있다. 당시 중앙정보부 관계자들도 마취제 등을 사용한 강제연행을 부인하였다. 하지만 국정원과거사위의 사건 관련자 면담 과정에서 일부는 국내 초청이나 식사 초대 등 거짓말에 의해 대사관으로 유인된 후 폭력 등 강압적 분위기 속에서 불가피하게 한국행을 동의했다고 진술했다. 이에 조사보고서는 사건 관련자들이 마취제 등으로 불법납치된 것은 아니라 할지라도 일부는 실질적으로 강제연행되어 온 것으로 평가했다. 즉 형식적으로는 '자발적' 귀국이었지만 실질적으로는 '강제적' 연행이나 다름없었다는 것이다. 반면, 사건 관련자 호송 과정에서 서독 및 프랑스 기관이 협력했다는 의혹에 대해서는 사실무근으로 결론 내렸다.[12]

문헌자료와 면담 결과를 바탕으로 한 조사보고서의 결론은 사실에 부합하

---

12 위 글, 70~87쪽.

는 측면이 크다. 관련자 귀국은 '공작에 의한 대사관 유인→대사관 내에서의 협박과 폭력→마지못한 귀국 동의'의 과정을 거친 경우가 많았다. 조사보고서의 표현대로 형식적으로는 자발적이라도 실제로는 강제적이었던 것이다. 그래서 한국 정부는 공식적으로는 관련자들이 자진귀국했다고 주장하면서도, 서독과 프랑스 정부에 사과와 유감표명 및 재발방지 약속을 할 수밖에 없었다. 그러나 조사보고서가 관련자 강제귀국과 관련하여 그동안 제기된 모든 의혹을 해소했다고 보기는 어렵다.

우선, 귀국 시 마취제 등 약물을 사용했는지 여부와 관련한 조사보고서의 결론은 부실한 편이다. 조사보고서에 따르면 약물 사용은 윤이상의 부인 이수자가 자신의 저서에서 윤이상의 귀국 과정을 설명할 때 주장했으나, 그녀는 국정원과거사위와의 면담을 통해 귀국 당시 강압은 없었다고 증언했다 한다.[13] 하지만 이수자는 윤이상과 따로 귀국했기 때문에 이수자의 증언이 윤이상의 귀국 상황을 설명해주지 못한다. 게다가 이수자가 자신의 책에서 약물 사용을 언급한 부분은, 훨씬 이전에 출간된 윤이상의 대담집 내용을 그대로 요약한 것에 불과하다.[14] 그럼에도 조사보고서는 약물 사용 문제를 훨씬 자세하게 설명한 윤이상의 대담집에 대해서는 한마디도 언급하지 않았다.

윤이상의 주장은 식사에 탄 약물로 인해 대사관에서의 취조와 공항에서의 연행 과정에서 자신이 무기력할 수밖에 없었다는—확신에 차 있기는 하지만—'추정' 수준이다. 윤이상과 대담한 루이제 린저도 같은 책에서 동백림 사건에 관련된 한국인들 중 자발적으로 귀국한 경우가 있었으며, 윤이상의 경우는

13 위 글, 71·83쪽.

14 이수자, 『내 남편 윤이상 (상)』, 창작과비평사, 1998, 270~271쪽; 윤이상·루이제 린저 지음, 홍종도 옮김, 『윤이상-루이제 린저의 대담: 상처 입은 용』, 한울, 1988, 131~133쪽.

가장 심한 협의를 받았기 때문에 특별한 사례일 수 있다는 점을 인정했다.[15] 즉 윤이상의 약물 사용 주장은 추정에 불과하고 일반화할 수도 없다. 그러나 윤이상의 설명이 비교적 구체적이라는 점에서, 또 식사에 몰래 약물을 타 대상을 무기력하게 만들었다면 사건 관련자들이 이를 제대로 알아채기 어려웠을 것이라는 점에서 약물 사용의 가능성을 완전히 배제하기 힘들다. 일례로 중앙정보부 파견 주프랑스 공사로서 이응노 부부를 귀국시키는 공작을 수행했던 윤응렬의 회고를 보면, 프랑스 거주 관련자들을 귀국시킬 때 우선 출국이 자유로운 서독으로 그들을 이동시켜야 했는데 프랑스에서 서독 국경을 넘는 과정에서 혹시 관련자들이 국경 이민국에 망명을 요청하는 일이 발생할까 봐 콜라에 수면제를 타서 마시도록 했다는 언급이 나온다.[16] 국정원과거사위의 조사에도 불구하고 약물 사용에 대한 의혹은 여전히 해소되지 않았다.

중앙정보부의 동백림 사건 관련자 귀국 과정에 서독 및 프랑스 기관이 협력했다는 의혹이 사실무근이라는 조사보고서의 결론 역시 성급한 감이 있다. 동백림 사건 당시 서독의 정보기관이 개입했다는 의혹은 사건 직후부터 서독 언론을 통해 제기되었다. 당시 서독 언론들은 50명 정도의 납치부대가 한꺼번에 자국에서 17명의 인물이 납치하는 일이 서독 정보기관의 협력 없이는 불가능하다고 보았다. 구체적으로 서독 정보기관이 한국의 중앙정보부에 혐의가 있는 인물들의 명단을 넘겼다는 보도도 나왔다. 물론 서독 정부는 즉각 이를 부인했다. 그 밖에 서독 언론들은 서독 내에서 한국 중앙정보부가 미국 CIA의 보호하에서 활동했을 것이라는 추측을 내놓았다. 즉 이 사건에 미국이 개입했

15 위 책, 138~139쪽.

16 윤응렬, 『상처투성이의 영광』, 황금알, 2010, 335~336쪽.

고 서독은 미국과의 특수관계 때문에 이를 용인할 수밖에 없었다는 것이다.[17]

외국 정보기관의 개입 의혹은 사건 관련자들의 증언을 통해서도 제기되었다. 윤이상은 자신이 서독에서 도쿄를 경유하여 한국에 들어갈 때 여권이 필요 없었다는 점을 들어 일본 정보기관의 관여를 확신했다.[18] 이응노 역시 자신이 프랑스에서 도쿄를 경유하여 한국으로 들어갈 때 하네다 공항에 키 큰 미국 사람 하나가 자신을 배웅하러 나왔는데, 그는 아마도 미국 CIA요원이었을 것이라고 추정했다.[19] 이수길의 회고에서도 귀국 시 '건장한 독일인'의 안내를 받으며 공항에 들어갔으며, 공항에는 함부르크 총영사와 독일항공의 독일인 직원이 기다리고 있었다는 대목이 나온다.[20] 그러나 국정원과거사위는 현재 남아 있는 중앙정보부 관련 문건에 "서독 기관 및 경찰 협조 불가함으로 은밀 활동 전개", "파견관은 주재국(프랑스) 관계기관에 물적 증거가 포착되지 않도록 유의할 것" 등의 언급이 나오는 것을 근거로 이러한 개입설·협력설은 사실무근이라고 단정했다.[21]

하지만 중앙정보부 문건에 나오는 몇 구절만으로 사건 관련자들이 제기한 여러 의혹을 해소할 수 있을지 의문이다. 조사보고서의 결론은 근거가 빈약하다. 과연 서독 정부는 이 사건에서 얼마나 자유로울까? 귀국 후 비교적 빨리 혐의를 벗고 서독으로 돌아올 수 있었던 이수길은 서독으로 돌아가기 직전에 주

---

17 윤이상·루이제 린저, 앞 책, 1988, 149~151쪽.

18 위 책, 133쪽.

19 이응노·박인경·도미야마 다에코, 「서울-파리-동경」, 『고암 이응노, 삶과 예술』, 얼과 알, 2000, 362쪽.

20 이수길, 『한강과 라인강 위에 무지개 다리를 놓다—이수길 박사 회고록』, 지식산업사, 1997, 221~222쪽.

21 국정원과거사건진실규명을통한발전위원회, 앞 글, 2006, 84~85쪽.

한 서독대사를 만났다. 이 자리에서 서독대사는 이수길에게 서독으로 돌아가도 한국 정부 비난에 신중할 것을 충고했다고 한다. 또 서독에 도착한 이수길이 곧바로 자신이 자발적으로 한국에 들어갔다는 취지의 기자회견을 가졌을 때 서독 검찰청과 정보기관은 이수길의 행동을 칭찬했다고 한다.[22] 냉전체제하에서 같은 반공 진영인 한국과의 관계 악화를 원치 않던 서독 정부가 사태의 조기 수습 차원에서 이 같은 태도를 취했을 가능성이 크다. 그러나 그 이상의 수준, 즉 처음부터 사건 자체에 개입했을 가능성도 배제할 수 없다. 한국과 서독 사이에 미국이 끼어 있었다면 이들 정보기관 사이의 협조는 더욱 은밀하게 진행되었을 것이다. 아직도 해명되어야 할 의혹들이 많이 남아 있다.

동백림 사건 관련자들의 귀국이 자발적이냐, 강제적이냐를 둘러싼 쟁점과 관련하여 조사보고서가 간과한 가장 중요한 문제는, 실질적으로 '강제' 귀국이었음에도 관련자들 스스로 '자진' 귀국했다고 언급할 수밖에 없었던 배경 및 맥락과 관련한 것이다. 여기서 사건 관련자 중 앞서 언급한 이수길의 사례에 주목할 필요가 있다. 한국인 간호사의 서독 파견에 앞장섰던 의사 이수길은, 1967년 6월 21일 평소 잘 알고 지내던 서독주재 한국대사관 참사관의 거짓말에 의해 대사관으로 유인되었다가 갖은 폭력에 시달린 후 한국으로 귀국하게 되었다. 귀국하자마자 곧바로 중앙정보부로 끌려간 이수길은 여기서 다시 고문을 당했다. 하지만 동베를린의 북한대사관에 가본 적이 없는 이수길은 혐의를 계속 부인했다. 결국 그는 1967년 7월 초 혐의가 풀려 자유의 몸이 되었고 7월 20일 서독으로 돌아올 수 있었다.

문제는 서독으로 돌아오자마자 이수길이 기자회견을 통해, 자신에게 쓰인 간첩 혐의를 해명하기 위해 자진해서 한국으로 갔다고 공표한 사실이다. 이수

---

22 이수길, 앞 책, 1997, 250~253쪽.

길은 여기서 더 나아가 "한국 여론은 이번 동백림 사건의 적발을 다행으로 생각하며 동시에 민첩한 수사 활동에 만족하고 있다. 만일 지금 이러한 사건을 적발하지 못하였다면 후일에 많은 유학생, 간호사, 광부들이 희생될 뻔하였다"며 한국 정부를 두둔했다.[23] 이수길의 이러한 태도는 그 자체가 의혹을 사기 충분했다. 실제로 서독 최대 일간지의 하나인 『디 벨트(Die Welt)』는 이수길이 기자회견을 통해 "급하게 자유의사로 한국 여행을 하였다고 몇 번이나 되풀이하면서 한국 정보요원들이 강제로 데리고 갔을 것이라는 기자들의 질문에는 성실한 답을 피하였"으며, "서독에서 불법적으로 활동한 한국 정보요원들에 대한 서독 여론을 무마시키려고 노력하는 흔적이 뚜렷하게 나타났다"고 평하였다. 훗날 이수길은 회고를 통해, 당시 기자회견은 "누구의 사주를 받은 것이 아니라 나의 판단에 따른 것이었다. 물론 내가 사실을 공개하면 나 개인에게는 유리했겠지만 그래도 조국을 배반할 수가 없었으며", 가족과 지인들에게 "실망을 주어서는 안 된다는 생각이 앞섰다"고 그 배경을 설명했다.[24]

이수길의 이러한 설명은 진실일 수 있다. 그러나 애국심과 가족·지인들에 대한 염려만이 그가 기자회견에서 자진귀국을 강변한 유일한 이유일까? 일단 이수길은 간호사 파독과 관련하여 동백림 사건 이전부터 한국 정부, 특히 중앙정보부와 일정한 관계를 계속 유지해오던 상황이었다. 비록 동백림 사건으로 중앙정보부에 의해 큰 곤욕을 당했지만, 향후 간호사 파독을 계속 추진하기 위해서는 진실 폭로로 그 관계를 끊을 수 없었을 것이다. 더 나아가 그가 중앙정보부로부터 사태 수습을 위한 적극적인 역할을 요청받았을 수도 있다. 이수길이 귀국한 1967년 7월 중순은 서독에서 실종된 관련자들이 한국으로 불법 연

23 위 책, 251~252쪽.

24 위 책, 254~255쪽.

행된 후 간첩으로 조사받고 있다는 소식이 알려져, 서독 정부, 정치권, 언론, 시민사회 등이 분노하던 시기였기 때문이다.

일찍 혐의를 벗고 서독으로 돌아간 동백림 사건 관련자 대부분은 이수길처럼 자신의 '자진' 귀국을 강조했다. '납치' 주장을 부인하는 관련자들의 자진 귀국 주장은, 악화된 서독 내 여론을 잠재우는 데 일조했다. 대표적인 사람이 정치학자 박성조였다. 그 역시 서독 언론과의 인터뷰를 통해, 중앙정보부로부터 자신이 국가보안법 위반 사건에 연루되어 있으며 귀국하면 이를 해결할 수 있을 것이라는 말을 듣고 자진귀국했다고 밝혔다. 그러면서 동백림 사건이 적발된 것을 한국인 모두가 기뻐하고 있으며 자신은 다음 해 다시 한국으로 돌아갈 예정이라고 말했다. 루이제 린저에 따르면 이수길과 박성조의 자진귀국 공표가 서독 언론을 통해 알려지면서 서독 내에서 동백림 사건 전체가 일단 해명된 듯 보였다고 한다. 또 그해 9월까지 사건 관련자 중 6명이 서독으로 돌아왔는데 이들도 모두 자신이 자발적으로 한국에 갔었다고 주장했고, 서독 정부와 여론은 이 설명에 만족했다고 한다. 루이제 린저의 표현처럼 "돌아온 자들의 강압된 상태하에서의 거짓 보고"—원래는 나치 치하 강제수용소에 수용되었다가 석방된 사람들이 석방 시 자신들의 체험을 발설하지 않겠다고 약속한 것을 의미—를 서독인들은 진실이라고 받아들였다.[25]

동백림 사건 관련자의 귀국 과정에서 어디까지가 '자발적'이고 어디부터가 '강제적'이었는지를 구분하는 것은 쉽지 않다. 조사보고서도 그래서 형식으로는 자발적이지만 실제로는 강제적이라는 모호한 결론을 내리는 데서 멈췄다. 이 문제를 정확히 이해하기 위해서는 자진귀국 주장 속에 담겨진 맥락과 숨겨진 의미에 더 주목해야 한다. 단순히 귀국 과정에서 물리적 폭력이 있었는

---

25 윤이상·루이제 린저, 앞 책, 1988, 140~147쪽.

지 여부가 중요한 것이 아니다. 사실대로 말하기 어려운 분위기 속에서 자신과 가족의 안위를 생각해서, 또 앞으로 한국 정부와의 향후 관계를 고려하여 사건 관련자가 귀국의 강제성을 최대한 부인하고 자발성을 강조했을 수 있다. 그리고 스스로 이를 진실이라 믿고 이후의 삶을 살아갔을 수 있다. 하지만 이는 "강압된 상태하에서의 거짓 보고"라는 규정에서 결코 자유롭지 못하다. 동백림 사건 해외 관련자들의 강제귀국 여부는 이러한 맥락과 의미를 충분히 고려하면서 분석·해석되어야 할 것이다.

2) 간첩 사건 여부

동백림 사건의 가장 큰 쟁점은 사건의 실체가 있는가, 기획·조작되었다면 그것은 어느 정도인가 하는 점이다. 이는 동백림 사건의 성격과 직결된 근본적인 문제이며, 크게 두 가지 차원으로 나눌 수 있다. 하나는 동백림 사건의 '간첩 사건' 여부이고, 다른 하나는 이 사건과 1967년 6·8부정선거의 관계에 대한 것이다.

먼저, 동백림 사건을 과연 간첩 사건으로 볼 수 있는지 살펴보자. 1967년 7월 8일 중앙정보부는 동백림 사건 1차 발표에서 이 사건을 '대규모 간첩 사건'으로 규정하면서도 사건의 정식 명칭을 '동백림을 거점으로 한 북괴대남적화공작단 사건'이라고 붙였다.[26] 여기서 '간첩단'과 '공작단'의 차이가 발생하는데, 중앙정보부는 그 차이에 대해 설명하지 않았다. 애초 동백림 사건은 그 명칭과 관계없이 간첩 사건으로 널리 인식되었다. 즉, 사건 관련자들이 합법을 가장하여 평화통일 방안 선전, 학원 내 지하당 조직 공작, 정계 요인 포섭, 혁신정당 조직, 반공법 개정, 선거 기간 중 야당 및 혁신계 인사 지지 등 일련의 간

26 「북괴대남간첩 사건 발표」, 『동아일보』 1967. 7. 8, 1면.

첩 활동을 전개하였으며, 소위 혁명 조건 성숙 시, 지하 세력을 총동원한 정부 전복 음모까지 꾀하였다는 것이다.[27]

검찰 기소와 이후 재판 과정에서 이 사건은 계속 간첩 사건으로 다루어졌다. 법원 역시 1심과 항소심에서 검찰의 공소 내용을 대부분 받아들여 간첩 혐의를 인정하는 판결을 내렸다. 그러나 상고심에서 대법원은 12명의 피고인에 대해 "원심이 간첩죄와 잠입죄를 적용한 것은 법 적용의 잘못이 있다"고 판시, 원심판결 중 이에 대한 유죄 부분을 깨고 사건을 고등법원으로 환송했다.[28] 피고인 개인별로 구체적인 판결 내용에서 일정한 차이가 있으나 상고심 판결의 대체적 요지는 "피고인들이 외국에서 학업을 마치고 귀국할 때 반국가단체 구성원으로부터 동지 포섭, 지하당 조직 등의 지령을 받고 돌아온 것이 인정되면 반공법상 잠입죄로 처벌될 수 있으나, 그들이 북괴의 지령을 수행할 목적이나 의사가 없으면 처벌할 수 없고, 국가기밀을 탐지 보고하라는 지령을 받지 않았다면 피고인들이 귀국한 행위는 국가보안법과 형법의 간첩죄로 인정할 수 없으므로 원심판결이 잘못되었다"는 것이다.[29] 상고심의 파기 환송 이후 재항소심과 재상고심을 거쳐 동백림 사건의 최종판결이 확정되었는데, 결국 간첩죄가 인정된 사람은 단 1명도 없었다. 한마디로 동백림 사건은 법적으로 명백히 간첩 사건이 아니다.

국정원과거사위도 이를 다시 확인하였다. 조사보고서에 따르면 동백림 사건에서 관련자들의 북한 방문, 북한으로부터의 금품수수, 북한을 위한 특수교육 이수, 북한의 요청사항 이행 등 실정법 위반 사례를 인정할 수 있지만, 중앙

---

27 「(사설) 간첩도량과 정치안정」, 『중앙일보』 1967. 7. 8, 2면.

28 「중형자 전원 파기 환송」, 『동아일보』 1967. 7. 30, 1면.

29 「파기 환송이 던진 문제점」, 『경향신문』 1967. 7. 31, 7면.

정보부가 여기에 간첩죄를 무리하게 적용함으로써 사건 관련자들의 대북 접촉 및 동조 행위까지도 간첩 행위로 일반 국민들에게 확대 오인시키는 결과를 초래했다. 조사보고서는 그 밖에도 중앙정보부가 혐의가 미미하고 범의도 없던 자에 대해 범죄 혐의를 확대하고, 귀국 후 대북 접촉 활동을 과장하는 등 사건의 본질을 왜곡시켰다고 지적했다.[30] 동백림 사건은 실체가 없지는 않지만 결코 간첩 사건이 아니라는 것이다.

동백림 사건은 간첩 사건이 아니라는 당시 재판 결과와 최근 국정원과거사위의 결론에 대한 반발도 있다. 재판 결과와 관련해서는 상고심 판결 당시부터 검찰 측은 물론 언론이나 법학계에서 다양한 비판이 제기되었다. 비판의 요지는 "장기 목표를 세워 지하에 잠복하여 시기를 기다리며 행동을 계획하고 있는 북한의 간첩 전략은 집요하고 지능적인데 (대법원) 판결은 간첩죄나 잠입죄를 너무 엄격하게 해석한 것이며 현실적으로 간첩죄는 넓게 해석하여 적용되어야" 한다는 것이다.[31] 특히 검찰이 대법원 상고심 판결에 강하게 반발했다. 검찰은 이후 재상고심 논고문을 통해, 대법원의 판례대로 군사기밀 내지 국가기밀을 탐지하지 않으면 간첩 행위를 하지 않았다고 본다면 "동지 포섭, 지하당 조직, 대동(帶同) 월북, 밀거지(密居地) 구축 등을 주사명으로 하는 북한노동당 연락국소속 공작원은 군사기밀 내지 국가기밀을 탐지 수집하지 않았기 때문에 간첩이 아니다"라고 할 수 있으며, 이렇게 되면 "북한의 대남공작은 더욱 용이해지고 우리의 간첩 색출 및 엄단 조치는 구멍이 뚫리는 결과를 초래"할 것이라고 주장했다.[32] 이는 사건의 실체 그 자체보다는 간첩죄의 정의 및 적용과

---

30 국정원과거사건진실규명을통한발전위원회, 앞 글, 2006, 43~53쪽.

31 「파기 환송이 던진 문제점」, 『경향신문』 1967. 7. 31, 7면.

32 「논고문」, 한옥신 편저, 『간첩재판의 판단과 사상—동백림건점 공작단 사건을 중심으로』, 광

관련한 법적 논란이라 할 수 있다. 즉 대법원이 간첩 행위를 "군사기밀 내지 국가기밀을 탐지하는 행위"로 엄격하게 해석한 반면, 검찰은 이를 "군사기밀은 물론 그 외의 정치, 경제, 문화, 사회적 각 방면에 대한 각종 정보를 탐지 수집하는 행위"로 광범위하게 해석한 것이었다.[33] 이렇듯 당시 동백림 사건 관련자들을 간첩죄로 처벌하는 것이 타당하냐, 아니면 반공법 위반으로 처벌하는 것이 마땅하냐를 둘러싼 논란은 법률 적용상의 문제일 뿐, 반국가행위로 처벌하는 것은 마찬가지였다.[34] 그래서 최종 확정판결에서 간첩죄가 적용되지 않았음에도 사형 2명, 무기징역 1명 등 중형 선고가 이루어졌던 것이다.

이와 관련해서 동백림 사건 당시 중앙정보부 수사국장이었던 이용택은 2004년 한 월간지와의 인터뷰를 통해, 동백림 사건 관련자 중에는 난수표를 갖고 귀국한 사람도 있었지만 대다수는 물적 증거가 부족하여 검찰에서의 진술이 법원에서 뒤집히는 경우가 많았으며, 이는 "공산당원들의 법정 투쟁"이었다고 주장했다. 연행 과정이나 물적 증거에 대해서는 시비가 되겠지만 사건 자체는 분명했고, 단지 외교적 압박 때문에 관련자들을 일찍 석방하는 바람에 "별 것도 아닌 사건을 일부러 과장했다"는 오해를 받았다는 것이다.[35] 그러나 그는 동백림 사건 재판이 "공산당원들의 법정 투쟁"이었다는 자신의 주장을 뒷받침할 수 있는 구체적인 근거를 제시하지 못했다.

국정원과거사위 조사보고서에 대한 비판의 경우, 그 근거로 주로 인용되는 것이 동백림 사건 당시 중앙정보부 파견 주프랑스 공사로 활동했던 윤응렬의

명출판사, 1969, 512쪽.

33 「발간사」, 위 책, 14쪽.

34 「(사설) 법리의 현실과 괴리」, 『조선일보』 1967. 8. 3, 2면.

35 「이용택 전 중앙정보부 수사국장 증언」, 『월간조선』 4월호, 2004(조갑제 외, 『과거사의 진상을 말한다』, 월간조선사, 2005, 167쪽 재수록).

회고록이다. 2010년에 나온 회고록에서 윤웅렬은 국정원과거사위 조사보고서에 대해 불편한 감정을 여과 없이 드러냈다. 특히 이 조사보고서를 근거로 사건 관련자인 윤이상과 이응노 측에서 국가의 사과를 요구하고 책임을 묻는 것에 대해 강하게 반발했다. 윤웅렬에 따르면 동백림 사건은 "남북의 이념 대치와 체제경쟁이 낳은 비극이었다. 하지만 이 사건은 음모에 의해 조작된 것이 아니었다. 당시의 연루자들이 이적행위를 한 것은 분명한 사실이었다. 그들의 죄는 용서한다 하더라도, 역사 왜곡은 용납할 수 없다"는 것이다.[36]

회고록에서 윤웅렬은 자신이 직접 한국으로 귀국시킨 이응노의 사례를 구체적으로 언급했다. 특히 서울에서 이응노에 대한 조사가 진행되는 동안 그가 프랑스의 이응노 자택에서 '단파 수신 라디오', '난수표', '세포조직과 명단', '자살용 청산가리' 등을 발견하는 과정을 상세하게 밝혔다.[37] 이를 근거로 윤웅렬은 동백림 사건 관련자들의 실정법 "위반 정도는 약한 편"이었다는 국정원과거사위의 판단을 "매우 자의적인 해석"이라고 비판했다. 또 "일부 피의자의 친북 혐의는 간첩 행위나 다름없다"는 당시 수사관들의 주장을 인용하며, "공작교육은 받았지만 간첩 행위는 없었다"라는 국정원과거사위의 발표를 반박했다.[38]

그러나 윤웅렬의 주장은 새로운 것이 아니다. 이응노에 대한 재판 당시부터 이미 '난수표' 등 여러 증거물들이 제시된 바 있었다. 검찰은 이들 증거물들을 근거로 이응노를 간첩 혐의로 기소했다. 이응노에 대한 공소장을 보면 윤웅렬이 언급한 것보다 훨씬 많은 증거물이 제시되었을 뿐만 아니라, 북한에 안착

---

36 윤웅렬, 앞 책, 2010, 321~322쪽.

37 위 책, 337~339쪽.

38 위 책, 347~349쪽.

신호 발송 등 보다 구체적인 혐의 사실들이 적시되어 있었다.[39] 하지만 피고인들에게 간첩죄를 폭넓게 인정했던 1심 재판부마저 이응노의 간첩 혐의를 인정하지 않았다. 검찰이 항소했으나 항소심 재판부 역시 이응노의 간첩 혐의를 인정하지 않았다. 이응노가 동베를린에서 북한 측과 회합하여 금품을 수수하는 등 반공법을 위반한 사실은 인정되지만, 그가 북한 측과 회합하고 통신한 내용이 기밀에 속하는 것이 아니기 때문에 그것이 난수표 등 암호에 의한 것이라 할지라도 간첩죄를 구성한다고 볼 수 없다는 것이었다.[40] 이 때문에 이응노는 다른 피고인들에 비해 비교적 낮은 형량을 선고받았다. 윤응렬의 주장은 법원의 일관된 판결을 무시하는 그야말로 '자의적'인 것일 뿐이다.

이응노가 동베를린에 가서 북측과 접촉한 것은 6·25전쟁 때 헤어진 아들이 북한에 살아 있다는 소식을 듣고 아들을 만나기 위해서였다. 동백림 사건 관련자들 중에서는 이응노처럼 북한에 있는 지인의 소식을 묻고 또 그(녀)를 만나기 위해 북측과 접촉하거나 북한을 방문한 경우가 많았다. 또한 재판 과정에서 이응노는 북측으로부터 금품을 수수한 사실을 인정했지만, 이것이 공작금인 줄은 전혀 몰랐고 단순한 여비와 그림값으로 알았다고 해명했다.[41] 실제로 경제적 형편이 넉넉지 않았던 해외 관련자들은 종종 북한이 제공하는 금품을 여비나 용돈 정도로 생각하고 받아쓴 바가 있었다. 이렇게 북측과 엮이다 보니 북측의 요구를 거절하기 어려운 경우도 발생했다. 북측으로부터 선전과 교양 교육을 받아야 했고 일부는 북측과 난수표나 암호를 통해 통신해야 했다. 북한

39 「공소장」, 한옥신 편저, 앞 책, 1969, 185~186쪽.

40 「항소심 판결문」, 위 책, 313쪽.

41 「상고이유서(피고인 이응로)」, 한승헌변호사변론사건실록간행위원회 편, 『한승헌변호사 변론사건실록』 1, 범우사, 2006, 158~161쪽.

을 방문하는 경우에는 노동당 입당원서를 쓰기도 했다. 그러나 이는 적극성 없는 수동적 행위에 불과했다. 무엇보다 해외 관련자들은 북측으로부터 기밀을 탐지해 보고하라는 지시를 받지 않았고, 남측의 기밀을 북측으로 넘기지도 않았다. 법원이 최종적으로 이응노를 비롯한 동백림 사건 관련자 전원에게 간첩죄와 잠입죄를 적용하지 않은 이유도 여기에 있었다.

이와 관련하여 북한에서 대남공작 업무를 맡았던 전직 고위관료 박병엽의 증언에 주목할 필요가 있다. 그에 따르면 북한은 1950년대 후반부터 대내외적인 정치공세를 강화하면서 유럽의 프라하와 동베를린에 대외선전거점을 만들었고, 1960년 남한의 4·19혁명 이후 이를 더욱 강화했다. 이때 북한은 동베를린에서 접촉한 남측 인사들에게 '간첩' 역할이나 지하당 조직과 같은 역할을 기대했던 것이 아니라, 그들이 지식인, 학자, 교수인 만큼 유럽에서든 남한으로 돌아가서든 북한의 평화통일 방안을 지지하고 전파하는 '선전적 역할'을 해주기를 기대했다고 한다.[42] 전직 북한 고위관료 한 사람의 증언을 절대시할 수는 없지만, 북한 역시 동백림 사건 관련자들에게 간첩 행위나 지하당 조직 같은 적극적 역할을 부여하지 않았던 것으로 보인다.

동백림 사건을 둘러싼 정황이 이러함에도 윤응렬은 국정원과거사위의 조사보고서를 북한에서 환영했다는 점을 들어, 조사보고서가 동백림 사건 관련자의 많은 위법사실을 당시 "노무현 정권의 기도에 맞게 조작"했다고 주장했다. 그러나 '북한의 환영'과 '조사보고서 조작' 사이에는 직접적인 인과관계가 성립하지 않는다. 조사보고서 조작은 구체적인 증거가 있어야만 입증할 수 있다. 또한 윤응렬은 이응노와 윤이상이 동백림 사건 이후 친북 활동을 했다고 비난했다. 동백림 사건 이후 이응노와 윤이상의 행적은 이 글의 분석 대상

---

42 유영구, 앞 글, 1993, 338~339쪽·344~346쪽.

이 아니지만, 동백림 사건 이후의 일을 가지고 그 사건의 진상에 접근하는 것은 시간적으로나 논리적으로 타당하지 않다. 한마디로 윤응렬의 회고록은 동백림 사건 당시의 상황을 이해하는 데 일정한 도움을 주지만, 이 사건의 실체와 관련해서는 기존 법원 판결이나 국정원과거사위의 결론을 뒤집을 만한 새로운 정보나 근거를 제공하지 못하며, 오히려 자의적인 간첩 규정이 갖는 폭력성과 위험성을 잘 보여준다. 동백림 사건에 대한 대법원 판결처럼 간첩에 대한 규정은 사법적으로 엄격하게 적용되어야 한다.

3) 6·8부정선거와의 관계

이제 동백림 사건과 1967년 6·8부정선거의 관계에 대해 살펴보자. 여기서 쟁점이 되는 부분은 동백림 사건이 6·8부정선거에 대한 저항을 잠재우기 위해 기획·조작되었는가 하는 점이다. 동백림 사건이 발표된 1967년 7월은 한 달 전인 6월 8일에 있었던 국회의원 선거의 부정 문제로 사회가 매우 시끄러웠던 때였다. 박정희 정권이 이 선거를 '6·8부정선거'로 불릴 정도로 혼탁하게 치른 이유는, 대통령의 연임을 1차 중임으로 제한하고 있던 헌법을 개정하여 4년 뒤에 있을 1971년 대통령 선거에서 박정희의 세 번째 출마를 가능케 하기 위해서였다. 즉 여당인 공화당이 헌법 개정에 필요한 국회 재적의 3분의 2 이상의 의석을 확보하기 위해 부정선거를 자행했던 것이다. 선거 결과 공화당은 130석(전체 의석의 74%)을 차지하여 개헌에 필요한 재적 3분의 2(117석)를 훨씬 웃도는 의석을 확보하는 데 성공했다. 하지만 광범위한 부정선거의 여파로 전국 131개 선거구에서 모두 266건의 선거소송이 제기되었다. 이는 1963년 총선 당시 선거소송 38건의 7배에 달하는 규모였다.[43] 선거 직후 박정희 정권도 부정선거를 일부 인

---

43 민주화운동기념사업회 연구소 편, 『한국민주화운동사』 1, 돌베개, 2008, 497쪽.

정하여 공화당 소속 당선자 8명을 제명했다. 그중 3명은 당선자 사퇴를 하였고, 2명은 선거무효 판결을 받았다. 또 2곳에서는 재검표 결과 당선자가 야당 소속 후보로 바뀌었다.

1967년 6월 8일 국회의원 선거에서 광범위한 부정행위가 발생하자 학생들을 중심으로 즉각 규탄시위가 전개되었다. 1960년 3·15부정선거에 저항한 4·19 혁명을 방불케 하는 시위가 연일 이어졌다. 박정희 정권은 강경진압은 물론 휴교령과 조기방학 실시 등의 조치를 통해 학생 시위를 탄압했다. 동백림 사건은 그 와중에 발표되었다. 무려 7차례에 걸쳐 7월 내내 지속적으로 발표된 동백림 사건은 사람들의 관심을 부정선거 문제에서 간첩 문제로 돌려놨다. 실제로 동백림 사건 발표 이후 6·8부정선거에 대한 저항은 사실상 종결되었다. 이러한 역사적 사실은 동백림 사건이 6·8부정선거에 대한 저항을 잠재우기 위해 기획·조작된 것이 아니냐는 의혹을 자연스럽게 불러일으켰다.

그러나 국정원과거사위는 조사보고서를 통해 이러한 의혹을 부인했다. 이미 많이 알려진 사실이지만 동백림 사건은 1967년 4월 체코에서 『조선일보』 이기양 기자가 실종된 사건에서 비롯되었다. 당시 서독에서 유학 중이던 이기양 기자는 동베를린에 있는 북한대사관 측과 여러 차례 접촉한 바 있었는데, 이기양 기자를 북한대사관에 소개시켜줬던 철학자 임석진이 이기양 기자의 실종을 북한의 납치로 판단하고 불안한 마음에 1967년 5월 17일 박정희 대통령을 직접 찾아가 자수를 했던 것이다. 임석진의 자수와 정보제공에서 시작된 중앙정보부의 수사는 급기야 6월 중순 서독과 프랑스에 거주하고 있는 관련자들에 대한 사실상 강제연행으로 이어졌고, 7월에 동백림 사건으로 발표되었다. 국정원과거사위는 이러한 사건 발생 경로와 시간적 선후 관계를 근거로 동백림 사건과 6·8부정선거는 직접 관련이 없다고 판단했다.

조사보고서를 보면 중앙정보부는 임석진 자수 직후인 1967년 5월 22일경부터 약 1주일 동안 그에 대한 심문을 진행했고, 동시에 5월 23일 수사 예산을 책정했다. 이후 중앙정보부는 6월 5일 임석진이 제보한 36명 등 약 40여 명의 국내외 관련자들을 수사하기 위한 계획을 작성하고, 6월 7일 해외 협의자 23명을 체포·연행하기 위한 「GK-공작계획」을 수립했다. 이는 모두 시기적으로 6·8부정선거 이전에 이루어졌다.

당시 수사를 담당했던 중앙정보부나 군 방첩대 관계자들 역시 모두 동백림 사건과 6·8부정선거의 관련성을 부인했다. 국정원과거사위는 이를 근거로 "6·8부정선거 후 부정선거 규탄시위가 확산되자 대규모 공안 사건을 기획, 수사를 추진하였다"는 의혹은 잘못된 것이라고 결론 내렸다. 단, 국정원과거사위는 동백림 사건이 정치적으로 기획된 것은 아니나 중앙정보부가 민비연으로 수사를 확대하고 관행과 달리 이례적으로 7차례에 걸쳐 사건 내용을 계속 발표함으로써 6·8부정선거에 대한 규탄 열기를 냉각시켰다는 사실을 인정했다. 기획·조작한 것은 아니지만 박정희 정권이 동백림 사건을 정치적으로 이용하기는 했다는 것이다.[44]

국정원과거사위 조사보고서의 이 같은 결론은 현재까지 폭넓게 받아들여지고 있다. 동백림 사건을 여전히 간첩 사건으로 바라보면서 국정원과거사위의 활동 자체에 부정적인 측에서도, 동백림 사건이 6·8부정선거 규탄시위를 막기 위해 기획·조작된 것이 아니며 분명한 실체가 있는 사건이라는 조사보고서의 결론을 환영했다.[45] 대부분의 연구들 역시 동백림 사건이 6·8부정선거 규탄시위를 저지하기 위해 기획·조작된 것은 아니지만, 발표 과정에서 정치적으로

---

44 국정원과거사건진실규명을통한발전위원회, 앞 글, 2006, 35~42쪽.

45 윤응렬, 앞 책, 2010, 347쪽.

이용되었다는 조사보고서의 결론을 특별한 문제제기 없이 수용하였다.[46]

동백림 사건의 발단이 되는 이기양 기자의 실종과 임석진의 자수 및 자백, 그리고 중앙정보부의 수사 개시와 해외 관련자 연행 계획 수립 등이 6·8부정선거 이전에 이루어진 것은 명백하다. 하지만 이러한 현상적 시간 순서만으로 동백림 사건이 6·8부정선거에 대한 저항을 무력화시키기 위해 기획·조작된 측면이 없다고 단정할 수 있을까? 박정희 정권이 6·8부정선거 이전부터 선거 후 저항에 대비한 계획을 세웠을 가능성은 없을까? 더 나아가 3선개헌까지 바라보며 사회 전반에 대한 통제를 강화하기 위한 장기 계획을 세웠을 가능성은 없을까? 그리고 이러한 계획의 일환으로 임석진의 자백을 통해 확보한 정보를 확대 과장하여 대규모 간첩단 사건을 기획·조작했을 가능성은 없을까? 물론 가능성만으로 조사보고서의 결론을 부정하기는 어렵다. 그러나 해외 관련자 연행 계획 수립 시점과 6·8부정선거의 시점이 거의 일치한다는 사실을 단지 우연으로만 넘겨버리기에는 석연치 않은 점들이 있다.

동백림 사건에 대한 최초의 종합적인 정리라 할 수 있는 『신동아』 1989년 4월호 기사에 따르면, 임석진은 1967년 5월 17일 박정희 대통령을 직접 만나 "자신이 두 번씩이나 평양에 다녀왔음에도 불구하고 결코 공산주의자가 아닌 것처럼, 북측에 포섭된 사람들도 거의 모두가 공산주의자가 아니란 점은 확실하다"고 말했다 한다. 그리고 박정희 대통령에게 관대한 처분을 간청했다. 이에 박정희 대통령은 진상 파악 후 관련자들의 자유로운 사회 활동 보장을 약속했다고 한다.[47] 그러나 일주일 뒤 5월 24일 박정희는 김형욱 중앙정보부장과 이용택 수사과장에게 "지식인이라는 사람이 북과 접촉 후 학원까지 침투했다니 문

46 전명혁, 앞 논문, 2012, 147~148쪽; 임유경, 앞 논문, 2014, 173쪽.

47 전진우, 앞 글, 1989, 375~376쪽.

제가 있다. 확실히 조사하여 뿌리를 없애라"고 지시하였다.[48] 대통령의 엄벌 지시 이후 중앙정보부는 본격적인 수사에 착수하여 '최대의 간첩단 사건'인 동백림 사건을 발표했다. 임석진은 박정희 대통령의 태도와 말이 크게 달라지는 것을 보고 놀랐다고 한다.[49]

박정희는 왜 입장을 바꾸었을까? 혹시 6·8부정선거 이후를 대비하기 위한 것은 아니었을까? 그래서 중앙정보부가 외교적 마찰을 일으키면서까지 해외 관련자들을 사실상 강제귀국시키는 무리수를 뒀던 것은 아닐까? 중앙정보부의 해외 활동 기반 훼손을 우려한 중앙정보부 해외담당 국장 등의 내부 반대에도 불구하고 해외 관련자의 강제연행은 결국 강행되었다.[50] 국정원과거사위 조사에서 임석진은, 1989년 『신동아』 인터뷰와 달리 박정희 대통령이 선처를 약속한 바가 없으며 단지 자신에 대한 신분보장만 약속했다고 진술했다.[51] 하지만 같은 조사에서 임석진은 "당시 박정희 대통령의 경청 자세로 보아 설마 유럽까지 가서 관련자들을 잡아올 것으로 전혀 생각지 못했는데, 이는 박정희 대통령의 의중이라기보다는 청와대의 위임을 받은 김형욱 중앙정보부장의 소치였다"고 덧붙였다.[52] 박정희의 태도에 대한 임석진의 진술에 모호한 면이 있지만, 동백림 사건이 자신의 자수 당시의 상황과 비교했을 때 지나치게 확대되었다는 판단은 여전히 유지한 셈이다.

동백림 사건이 6·8부정선거에 대한 저항을 무력화시키기 위해 기획·조작

---

48 국정원과거사건진실규명을통한발전위원회, 앞 글, 2006, 38~39쪽.

49 전진우, 앞 글, 1989, 383쪽.

50 국정원과거사건진실규명을통한발전위원회, 앞 글, 2006, 74쪽.

51 위 글, 38쪽.

52 위 글, 73~74쪽.

되었다는 의혹을 가장 강하게 뒷받침해주는 것은 동백림 사건에서 파생된 민비연 사건이다. 동백림 사건 1차 발표 3일 뒤인 1967년 7월 11일 중앙정보부는 동백림 사건 2차 발표를 통해 서울대 문리대의 학생서클 '민족주의비교연구회'(이하 민비연)의 관련 혐의 사실을 공개했다. 즉, 민비연의 지도교수인 황성모 교수가 서독 유학 시 동베를린을 방문하여 동독주재 북한대사관으로부터 북한 찬양 선전 및 교양훈련을 받고 공작금을 받는 등 간첩으로 활약했고, 1963년 9월 서울대 문리대 정치학과 학생들을 모아 민비연을 발족시켜 북한이 지령하는 공작사명을 수행했다는 것이다. 중앙정보부는 황성모 교수가 규합한 20여 명의 민비연 학생들이 1964~1965년 한일협정 반대운동을 전개하는 한편 제3공화국의 타도를 기도했다고 덧붙였다.[53]

사건 발표 후 황성모 교수 등 민비연 관련자 7명이 구속 기소되었다. 그러나 애초 동백림 사건의 일부로 발표되었던 민비연 사건은 검찰 기소 단계부터 동백림 사건과 별개의 사건으로 다루어졌다. 민비연 사건에는 처음부터 간첩죄가 적용되지 않았고 '반국가단체' 구성 혐의가 중심이 되었다. 전체적인 재판 양상도 동백림 사건과 달랐다. 동백림 사건 재판의 경우, 피고인만도 7쌍의 부부를 포함하여 34명에 달한 대공판이었지만, 피고인 대부분이 동베를린이나 평양을 방문하여 북측과 접촉했다는 공소사실을 시인함으로서 심리가 순조롭게 진행되었다. 그러나 민비연 사건 재판에서는 피고인 전원이 공소사실을 전면 부인하고 그중 일부는 자신들이 당한 고문 사례를 구체적으로 폭로하는 등 치열한 법정다툼이 벌어졌다.[54] 결국 1967년 12월 16일 1심 판결은 민비연을 반국가단체가 아니라 학술단체로 규정했다. 이에 관련자 7명 중 5명에게 무

---

53 「'민비연' 관련 7명 구속」, 『동아일보』 1967. 7. 11, 1면.

54 「때 아닌 혁명론·사상논쟁, 날고 기는 검사도 크게 고심」, 『동아일보』 1967. 11. 25, 6면.

죄가 선고되었다. 단, 황성모와 김중태에게는 경미한 반공법 위반 사실이 인정되어 실형이 선고되었다.[55] 이후 항소심에서 황성모와 김중태 외 2명이 추가로 유죄 판결을 받았지만,[56] 상고심에서 대법원은 이들 4명에 대한 원심을 모두 파기하고 사건을 고등법원으로 돌려보냈다.[57] 이후 재항소심과 재상고심을 거쳐 최종적으로 황성모를 포함한 3명에게 유죄가 확정되었다.[58] 확정된 형량은 징역 1년 반에서 2년 정도로, 중앙정보부의 간첩 사건 발표나 검찰의 반국가단체 구성 혐의 기소에 비하면 매우 가벼운 것이었다.

민족주의비교연구회는 처음부터 공개적인 서클이었을 뿐만 아니라 1964~1965년의 한일협정 반대운동 과정에서 사회적으로 널리 알려진 바 있었다. 게다가 일부 민비연 관련 학생들이 한일협정 반대운동을 주동했다는 혐의로 이미 두 차례에 걸쳐 재판을 받아, 민비연에 대한 사법적 조사와 판단은 어느 정도 이루어진 상태였다. 그런데도 한일협정 반대운동이 끝난 지 2년이나 지난 시점에서 갑자기 민비연을 다시 끌어들여 간첩 사건으로 발표된 동백림 사건과 엮으려 한 시도는 곧 여러 의혹을 불러일으켰다.[59] 게다가 앞서 살펴본 대로 민비연 사건은 1967년 7월 중앙정보부의 발표와는 달리 간첩 혐의가 빠진 채 동백림 사건과 별개의 사건으로 기소되었다가, 재판 판결을 통해 반국가단체 구성 혐의마저 인정되지 않았다. 한마디로 민비연 사건은 중앙정보부가 무리하게 기획·조작한 실체가 없는 사건이었다. 훗날 중앙정보부장 김형욱도 자신

---

55 「황성모 3년·김중태에 2년」, 『중앙일보』 1967. 12. 16, 1면.

56 「황성모·김중태에 2년」, 『중앙일보』 1968. 4. 17, 3면.

57 「네 피고 환송 판결」, 『동아일보』 1968. 7. 30, 1면.

58 「민비 사건 상고 기각」, 『동아일보』 1969. 3. 18, 3면.

59 「(사설) 민비연의 선고를 보고」, 『동아일보』 1967. 12. 18, 2면.

의 회고록을 통해 민비연 관련자들을 동백림 사건의 하나로 취급한 것이 자신이 저지른 큰 실수라고 인정하였다.[60]

그럼에도 당시 중앙정보부는 민비연에 계속 집착하는 모습을 보였다. 국정원과거사위 조사보고서를 보면, 중앙정보부가 민비연 관련자들의 범죄 혐의 입증에 고심한 흔적들을 여기저기서 발견할 수 있다. 일단 황성모의 경우 1967년 6월 18일 중앙정보부에 연행된 후 구속기간이 1회 연장되었다가 7월 6일 검찰에 송치되는 과정에서 거의 매일 심문이 실시되었고, 다른 관련자들에 비해 비교적 많은 수의 참고인 조사가 진행되었다. 또 민비연이 반국가단체가 아니라는 1심 판결 이후 중앙정보부는 여러 차례 민비연 사건에 대한 재수사 혹은 보강수사 계획을 수립하였다. 일례로 1심 판결 직후에 작성된 「민비연 재수사 계획」은 황성모가 북한의 간첩으로서 학술단체를 가장한 반국가단체 내지 불법단체 민비연을 구성케 하였으며, 민비연이 1964년 3·24시위 이후 학생 시위를 주도하면서 정권을 타도하고 북한과 영합할 수 있는 정권 수립을 기도하였다는 점을 입증하기 위한 증거자료 보강에 초점을 맞추었다. 다른 계획들에서도 중앙정보부의 수사 초점은 민비연과 6·3항쟁 같은 학생 시위의 '연계고리' 파악에 있었다.[61]

중앙정보부는 동백림 사건을 처리하면서 민비연에 왜 이렇게 집착했을까? 이와 관련하여 민비연 사건의 핵심 인물인 황성모의 진술에 주목할 필요가 있다. 황성모는 1989년 『신동아』와 인터뷰에서 다음과 같이 주장했다.

> 동백림 사건의 근원은 당시의 '6·8부정선거'에 있다고 봐야 한다. 물론 동백림

60 김형욱, 『김형욱 회고록』 2, 문화광장, 1987, 194쪽.

61 국정원과거사건진실규명을통한발전위원회, 앞 글, 2006, 65~67쪽.

> 사건이 1백% 조작됐다는 건 아니지만 사건 관련자가 주로 유럽에 나가 있는 인텔리란 점 등을 고려, 처음 당국에서는 엄중한 경고 선에서 뒤처리를 하려 했었던 것으로 알고 있다. 그러나 부정선거에 대한 규탄 데모가 확산되자 정부는 방침을 급선회시켰다. 사건을 확대, 과대포장하기로 한 것이다. 민비연을 동백림 사건에 묶으려 한 데서 당시 박 정권의 의도는 보다 분명해진다. 즉 대학생 데모의 배후조정을 민비연이 한다→민비연의 지도교수 황성모는 동백림에 다녀온 간첩이다→따라서 데모행위는 북한의 사주에 의한 것이다라는 논리를 만들어내기 위한 것이었다.[62]

황성모의 이 진술은 국정원과거사위 조사보고서에도 그대로 인용되었다. 그리고 조사보고서 역시 민비연 사건이 실체가 없는 것으로 판단하고, "중앙정보부가 황성모의 범죄사실을 강압수단으로 왜곡조작한 점, 민비연과 그 회원들에 대해 수사를 확대한 점, 민비연을 동백림 사건에 포함시켜 발표한 점은, 학생 시위의 배후에 북한이 있다는 것을 보여주어 대학생들의 6·8부정선거 규탄시위를 약화시키려는 의도가 있었다고 추정"했다. 특히 민비연 회원들이 1964~1965년 한일회담 반대투쟁을 주도했으며 그중에서도 "김중태, 현승일, 김도현은 국민들에게 학생운동을 대표하는 인물로 알려져 있음을 감안, 이들이 북한의 지령을 받아 움직였다고 한다면 6·8부정선거 규탄데모를 주도하는 학생운동에 큰 타격을 주는 소재였을 것으로 판단"했다.[63] 하지만 이러한 조사보고서의 내용은 동백림 사건이 6·8부정선거와 직접 관련이 없다는 앞서 살펴본 조사보고서의 핵심 결론과 상충하는 면이 있다. 물론 이러한 모순은 두 사건을

62 전진우, 앞 글, 1989, 382~383쪽.

63 국정원과거사건진실규명을통한발전위원회, 앞 글, 2006, 69쪽.

별개의 사건으로 분리시키면 해소될 수 있다. 실제로 조사보고서가 나온 뒤 진행된 연구들은 동백림 사건을 민비연 사건과 분리해서 접근하는 경향이 강하다.[64] 그러나 동백림 사건에서 민비연 사건을 분리시키는 것은 애초 중앙정보부가 이 두 사건을 하나로 묶으려 했던 근본 의도를 놓치게 한다. 또 동백림 사건 재판 과정에서 중앙정보부가 민비연 문제에 계속 집착하는 이유도 설명할 수 없다. 중앙정보부의 처음 발표처럼 민비연 사건을 동백림 사건과 연결시켜야만 동백림 사건의 본질을 파악할 수 있다.

황성모의 진술에서 주목되는 부분은 '북한→황성모→민비연'으로 이어지는 학생운동의 배후와 연결고리다. 즉 북한이 동베를린의 거점(북한대사관)을 통해 서독에서 유학 중이던 황성모를 포섭, 간첩으로 만들고, 황성모가 국내로 잠입, 반국가단체인 민비연을 구성해 학생들을 선동하여 결정적 시기에 체제를 전복하고자 했다는 것이다. 이러한 도식과 구조를 적용하면 6·8부정선거에 저항하는 학생운동은 물론, 그 이전 1964~1965년의 한일협정 반대운동 때의 학생운동은, 민주화를 위한 순수한 저항이 아니라 북한이 최종 배후에 있는 대남적화공작의 일환으로 볼 수 있다. 그리고 이를 일반화하면 한국의 학생운동과 민주화운동 전체를 '북한→지식인→학생'으로 이어지는 일련의 배후와 연결고리를 가진 이적행위로 규정할 수 있다. 동백림 사건은 해외에 있던 지식인들이 동베를린을 중심으로 북측과 접촉한 행위를 적발하여 처벌한 사건이었지만, 이는 전체 도식과 구조에서 부분에 불과했다. 동백림 사건이 도식과 구조에 맞춰 온전하게 완성되기 위해서는 최종 배후인 북한의 연결고리로서 지식

64 전명혁은 명시적으로 '동백림 사건' 가운데 '민비연 사건'(황성모 등 7인) 관련 부분은 재판과정에서 분리 심리되었기 때문에 연구 대상에서 제외했음을 밝히고 있다. 전명혁, 앞 논문, 2012, 149쪽.

인이 국내에서 학생들을 상대로 공작 활동을 벌이고 그것을 중앙정보부가 적발 처벌해야 했다. 그래서 무리하게 민비연을 끌어들였던 것이다.

하지만 동백림 사건 당시 중앙정보부가 그린 '북한→지식인→학생'의 '조직도'는 완성되지 못했다. 이 조직도의 배후와 연결고리에서 중요한 역할을 담당해야 할 황성모는 동베를린에 단 한 차례 잠깐 들렀을 뿐 북측과 어떠한 접촉도 갖지 않았다. 게다가 민비연은 황성모가 만든 단체가 아니라 학생들이 자발적으로 만든 단체였다. 황성모는 학생들에 의해 지도교수로 모셔졌을 뿐이다. 중앙정보부는 고문 등 수단과 방법을 가리지 않고 그들이 구상한 조직도를 완성하기 위해 애를 썼으나 부풀릴 만한 작은 실체조차 찾기 어려웠다. 결국 민비연 사건은 기소 단계부터 간첩죄를 적용하지 못해 동백림 사건과 분리될 수밖에 없었다. 재판 과정에서 어떻게든 민비연이 반국가단체라는 것을 입증하려 했으나 역시 실패했다. 그런 의미에서 동백림 사건은 중앙정보부에 의한 '미완의 사건'으로 평가할 수 있다. 하지만 학생운동과 민주화운동을 '북한→지식인→학생'의 배후와 연결고리로 엮어 탄압하려는 박정희 정권의 시도는 이후에도 계속 이어졌다. 1960~70년대 공안 사건의 맥락 속에서 동백림 사건을 바라보면 이는 더욱 명확해진다.

3. 1960~70년대 공안 사건의 맥락 속에서 본 동백림 사건 : '북한→지식인→학생'의 배후와 연결고리를 중심으로

동백림 사건 이전에도 박정희 정권은 학생운동과 민주화운동을 '북한→지식인→학생'의 배후와 연결고리를 만들어 탄압하려 한 적이 있었다. 흔히 '6·3 항쟁'이라고 부르는 1964년 한일협정 반대운동 때였다. 1964년 3월 24일부터 본격적으로 시작된 한일협정 반대운동은 5월 20일 '민족적 민주주의 장례식'을 기점으로 박정희 정권에 대한 정면도전 양상으로 고양되었다가 6월 3일 4·19 혁명을 방불케 하는 대규모 시위로 폭발하였다. 박정희 정권은 이에 맞서 계엄령을 선포하고 군대를 동원하여 시위를 진압했다. 그리고 각 대학에서 시위를 주도한 학생들을 '내란음모' 등의 혐의로 대거 처벌하기 시작했다.

1964년 8월 14일 중앙정보부는 41명이 구속된 '인민혁명당 사건'을 발표했다. 북한의 지령을 받고 조직된 지하당 '인민혁명당'(이하 인혁당)이 혁신계 일부 인사, 일부 현직 언론인, 대학 교수, 학생 등에게 세력을 확대하다가 1964년 3월 24일 한일협정 반대운동이 시작되자 시위 주도 학생들을 포섭, 학생운동을 배후조종해왔다는 것이다.[65] 특히 인혁당의 도예종과 학생운동 세력 중 불꽃회의 김정강이 '북한→인민혁명당(혁신계 지식인)→학생'으로 이어지는 배후와 연결고리에서 중요한 매개 역할을 담당했다. 그러나 이미 잘 알려진 바와 같이 인혁당 사건은 인혁당의 실체 자체가 불분명한 상태에서 중앙정보부가 성급하게 사건을 터트리는 바람에 증거 미비로 공소유지가 불가능한 상황에 처했다. 게다가 사건 관련자들에 대한 가혹한 고문 사실까지 알려지면서 담당검사들이 기소를 거부하는 사태까지 벌어졌다. 담당검사를 교체하는 등 우여곡절 끝에 간신히 13명에 대해 기소가 이루어졌으나, 재판 결과 경미한 반공법 위반 혐의만이 인정되어 용두사미로 사건은 끝나버렸다. 당시 중앙정보부가 무리하게 인혁당 사건을 터트린 이유는 명확했다. 6·3항쟁으로 대표되는 한일협정 반대운동을 북한의 사주에 의한 국가변란 행위로 몰아가기 위해 '북한→인혁당(혁신계 지식인)→학생'의 배후와 연결고리를 만들고자 했던 것이다. 하지만 이 시도는 인혁당 자체의 실체가 분명치 않고, 혁신계 지식인들의 학생운동에 대

---

65 「북괴 지령 받고 국가변란 음모」, 『동아일보』 1964. 8. 14, 1면.

한 영향력이 제한되었던 관계로 사실상 실패하고 말았다.[66] 중앙정보부의 '조직도' 작성 시도가 미수에 그쳤던 것이다.

1967년 동백림 사건은 3년 전 인혁당 사건의 재판(再版)이었다. '북한→지식인→학생'의 배후와 연결고리가 다시 조직도로 그려졌다. 심지어 '학생' 부분은 1964년과 마찬가지로 민비연 학생들이 계속 그 자리를 채웠다. 차이가 있다면 '지식인' 부분이 '혁신계 지식인'에서 '해외 거주(유학) 지식인'으로 바뀌었고, 북한과 지식인의 연계 거점이 국내 지하당에서 해외(동베를린) 북한대사관으로 바뀌었을 뿐이다. 중앙정보부는 동백림 사건에 민비연을 제대로 엮어내지 못함으로써 인혁당 사건 때와 마찬가지로 '북한→지식인→학생'의 배후와 연결고리를 완성하는 데 또다시 실패했다. 그래서 인혁당 사건처럼 동백림 사건도 용두사미로 마무리되었다.

단 동백림 사건에는 인혁당 사건과 질적인 차이가 존재했다. 바로 그 '효과'와 관련한 것이었다. 동백림 사건은 인혁당 사건에 비해 규모가 훨씬 컸고 관련 지식인들의 이력도 화려했다. 무엇보다 그 실체가 불분명하여 공소유지조차 어려웠던 인혁당 사건과 달리 동백림 사건은 분명한 대북 접촉의 실체가 있었다. 그래서 비록 간첩죄가 적용되지 않았고 대부분 곧 풀려나기는 했지만, 법적으로는 사형 등 중형이 선고되었던 것이다. 덕분에 1967년 6월을 뜨겁게 달궜던 6·8부정선거에 대한 규탄시위는 동백림 사건이 발표된 7월 이후 사실상 종결되었다. 또한 동백림 사건은 학생과의 연결고리를 만들어내는 데 실패한 대신, 비록 간첩죄를 적용하지 못했지만 북한과 지식인의 관계를 보여주는 데는 어느 정도 성공함으로써 6·8부정선거와 3선개헌 추진에 반대하는 여

---

66 오제연, 「1960~1971년 대학 학생운동 연구」, 서울대학교 박사학위논문, 2014, 211쪽.

타 지식인들에게 재갈을 물리는 효과를 가져왔다.[67] 동백림 사건 발표 직후 『동아일보』의 한 칼럼에서 "그러한 그릇된 생각을 가진 사람이 어찌 이번 걸려든 지식인들뿐이라고 누가 감히 단언할 수 있을 것인가"라고 지적한 사실은, 지식인 사회에 동백림 사건이 미친 자기검열의 효과를 단적으로 보여준다.[68] 1977년 채택되고 1978년 개정된 미 의회의 「프레이저 보고서」도 한국의 정치사를 분석하면서 동백림 사건을 "지식인 길들이기"로 규정하였다.[69]

동백림 사건 1년 뒤에는 곧바로 '통일혁명당 사건'이 터졌다. '통일혁명당'(이하 통혁당)을 매개로 한 '북한→통혁당(진보적 지식인)→학생'의 배후와 연결고리는 그 이전 인혁당 사건, 동백림 사건의 그것과 유사했다. 그러나 통혁당 사건의 배후와 연결고리는 보다 뚜렷한 실체를 갖고 있었다. 잡지 『청맥』이 통혁당 기관지로 알려지고, '학사주점'이나 대학 내 일부 서클들이 통혁당과 직접 관련되면서 진보적 지식인이나 학생운동 세력은 크게 위축될 수밖에 없었다. 1년 사이에 동백림 사건과 통혁당 사건이 연이어 발생하고 한반도 안보위기까지 커지면서 '북한→지식인→학생'의 배후와 연결고리는 그것의 완성도와는 별개로 학생운동과 민주화운동을 억제하는 데 큰 효과를 발휘했다. 당시 학생운동을 주도하던 주요 이념서클들은 조직적인 활동과 학습을 꺼렸다.[70] 그 결과 전 세계 곳곳에서 학생운동이 뜨겁게 분출하던 1968년은, 공교롭게도 1960년대 한국에서 학생 시위가 일어나지 않았던 유일한 해가 되었다. 또한 동백림 사건과 통혁당 사건은 지식인과 학생 사회를 통제하는 데만 그치지 않고

---

67 임재경, 『펜으로 길을 찾다: 임재경 회고록』, 창비, 2015, 283쪽.

68 한재덕, 「지식인과 공산주의—북괴 대남공작 사건 발표를 듣고」, 『동아일보』 1967. 8. 8, 4면.

69 미 하원 국제관계위원회 국제기구소위원회 지음, 김병년 옮김, 『프레이저 보고서』, 레드북, 2014, 62쪽.

70 오제연, 앞 논문, 2014, 279~280쪽.

권력의 자기과시적 효과를 극대화하여 사회 전반에 대한 박정희 정권의 통제력을 강화하는 데 크게 기여했다.[71]

이후에도 박정희 정권은 학생운동과 민주화운동을 탄압하는 과정에서 '북한→지식인→학생'의 배후와 연결고리를 끊임없이 만들어냈다. 1969년 5월 9일 공화당이 '3선개헌' 추진을 공식적으로 표명한 직후인 5월 14일 중앙정보부는 '유럽 및 일본을 통한 대규모 간첩 사건'을 발표했다. 이는 전혀 별개의 2개 사건을 발표 과정에서 하나로 묶어 관련자 60여 명, 구속 16명의 대규모 사건으로 확대시킨 것이었다. 이때 현역 여당(공화당) 국회의원인 김규남이 영국 유학 시절 동베를린과 북한에 다녀온 사실이 밝혀져 사회에 큰 충격을 주었다. 이 사건의 주범으로 지목된 박노수와 김규남은 국가기밀 누설 및 탐지에 의한 간첩죄가 인정되어 사형선고를 받았고, 결국 그 형이 집행되었다. 그러나 2009년 '진실화해를위한과거사정리위원회'는 이 사건을 조사한 후 당시 중앙정보부가 관련자들을 불법 구금하고 고문 등 가혹행위를 통하여 자백을 받아냈을 뿐만 아니라, 재판 판결과 사형 집행 과정에서 헌법이 보장한 재판권과 생명권을 박탈하는 인권침해가 발생했다고 판단했다.[72] 이 사건은 동백림 사건과 유사하게 유럽 거주(유학) 지식인을 주 대상으로 했지만, 민비연과 같은 학생 부분과의 연결을 구체적으로 시도하지는 못했다. 단, 중앙정보부가 사건을 발표하면서, 북한이 유럽에 유학 중인 한국 학생이나 재일교포 학생들을 포섭하여 이들을 동베를린이나 평양 등지에서 밀봉교육하고 지령을 주어 한국에 침투시킨 다음, 국내에 합법적인 거점을 구축하고 사회주의혁명의 기운을 조성했다가 남

---

71 임유경, 『불온의 시대: 1960년대 한국의 문학과 정치』, 소명출판, 2017, 72~73쪽.

72 진실화해를위한과거사정리위원회, 「박노수·김규남 등 유럽간첩단 사건」, 『2009년 하반기 조사보고서』 8, 2010, 423~468쪽.

한 정세가 혼란해지면 민중을 봉기케 하려 했다고 함으로써, 추상적으로나마 지식인과 학생을 연결시켰다.[73]

1971년 4월 20일 육군보안사령부는 국가전복을 목적으로 한 대규모 간첩단 4개 망 51명을 일망타진했다고 발표했다. 간첩 중에는 서승, 서준식 등 재일교포 학생 4명이 핵심을 차지하고 있었다. 육군보안사령부 발표에 따르면, 이들 간첩단은 1967년 이래 학원 및 각계각층에 잠입, 지하당 조직과 동조 세력 규합, 반정부 선동, 학생 시위 배후조종, 노동자와 연합봉기 등을 시도하며, 중요 기관의 폭파 및 요인 암살 등의 지령을 수행하고자 했다고 한다. 그중 서승, 서준식 형제는 월북하여 밀봉교육을 받은 후 서울대를 거점으로 박정희 대통령의 3선을 막기 위한 각 대학 연합전선 형성의 지령을 받고 내려와 학계와 지식층에 공작을 벌여왔다고 공표되었다.[74] 이 사건은 동백림 사건이나 박노수·김규남 사건과 달리 북한과 지식인이 만나는 거점 공간이 '유럽'에서 '일본'으로 바뀌면서, 이후 연이어 발생하는 수많은 재일교포 학생 간첩단 사건의 시초가 되었다. 또한 해외 지식인과 학생의 연결은 학생운동을 배후조종하도록 북한의 지령을 받은 이들 재일교포 학생들을 매개로 보다 분명하게 부각되었다. 사건이 발표된 시점은 대학생들의 교련반대시위가 뜨겁게 달아오르다가 1971년 4월 27일 대통령 선거를 앞두고 그 흐름이 공명선거운동(주로 선거 감시와 참관인 활동)으로 이어지던 때였다. 박정희 정권은 '북한→재일교포 지식인→학생'의 배후와 연결고리를 만들어 이 사건을 대통령 선거 직전에 발표함으로써 정치적 효과를 극대화하려 했다. 사건 조사 과정에서 고문에 시달리던 서승은 분신자살을 기도하기도 했다.

---

73 「유럽과 일본 통한 북괴 간첩단 사건」, 『중앙일보』 1969. 5. 14, 2면.

74 「대학생 포함 간첩 51명 검거」, 『중앙일보』 1971. 4. 20, 7면.

1973년 최종길 교수의 의문사 역시 박정희 정권이 정치적 목적으로 '북한→지식인→학생'의 배후와 연결고리를 만드는 과정에서 발생했다. 종신집권을 위해 박정희 정권이 1972년 소위 '10월유신'을 단행했을 때 학생들을 비롯한 모든 민주화 세력들은 이에 제대로 저항하지 못했다. 1년 뒤인 1973년 10월 2일 서울대에서 유신쿠데타 후 최초의 학생 시위가 전개되었다. 이후 며칠 동안 서울대 각 단과대학을 중심으로 학생 시위가 지속되었다. 이런 상황에서 1973년 10월 16일 서울법대 최종길 교수가 중앙정보부의 요구를 받고 자진 출두하였다. 그러나 출두한 지 3일 후인 10월 19일 오전 최종길은 중앙정보부 남산분청사에서 사망하였다. 10월 25일 중앙정보부는 '구라파 거점 간첩단 사건'을 발표하면서 이 사건과 관련해 서울법대 최종길 교수가 조사를 받다가 자신이 간첩임을 자백한 후 투신자살했다고 밝혔다. 이 간첩단 사건은 관련자가 54명이나 되었지만 정작 간첩 혹은 간첩방조 혐의로 구속된 사람은 2명밖에 되지 않았고, 나머지 대다수는 '관대하게' 불문에 붙여졌다. 공안 사건으로는 이상한 사건이었다. 또 사건 발표 시 중앙정보부는 이 사건이 서울대의 학생 시위와는 관련이 없다고 부연설명까지 하였다.[75] 2001년 '의문사진상규명위원회'의 조사에 의해 최종길이 법률상 고문치사를 당했으며, 중앙정보부 조사 과정에서 간첩이라는 자백을 한 바 없다는 사실이 밝혀졌다. 따라서 사망 며칠 뒤에 발표된 간첩단 사건에 최종길을 엮은 것은 명백한 조작이었다.[76] 최종길 교수는 동백림 사건 당시의 황성모 교수를 떠올리게 한다. 동백림 사건에서 중앙정보부가 황성모를 매개로 북한과 학생운동을 연결시키려 했다면, 이번에는 황성모

---

75 「유럽 거점 간첩단 적발」, 『경향신문』 1973. 10. 25, 3면.

76 대통령소속의문사진상규명위원회, 「최종길 사건」, 『의문사진상규명위원회 보고서 1차』 II, 2003, 40~85쪽.

처럼 서독 유학을 다녀왔던 최종길을 매개로 역시 북한과 학생운동을 엮으려 했던 것이다. 환언하면 '북한→지식인→학생'의 배후와 연결고리를 다시 만들어 유신체제하에서 처음 터져 나온 학생 시위가 더 이상 확산되는 것을 막으려 했던 것이다. 하지만 최종길이 고문 과정에서 갑자기 사망하는 바람에 이 조직도는 제대로 그려지지 못했다. 결국 중앙정보부는 실체가 불분명한 간첩단 사건에 최종길을 사후적으로 끼워넣는 방식으로, 또 굳이 학생 시위와의 관련성을 공개적으로 부인하면서 사건을 급하게 마무리했다.

1974년 '전국민주청년학생총연맹 사건'과 '인민혁명당재건위원회 사건'은 10년 전 인혁당 사건의 재판(再版)이면서, 10년 전과 달리 중앙정보부가 의도한 완벽한 그림이 그려진 사례였다. 1973년 10월의 학생 시위 이후 사회 곳곳에서 반유신투쟁이 본격적으로 전개되었다. 박정희 정권이 긴급조치를 통해 반유신투쟁을 탄압하자 학생들은 전국적으로 힘을 결집해 보다 강력한 반유신투쟁을 전개하고자 했다. 전국의 학생운동 세력들을 하나로 묶는 작업이 진행되었고, 관련 유인물 속에서 '전국민주청년학생총연맹'(이하 민청학련)이라는 이름이 사용되었다. 하지만 이를 사전에 알아챈 박정희 정권은 1974년 4월 3일 민청학련의 활동을 불법화하는 긴급조치 4호를 발동했다. 1974년 5월 27일 비상군법회의 검찰부는 민청학련에 대한 수사를 마치고 관련자 54명을 비상보통군법회의에 기소했다. 민청학련의 배후로는 '인민혁명당재건위원회'(이하 인혁당재건위)가 지목되었다. 민청학련 주모자들이 인혁당재건위 등 지하 공산 세력, 재야 조총련 계열 등과 결탁하여 반정부 연합전선을 형성, 유혈폭력혁명으로 정부를 전복시키고 궁극적으로는 공산정권을 수립하려 했다는 것이다.[77] 인혁당재건위로 지목된 인물들은 과거 인혁당 관련 활동을 했던 혁신계 인사들로

77 「"폭력혁명으로 공산정권 수립 획책"」, 『중앙일보』 1974. 5. 27, 1면.

당시에는 구체적인 조직 활동이 거의 없던 상태였다. 그럼에도 수사당국은 이들을 가공의 조직인 인혁당재건위로 묶어 여정남을 연결고리로 한 민청학련 배후 세력으로 규정했다.

10년 전에 완성하지 못했던 '북한→인혁당(혁신계 지식인)→학생'의 조직도가 다시 그려지기 시작했다. 우선 사건 관련자들에게 가혹한 고문이 자행되었다. 인혁당재건위의 경우 10년 전보다도 실체가 더욱 미약했으나, 유신체제하의 검찰과 사법부는 10년 전과 달리 박정희 정권의 통제하에 자율성을 완전히 상실한 상태였다. 결국 이번에는 박정희 정권이 구상한 '북한→인혁당→학생'의 배후와 연결고리가 그 의도대로 완벽하게 만들어졌다. 인혁당재건위 관련자 8명은 1975년 4월 사형선고를 받았고, 선고 즉시 형이 집행되었다.

그런 의미에서 동백림 사건은 1964년 인혁당 사건(1차 인혁당 사건)에서 시작하여 1974년 인혁당재건위 사건(2차 인혁당 사건)으로 완결되는 공안 사건 속 '북한→지식인→학생'의 배후와 연결고리 형성사에서 중요한 계기적 역할을 한 사건이라 할 수 있다. 동백림 사건을 간첩 사건으로 만들고 이 사건에 민비연을 엮는 데 실패하였지만, 북한과 지식인의 접촉 및 관계를 보여주는 데는 어느 정도 성공함으로써, 학생과 지식인을 통제하고 학생운동과 민주화운동을 억제함에 있어 가시적인 효과를 거두었던 것이다. 곧바로 이어진 통혁당 사건으로 그 효과는 배가되었다. 이후 박정희 정권은 '북한→지식인→학생'의 배후와 연결고리를 필요에 따라 계속 만들어 학생운동과 민주화운동을 지속적으로 탄압했다. 끊임없이 등장하는 '북한→지식인→학생'의 배후와 연결고리 아래서 갈수록 지식인은 길들여졌고, 학생들의 조직 활동은 위축될 수밖에 없었다. 박정희 정권의 사회통제는 이런 방식으로 확대 재생산되었다.

4. 맺음말

1960~70년대에 발생한 일련의 공안 사건들을 보면 사건별로 실체의 정도는 제각각 달랐다. 정부의 발표가 실체에 거의 근접한 것도 있었지만, 어떤 것은 전혀 실체가 없는 경우도 있었다. 그 실체가 무엇이든, 주요 공안 사건에서는 항상 '북한→지식인→학생'의 배후와 연결고리가 만들어졌다. 동백림 사건은 1960~70년대 수많은 공안 사건에서 공통적으로 발견되는 '북한→지식인→학생'의 배후와 연결고리를 확립하는 데 있어 중요한 계기가 되었다. 동백림 사건에서 북한과 지식인이 만나는 공간은 북한의 공작거점이 있는 '해외(동베를린)'였으며, 지식인과 학생이 만나는 공간은 학생운동의 거점인 '학원(대학)'이었다. 이 사건은 관련자들을 간첩으로 만들고 민비연을 통해 지식인과 학생을 엮는 데 실패했지만, 동베를린을 매개로 북한과 지식인의 관계를 보여주는 데는 성공하였다. 그 결과 6·8부정선거를 규탄하고 3선개헌 추진에 반대하는 비판적 지식인과 학생들은 크게 위축될 수밖에 없었다. 동백림 사건 이후 끊임없이 재생산된 '북한→지식인→학생'의 배후와 연결고리도, 박정희 정권이 학생과 지식인을 통제하고 학생운동과 민주화운동을 억제하는 데 가시적인 효과를 거두었다.

'북한→지식인→학생'의 배후와 연결고리를 만드는 과정에서 고문 등 가혹행위가 자행되었다. 배후와 연결고리를 만드는 데 성공하면 재판에서는 사형을 포함한 중형이 뒤따랐다. 이렇듯 공안 사건 관련자들은 '북한→지식인→학생'의 배후와 연결고리로 인해 큰 고통과 희생을 당해야만 했다. 그러나 사건 관련자들을 무력하고 무고한 희생양으로만 봐서는 곤란하다. 공안 사건의 관련자들은 대부분 평소 박정희 정권에 비판적이거나 적극적으로 한국의 민주화와 통일을 주장하던 사람들이었다. 이들은 이미 정권의 주목 대상이었고 그래서 공안 사건이 터지면 우선적으로 연루되었던 것이다. 동백림 사건도 마찬가지다. 동백림 사건 관련자 상당수는 유럽에 살면서도 고국(한국)의 민주화와 통일을 염원하며 이를 위해 노력하던 사람들이었다. 이들 대부분은 석방 후 유럽으로 돌아간 뒤에도 한국의 민주화와 통일을 위한 활동을 계속 이어 나갔다. 동백림 사건은 많은 공안 사건들처럼 한국의 민주화와 통일을 둘러싸고 지배와 저항이 맞부딪치는 과정에서 발생했다. 박정희 정권은 저항에 대한 탄압수단으로 '북한→지식인→학생'의 배후와 연결고리를 만들어 일정한 효과를 보았지만, 이것으로 민주화와 통일의 열망을 완전히 꺾을 수는 없었다. 이후 역사가 보여주듯 한국의 학생운동과 민주화운동은 많은 사람들의 헌신과 분투 속에서 정권의 통제와 탄압을 극복하며 앞으로 나아갔다.

제3부

'손상'된 민중

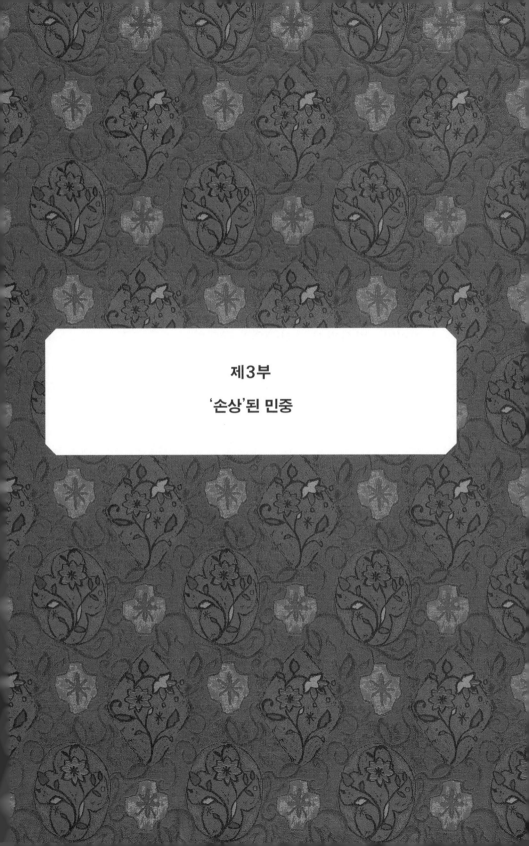

제5장 혁명의 기억에서 사라진 사람들
—고학생과 도시하층민의 4월혁명

1. 머리말: 4월혁명의 주인공은 누구인가?

'4월혁명의 주인공'이라고 했을 때 가장 먼저 떠오르는 단어는 '학생', 특히 '대학생'이다. 4월혁명은 대학생들이 이승만 정권을 붕괴시킨 사건으로 기억되고 있다. 그러나 4월혁명의 시작이라고 할 수 있는 1960년 2월 28일 대구 학생 시위는 대학생이 아니라 '고등학생'의 시위였다. 그뿐만이 아니다. 3월 15일 4대 정부통령 선거를 앞두고 이승만 정권의 부정선거 시도가 노골화되자 전국 주요 도시에서 공정한 선거를 촉구하는 시위가 산발적이지만 연이어 일어났는데, 당시 각 지역에서 시위를 벌였던 사람들도 대부분 고등학생이었다. 3월 15일 상상을 초월하는 부정선거가 자행되고 1차 마산항쟁이 일어나 경찰의 발포로 8명이 사망한 이후에도 대학생은 여전히 침묵했다. 4월에 들어서 전북대와 해인대(현 경남대) 등에서 부정선거를 규탄하는 집회 및 시위가 있었지만, 그 규모나 수준은 미약했다.

대학생이 4월혁명에 본격적으로 나선 것은 4월 18일 고려대 학생들의 시위부터였다. 이 시위 바로 다음 날인 4월 19일 서울을 비롯한 전국 주요 도시에서

〈표 5〉 4월혁명 희생자의 직업 분포

4월혁명 전체 희생자		1·2차 마산항쟁 희생자 및 소요죄 입건자		
직업	희생자수	직업	희생자수	소요죄 입건자
국민학생/중학생	19	중학생, 중졸	1	14
고등학생	36	고교생, 고졸	4	
대학생	22			
회사원 및 학원	10	회사원 및 상공업	1	12
하층노동자	61	하층노동자	1(구두닦이)	22
무직자	33	무직	6	18
미상	5	미상(중졸, 고졸)		
계	186	계	13	66

* 마산시위 당시 소요죄 입건자 중 '회사원 및 상공업' 12명은 회사원 2명, 공업 4명, 상업 1명, 이발사 2명, 요리사 1명, 세탁업 1명으로 구성되어 있으며, '하층노동자' 22명은 노동자 15명, 창녀 3명, 식모 1명, 행상 3명으로 구성되어 있다.
* 출전: 오유석, 「서울에서의 4월혁명」, 『4월혁명과 한국 민주주의』, 선인, 2000, 216쪽.

대규모 시위가 벌어졌고, 여기에 수많은 대학생들이 적극 참여했다가 경찰의 발포로 희생당했다. 흔히 '피의 화요일'이라 부르는 4월 19일의 대규모 시위 이후 대학생들은 드디어 4월혁명의 주인공 자리에 올랐다. 4월 25일 대학 교수단 시위를 거쳐 4월 26일 재개된 대규모 시위로 이승만 정권이 붕괴되자 4월혁명은 이내 곧 대학생의 혁명으로 규정되었다. 반면 4월혁명 시작부터 시위에 적극 참여했으며, 4월 19일에도 대학생 못지않게 열심히 싸웠고 또 희생당했던 고등학생은 4월혁명의 역사 속에서 점차 잊혀갔다. 잊힌 것은 고등학생만이 아니다. 4월혁명에는 수많은 '도시하층민'들도 적극 참여했다. 그들이 얼마나 적극적으로 4월혁명에 참여했는지는 〈표 5〉의 4월혁명 당시 희생자 분석을 통해 잘 알 수 있다.

〈표 5〉에서 알 수 있듯이 4월혁명 당시 전체 사망자 186명 중 대학생은 22명인 데 반해, 고등학생은 36명, 그리고 도시하층민이라고 할 수 있는 하층노동자

(61명)와 무직자(33명)는 무려 94명이나 된다. 1·2차 마산항쟁만 따로 떼어놓고 봐도, 사망자 13명 중 중고등학생이 5명, 도시하층민으로 볼 수 있는 사람들(하층노동자+무직+미상)이 7명이며, 소요죄 입건자 66명 중에서는 그 수가 각각 14명과 40명을 차지하고 있다. 여기에 대학생은 한 명도 없다.

사실 〈표 5〉에 나오는 통계는 이미 오래 전부터 많이 알려진 내용이다. 도시하층민의 4월혁명 참여에 주목하는 연구 역시 일찍부터 나왔다. 대표적인 것이 1980년에 나온 김성환의 논문이다.[01] 김성환은 이 논문에서 초기에 4월혁명을 주도했던 민주당 세력과 학생, 지식인은 독재정권이 일단 붕괴되자 주도체로서의 위치를 상실하고 각기 분산되어버린 반면, 농민, 노동자, 도시빈민 등 기층민중 세력은 정권 붕괴라는 표층적 현상에서 향상된 삶을 기대할 수 없었으며 또 기대하지도 않았기 때문에 오히려 더욱 치열한 형태로 아직 해결되지 않은 문제들을 계속 제기해 나갔다고 보았다.[02] 특히 그중에서도 도시빈민은 일정한 계층으로서의 유대감이 존재하는 것은 아니었지만, 생존 그 자체의 극한적 상황과 존재의 부동성 및 아노미 상태로 인해 4월혁명 과정에 가장 격렬하게 능동적으로 참여할 수 있었으며, 이는 당시 사망자와 부상자 통계자료 등에도 분명히 나타난다고 주장했다.[03]

김성환의 논문 이후 한상진, 정용욱, 이영환 등도 4월혁명 당시 투쟁을 격화시키고 한층 폭력적 형태로 만든 도시빈민 같은 기층민중과 그들이 주도한

---

01 김성환, 「4·19의 민중운동사적 접근」. 이 논문은 1980년 4월 18일 서울대학교 인문사회과학대학 심포지움 '4·19'에서 발표되었다. 김성환은 이 논문을 1984년에 수정 보완하여 「4·19혁명의 구조와 종합적 평가」라는 제목으로 『1960년대』(거름)에 다시 수록하였다. 여기서는 1984년에 수정 보완된 글을 통해 김성환의 논의를 살펴보겠다.

02 김성환, 「4·19혁명의 구조와 종합적 평가」, 『1960년대』, 거름, 1984, 45쪽.

03 위 논문, 50쪽.

'밤시위'에 주목했다.[04] 그러나 이들의 연구는 주로 기층민중이 시위를 벌일 수 밖에 없었던 사회경제적 구조와 그 모순을 지적하는 데 머물러 구체적인 사례 정리와 분석까지는 나아가지 못했다. 4월혁명에 참여한 도시하층민에 주목하는 연구는 2010년 4월혁명 50주년을 계기로 다양한 분야에서 활성화되었다. 대표적인 것이 사회과학 분야에서 나온 이승원의 논문과, 국문학 분야에서 나온 권명아, 김미란, 권보드래의 논문, 역사학계에서 나온 오제연과 이상록의 논문이다.[05] 이중 이승원의 논문은 4월혁명에 참여한 하층노동자와 무직자 같은 하위주체의 참여 형태를 분석하는 한편, 4월혁명의 결과 독재정권을 무너뜨린 민주주의가 역설적으로 4월혁명에 열정적이고 적극적으로 참여했던 하위주체들을 드러내지도, 설명하지도, 제도적으로 승인하지도 못했다고 비판했다. 권명아, 김미란, 권보드래의 논문은 '공동체의 질서'를 중시하는 대학생을 비롯한 엘리트들이 4월혁명에서 분출한 도시하층민의 요구를 '혼란'으로 규정하여 이를 4월혁명에서 배제시키는 과정에 주목함으로써, 대학생, 남성 중심의 기존 4월혁명 인식이 가지고 있는 문제점을 지적했다. 오제연과 이상록의 논문은 4월혁명 당시 혹은 그 직후까지도 생각보다 많은 도시하층민의 시위나 정치적 요구가 있었으나, 이것들이 4월혁명의 수습 과정에서 엘리트들에 의해

---

04 한상진, 「4·19혁명의 사회학적 분석」, 『계간사상』 봄호, 1990; 정용욱, 「이승만 정부의 붕괴(3. 15~4. 26)」, 『한국 현대사의 재인식 4. 1950년대 후반기의 한국 사회와 이승만 정부의 붕괴』, 오름, 1998; 이영환, 「해방 후 도시빈민과 4·19」, 『역사비평』 46, 1999.

05 이승원, 「'하위주체'와 4월혁명」, 『기억과 전망』 20, 2009; 권명아, 「죽음과의 입맞춤」, 『4·19와 모더니티』, 문학과지성사, 2010; 김미란, 「'젊은 사자들'의 혁명과 증발되어버린 '그/녀들'」, 『여성문학연구』 23, 2010; 권보드래, 「4·19는 왜 기적이 되지 못했나」, 『1960년을 묻다』, 천년의 상상, 2012; 오제연, 「4월혁명 직후 학생운동의 '후진성' 극복 지향과 동요」, 『4월혁명과 한국민주주의』, 선인, 2010; 이상록, 「경제제일주의의 사회적 구성과 '생산적 주체' 만들기」, 『역사문제연구』 25, 2011.

배제되고 오히려 그들의 언어로 전유되었음을 보여줬다. 그 밖에도 4월혁명 50주년을 맞이하여 서울 중심의 기존 4월혁명 인식을 뛰어넘고자 각 지역에서 전개된 4월혁명에 대한 정리와 분석이 이루어졌는데, 여기서는 각 지역에서 전개된 도시하층민의 시위 사례가 다수 언급되었다.[06]

4월혁명 50주년을 계기로 이루어진 이들 연구들은 4월혁명에서 도시하층민의 참여양상에 주목하면서도 정작 구체적인 사례에 대한 체계적인 정리와 분석을 결여하고 있다. 사회과학 분야에서는 구조의 분석이나 이론의 적용으로 주체의 행위에 대한 설명을 대신하는 경향이 강하고, 국문학 분야에서는 몇 가지 단편적인 사례만을 과잉 해석하여 엘리트 중심의 사고를 비판하는 수준에 머물러 있다. 역사학 분야 역시 사료의 부족 등을 이유로 이 주제를 정면으로 다루지 못하고 다른 주제의 글에서 부분적으로만 언급하고 있을 뿐이다. 각 지역의 4월혁명을 정리한 글들도 도시하층민의 각종 시위 사례를 체계적인 정리와 분석 없이 나열적으로 보여주는 정도이다. 따라서 이 글에서는 4월혁명 당시 도시하층민의 시위는 물론, 사회경제적으로 도시하층민과 비슷한 처지에 있었으나 학생 신분으로 인해 그들과 일정하게 구별되었던 고학생(苦學生) 시위의 구체적인 사례들을 정리, 분석하면서 '아래로부터' 4월혁명을 살펴보고자 한다.

2. 고학생의 조직시위

1960년 3월 15일로 예정된 4대 정부통령 선거를 얼마 남겨놓지 않은 2월 28

---

06 정근식·권형택 편, 『지역에서의 4월혁명』, 선인, 2010.

일, 대구에서 고등학생들이 정치적으로 학생들을 간섭·이용하는 이승만 정권에 항의하며 시위를 벌였다. 이후 3월에 접어들면서 전국 각지에서 크고 작은 시위가 연이어 일어났다. 고등학생의 시위는 대체로 질서정연하게 이루어졌으나, 그중 몇몇 시위는 경찰과 '투석전'을 벌이는 격렬한 양상을 보였다. 대표적인 것이 대전상고 학생들이 3월 10일에 벌인 시위였다. 경찰과 상이군경회가 대전상고 학생 시위를 진압하려 하자 학생들은 돌을 던지며 저지선 돌파를 시도했다. 경찰의 폭력 진압과 학생들의 투석으로 양측에서 많은 부상자가 발생했으며, 자유당 선전차가 학생들을 제지하려다 파손되기도 했다.[07]

3월 15일 선거를 하루 앞둔 3월 14일 밤에는 서울에서 공명선거를 요구하는 고등학생들의 시위가 벌어졌다. 약 1천 명의 고등학생들은 투표 개시를 불과 10여 시간 앞둔 14일 밤 서울시내 곳곳에서 시위를 전개했다. 이 시위는 전날부터 조짐이 있었기 때문에 이날에도 저녁 일찍부터 정사복 경관과 교원들이 거리마다 배치되어 지나가는 학생들을 붙잡고 신분증을 대조해가며 귀가를 종용했다. 그러나 밤 8시부터 인사동 입구, 화신백화점 앞, 광화문 네거리, 서대문 로터리 등을 중심으로 삽시간에 모여든 고등학생들은 100명씩, 50명씩 떼를 지어 '삐라'를 뿌리고 '구호'를 외쳤으며, 개중에는 횃불을 들고 스크럼을 짜서 거리를 행진하는 이들도 있었다. 미리 배치되었던 경찰에 의해 학생 시위는 모이기 무섭게 곧 해산되곤 했다. 이 과정에서 경찰이 마구 휘두르는 방망이에 맞아 피 흘리는 학생도 눈에 많이 띄었고, 이에 맞서 학생들이 경찰차에 돌을 던지는 등, 이날 밤의 거리는 자못 살벌한 분위기였다.[08] 이 날의 학생 시

---

07 허종, 「대전 충남 지역 4월혁명의 발발」, 『4월혁명과 한국 민주주의』, 선인, 2010, 105쪽.

08 「밤 중에 산발 데모」, 『동아일보』 1960. 3. 15, 석간3면.

위로 경찰은 180여 명의 고교생을 연행했다.[09]

3월 14일 서울의 고등학생 밤시위에서 주목해야 할 점은, 이 시위를 주도한 학생들이 대부분 중동, 대동, 균명, 강문 등 10여 개 야간고등학교 학생들이었다는 사실이다. 그들은 횃불을 들고 서울의 밤거리를 누비며 "대한민국은 민주공화국이다"라는 구호를 외쳤다.[10] 한 학생은 언론과의 인터뷰에서 '데모'의 동기를 "대한민국의 헌법을 지키기 위해"서라고 말했다. 일단 시위의 명분은 학생들이 교과서에서 배운 민주주의의 상식과 목전에 다가온 부정선거라는 현실 사이의 괴리였다. 민주주의의 회복을 외치며 진행된 1960년 3월 14일 밤의 '횃불시위'는 마치 2000년대 이후 '촛불시위'와 유사한 양상을 보였다. 당시 언론은 이날의 시위를 '즉흥적'이고 '산발적'이라고 평가했으나, 최근 홍영유가 관련자들을 만나 밝혀낸 바에 의하면 이날 고등학생들은 '협심회(協心會)'라는 조직을 바탕으로 시위를 전개했다.

관련자들의 증언에 따르면 '협심회'는 1960년 2월 12일 혹은 13일경에 "이승만 정부에 대한 저항운동의 필요성을 깨닫고" 결성되었다. 처음에는 특별한 단체 이름이 없다가 1960년 3월 말경 '협심회'라는 이름이 만들어졌다고 한다.[11] 이들은 주로 학도호국단 행사 관계로 자주 모임을 갖고 유대를 가졌던 각 고등학교 간부급 학생들이었다. 처음에는 서울시내 약 10개 내외 학교가 호응했고 뒤에 그 수가 16개로 늘었다.[12] 그중 야간학교가 10개, 주간학교가 6개였는데, 중심은 야간학교에 있었던 것으로 보인다. 이들은 원래 2월부터 시위를 계

---

09 오유석, 「서울에서의 4월혁명」, 『4월혁명과 한국 민주주의』, 선인, 2010, 191~192쪽.

10 「밤 중에 산발 데모」, 『동아일보』 1960. 3. 15, 석간3면.

11 홍영유, 『4월혁명통사』 6, 천지창조, 2010, 320쪽.

12 16개 고등학교는 다음과 같다. 강문, 계성, 균명, 대광, 대동상업, 덕성, 덕수, 동북, 동성, 성동공고, 중동, 중앙, 풍문, 한양, 한영, 휘문.

획했다가 정보 유출로 결행하지 못했고, 3월 13일에도 시위를 시도했다가 실패한 뒤 비로소 14일 시위를 성사시켰다.[13]

협심회 관련자들의 증언은 몇 가지 측면에서 흥미롭다. 우선 그들은 앞서 언급한 대로 대부분 야간고등학교 학생들이었다. 일반적으로 야간학교 학생은 사회경제적 처지가 다른 학생에 비해 열악했다. 그들 대부분은 낮에 스스로 학비를 벌어서 밤에 학교에 다녀야 했던 '고학생'이었다. 협심회 역시 마찬가지였다. 현재 『동아일보』와 『경향신문』에서 '협심회'와 관련하여 검색되는 기사는, 4월혁명 직후 그들이 성금을 냈다는 기사와 장면 정권 당시 '한국 노동운동의 진로'를 주제로 학생교양강좌를 개최할 예정이었다는 기사 단 2개뿐이다.[14] 그런데 이들 기사에서 협심회의 정식 명칭은 모두 '대한고학생협심회총본부'로 되어 있다. 한마디로 협심회는 야간고등학교 학생들을 중심으로 한 고학생 단체였던 것이다. 고등학교 고학생은, 4월혁명 당시 도시하층민을 대표했던 '직업소년'과 비교했을 때 조금 낫기는 하지만 비슷한 사회경제적 처지에 있었다. 이들은 주로 신문팔이를 많이 했고, 경우에 따라서는 자신의 피를 팔아 생계비를 마련하기도 했다.

4월혁명 전후 한국에는 많은 고학생이 있었다. 1958년 문교부 조사에 따르면 고학생 수는 중고교생 8,529명, 대학생 5,768명, 사범계 478명, 도합 14,775명이었다. 그러나 이 통계는 당시 현실을 과소하게 반영하고 있다. 언론에 따르면 1960년 현재 고학생은 약 30만 정도로 추산되었다. 특히 대학생과 실업계 고등학생의 경우 전체 학생 중 약 30% 정도가 고학생이었다고 한다.[15] 고학생이 많

---

13 홍영유, 앞 책, 2010, 29~43쪽.

14 「본사 기탁 위문 금품」, 『동아일보』 1960. 4. 24, 2면; 「모임」, 『경향신문』 1960. 11. 13, 조간3면.

15 「고학생 30만」, 『경향신문』 1960. 11. 20, 석간3면.

았던 만큼 1950년대에는 '전국고학생총연맹', '고학생동지회', '제대고학생회' 등 고학생 관련 단체들이 우후죽순 등장했다. 그런 의미에서 '협심회'는 당시 존재했던 여러 고학생 조직 중 하나였던 것으로 보인다.

고학생은 정치적으로 양면성을 갖고 있었다. 그들은 사회경제적으로 매우 열악한 처지에 있었기 때문에 현실에 대해 불만이 많았다. 앞서 협심회가 만들어질 때 처음부터 반정부적 성향을 가졌다는 관련자들의 주장도 이런 맥락에서 이해할 수 있다. 하지만 대다수 고학생의 가장 시급한 목표는 민주주의 회복이나 사회경제적 모순 해결 같은 거창한 것이 아니라, 정부로부터 자신들의 고통을 덜어줄 수 있는 실질적인 이익을 얻어내는 것이었다. 1950년대에 고학생 단체가 다수 조직되었던 것도 이러한 '정치적·경제적 이익'의 문제가 바탕에 깔려 있었다. 당시 고학생 조직은 마치 노동조합과 유사했다. 그 결과 고학생 단체 중 가장 활발하게 활동했던 '전국고학생총연맹'처럼, 고학생 단체들은 한편으로는 '수업료 분납제' 도입 등을 강하게 주장하며 집단행동으로 정부를 압박하기도 했지만,[16] 다른 한편 3·15부정선거 과정에서 자유당의 이승만, 이기붕 후보를 공개적으로 지지하는 등 정부와 밀착하는 행태를 보이기도 했다.[17] 그런 의미에서 협심회는 예외적이었다고 할 수 있는데, 이는 아마도 여타 고학생 조직들이 대학생 주도로 운영되었던 데 비해, 협심회는 고등학생만의 모임이었다는 사실과 관련이 있어 보인다. 고등학생이 대학생보다 정치적·경제적 이익의 문제에서 좀 더 자유로울 수 있었던 것이다.

3·15부정선거 이후 협심회 주도 학생들은 4월 18일 고려대 학생들의 시위 때도 이에 합세했고, 이날 고려대 학생들이 정치깡패들로부터 습격을 받은 후

---

16 「납입금 분납하도록, 고학생 대표가 요청」, 『동아일보』 1960. 4. 10, 조간3면.

17 오유석, 앞 논문, 2010, 187쪽.

에는 그 소식을 듣자마자 결집하여 또다시 밤시위를 벌였다. 4월 19일에는 협심회의 고학생뿐만 아니라 서울의 거의 모든 중고등학생, 대학생이 거리로 쏟아져 나왔다. 그런 의미에서 4월 19일 서울에서 벌어진 대규모 시위를 협심회가 주도하거나 이끌었다고 볼 수는 없다. 하지만 협심회와 같은 고등학교 고학생들이 4월 19일 이전부터 적극적으로 시위에 나선 덕분에 4월혁명은 고양될 수 있었다. 이와 관련하여 4월혁명 직후 한 지식인은, 과거의 한국 학생운동이나 외국의 학생운동에 비하여 중산계급 이하의 학생들이 대부분 가담했다는 데 4월혁명의 특색이 있다고 설명한 바 있다.[18]

물론 4월혁명에 사회경제적으로 하층 학생이 더 많이 더 적극적으로 가담했는지에 대해서는 반론도 존재한다. 4월혁명 1년 뒤에 나온 글에서 김성태는 조사 결과 시위에 참여한 학생들이 반드시 스스로를 중류 이하로 보지만은 않았다고 주장했다. 즉 4월혁명에는 상류나 중류, 그리고 하류 출신 학생들이 다 같이 시위에 나섰다고 봐야 한다는 것이다. 그러나 김성태 역시 4월 19일 대규모 시위 전까지 잇달아 일어난 고등학교 시위에는 "확실히" 상류층 자녀가 많다는 학교보다 중류 이하가 많다고 보는 학교들이 많이 나섰다는 점을 인정했다.[19]

4월혁명 관련 기록을 보면 "까만 교복을 입은 어린 학생"들에 대한 이야기가 많이 나온다. 대표적인 것이 1960년 4월 19일 서울역 광장에서 벌어진 시위 때 "까만 교복의 소년" 2명이 경찰의 총탄을 뚫고 소방차에 접근하여 소방차 휘발유 탱크를 열고 불을 붙여 소방차를 전소시킨 사건이다.[20] 이처럼 4월혁명

---

18 김성식, 「학생과 자유민권운동」, 『사상계』 6월호, 1960, 70쪽.

19 김성태, 「사월 십구일의 심리학」, 『사상계』 4월호, 1961, 83쪽.

20 안동림, 「두 소년 돌격대원」, 『세계』 6월호, 1960, 157~159쪽.

에서는 수많은 "까만 교복을 입은 어린 학생"들이 용맹하게 이승만 정권과 맞서 싸웠고, 때로는 뒤에서 살펴볼 도시하층민의 과격하고 파괴적인 시위에 적극 동참하기도 했다. 물론 4월혁명 관련 기록에 숱하게 등장하는 "까만 교복을 입은 어린 학생"들을 모두 고학생으로 단정할 수는 없다. 그러나 고학생들이 4월혁명에 적극적으로 참여했고 또 사회경제적 처지가 도시하층민과 크게 다르지 않았다는 점을 고려한다면, 그들이 시위현장에서 다른 학생들보다 급진적인 모습을 보였을 가능성은 크다고 하겠다.

협심회와 관련하여 다음으로 흥미로운 사실은 그들이 1950년대까지 국가의 학원 통제 수단이었던 학도호국단의 연계망을 이용하여 일종의 반정부 학생 조직을 만들고 시위를 전개했다는 사실이다. 즉 4월혁명 과정에서 분출한 저항이 사실은 이승만 정권의 지배와 통제의 의도하지 않은 산물일 수 있다는 것이다. 무엇보다 4월혁명 당시 학생 시위, 특히 고등학생 시위에는 학도호국단 조직이 주로 이용되었고, 또 1950년대 학도호국단의 '관제 데모' 경험이 큰 영향을 끼쳤다.

1950년대에는 정치적인 문제와 관련하여 정부에 의한 학생 동원, 즉 '관제 데모'가 자주 일어났다. 그중 가장 길고 격렬하게 진행된 관제 데모는 1960년 4월혁명 직전인 1959년에 1년 내내 지속된 '재일교포 북송 반대시위'였다. 당시 이 시위에 참여한 학생들은 수십만 명에 이르렀고, 여러 지역에서 각 학교 학도호국단 주도로 야간 봉화 시위까지 감행했다.[21] 이 경험은 앞서 언급한 1960년 3월 14일 시위 때 학생들이 '횃불'을 들고 나오는 데도 영향을 주었을 것으로 보인다. 관제 데모 때 학교 측은 학생들의 출석을 부르고 불참 시 결석으로 처리했기 때문에, 학생 대부분은 자신의 의사와 관계없이 이에 참여할 수밖에

21 중앙학도호국단, 『학도호국단10년지』, 중앙학도호국단, 1959, 276~277쪽.

없었다. 그만큼 당시 학생들에게 시위는 익숙한 경험이었다.[22] 4월혁명 당시 대학생보다 고등학생이 시위에 먼저 나설 수 있었던 것도, 고등학생이 대학생보다 관제 데모에 더 많이 동원되었다는 사실과 일정한 관련성이 있다.

4월혁명 직후 한 학자는 한국의 학생들이 "집권자의 이익을 위한 행렬에 언제나 동원될 수 있는 기회를 가졌"고, "가지가지의 관제 데모에 동원된 경력이 많았"는데, "4월혁명은 바로 독재정권에 의하여 그들의 이익을 위하여 이용된 바를 그 데모에 의하여 성취"한 것으로, 여기에 이승만 정권의 "역사적 아이러니"가 있다고 설명한 바 있다.[23] 또한 당시 한국에서 성공회 신부로 활동하고 있던 한 외국인도 같은 맥락에서 "이번 데모가 비상하게 잘 훈련된 것이었는데 이는 이(李) 정권하에서 많은 관제 데모에 동원되고 거기서 얻은 여러 가지 질서 있는 데모 방법을 그대로 살린 것"이라는 인상기를 남겼다.[24] 실제로 4월혁명 당시 대부분 고등학생 시위는 학도호국단 조직을 그대로 이용했다.[25] 고학생들도 마찬가지였다. 그들은 사회경제적 처지가 도시하층민과 비슷했고, 그래서 도시하층민처럼 개인적 차원에서 자연발생적으로 시위에 가담하는 경우도 많았지만, 그래도 학교에 소속된 학생들이었기 때문에 협심회처럼 기존 학도호국단 조직과 연계망을 이용해 보다 쉽게 힘을 결집할 수 있었다. 정치적 의사 표현과 요구 관철을 위한 아래로부터 힘의 결집은, 반드시 새로운 발상과 방식에 의해서만이 아니라 위로부터 주어진 기존의 질서와 조직을 통해서도 얼마든지 가능했던 것이다.

---

22 오제연, 「1960~1971년 대학 학생운동 연구」, 서울대학교 박사학위논문, 2014, 38쪽.

23 한태연, 「전제군주의 몰락—사월혁명의 역사적 의의」, 『세계』 6월호, 1960, 40쪽.

24 「(좌담) 외인 교수·신부가 본 사월혁명」, 『세계』 6월호, 1960, 129쪽.

25 김성태, 앞 글, 1961, 82쪽.

3. 도시하층민의 밤시위

1) 1·2차 마산항쟁

3월 14일 밤 서울에서 감행된 학생 횃불시위에도 불구하고, 그 다음 날인 3월 15일에 치러진 4대 정부통령 선거는 상상을 초월하는 부정으로 얼룩졌다. 이에 마산의 민주당 당원들은 당일 곧바로 선거 무효를 선언하고 규탄 시위를 벌였다. 낮에 시작된 마산의 부정선거 규탄 시위는 1천여 명의 시민들이 동참한 가운데 평화롭게 진행되었다. 그러나 낮시위를 주도한 민주당 당직자들에 대한 경찰의 폭행과 체포가 있은 후 오후 늦게부터 분위기가 바뀌기 시작했다. 저녁 7시 정도가 되자 민주당 마산시당사 앞에는 다시 시민들이 모여들었고, 이들은 몇몇 청년들의 주도 아래 남성동파출소를 향해 진격했다. 수백 명의 군중들은 돌멩이 막대기 등 손에 잡히는 것만 있으면 닥치는 대로 파출소로 던졌다. 저녁 8시가 지날 무렵 파출소에서 사격이 시작되었고, 그 과정에서 학생 1명이 쓰러졌다. 이에 시민들이 더욱 흥분하여 파출소로 밀어닥치자 경찰들은 옆 창문을 통해 황급히 피신해버렸다. 파출소를 완전히 장악한 시민들은 사무실 집기, 비품 등 가릴 것 없이 때려 부수고 공문서 서류 등을 찢고 팽개쳐버렸다.

시위대는 이후 남성동파출소에서 마산시청 쪽으로 서서히 이동했다. 대로에는 벌써 1만 명을 헤아리는 인파가 몰렸다. 시위대를 주도하는 청년, 학생들은 불이 훤히 켜진 건물에다 대고 "불을 끄시오!" 하고 큰 소리로 경고했다. 경찰이 시위대의 얼굴을 볼 수 없도록 등화관제를 강력히 요구했던 것이다. 이러는 바람에 온 시가는 암흑천지, 어둠의 도시로 변해버렸다. 누가 누구인지 분간할 수 없는 어둠 속에서 시위대는 거침없이 행동했다. 특히 자유당 마산시당 사무소, 국민회, 서울신문 마산지사 등을 지날 때 몽둥이로 문과 유리창을 부

수고 돌팔매질로 건물을 파손시켰다.[26]

밤의 익명성은 사회적인 약자가 당당하게 나설 수 있는 기회를 제공했다. 3월 15일 밤시위는 학생보다 시민이 주도했다. 특히 도시하층민의 참여가 두드러졌다. 일례로 당시 마산에서 사회경제적으로 가장 어려운 처지에 있었던 '귀환동포'가 다수 거주하는 신포동 주민 중에, 품팔이, 부두노동자, 구두닦이, 넝마주이, 홍등가의 여성들이 거리로 뛰쳐나왔다. 그늘진 곳에서 군말 없이 숨죽이며 살아온 이들은 자신의 나약함을 가려주는 어두운 밤에 그동안 쌓이고 쌓인 울분과 응어리진 한을 폭발시키려는 듯 시위에 적극 가담했다.[27]

이승만 정권은 이러한 마산의 항쟁을 '폭도'에 의한 '폭동'으로 규정했다. 그러나 이는 권력의 입장에서 바라본 모습일 뿐이었다. 소외된 도시하층민들은 거대한 권력 앞에서 자신의 의사와 요구를 표현할 수 있는 '언어'가 힘의 행사 밖에 없는 경우가 대부분이다.[28] 이들에게 밤은 자신의 언어를 표출할 수 있는 가장 적절한 시간이었다. 권력의 감시와 통제에서 벗어나 자신의 언어로 자신의 의사와 요구를 분출할 수 있는 밤은, 그래서 권력에게는 두려운 시간이었다. 실제로 마산에서 시위대가 타격한 시설들은 대부분 권력기관 혹은 권력과 밀착한 어용기관이었다. 특히 정권의 첨병으로서 민중의 원성을 많이 받았던 경찰 시설이 대부분 공격당했다.

3월 15일의 밤시위는 시간이 갈수록 더욱 격렬해졌다. 밤 9시 30분을 넘기면서 마산 시민들은 무학국민학교로 집결했다. 당시 일부 직업소년들은 사이다 병에 휘발유를 적신 모래를 넣은 다음 헝겊 심지를 집어넣어 수제 수류탄을

---

26 홍영유, 『4월혁명통사』 1, 천지창조, 2010, 62~63쪽.

27 위 책, 72~73쪽.

28 김동춘, 「1971년 8·10광주대단지 주민항거의 배경과 성격」, 『공간과 사회』 21-4, 2011, 26쪽.

만들었다. 그리고 수제 수류탄을 힘껏 쥐고 잰걸음으로 무학초등학교 쪽으로 향했다. 이들은 경찰과 맞서 싸울 태세로 바리케이드를 쳤다. 밤 10시가 넘어서자 도경 진압부대 2백여 명이 도착했다. 사기충천한 경찰은 공격태세로 전환했다. 그들은 바리케이드를 친 무학국민학교 정문 앞으로 다가가 총격을 가했다. 이에 맞선 시위대의 투석도 만만치 않았다. 시위대는 드럼통을 굴리기도 하고 손에 잡히는 것이라면 돌, 막대기, 쇳조각, 유리병 등 닥치는 대로 내던졌다. 그 과정에서 경찰로부터 칼빈 총 1정을 탈취하기도 했다. 그러나 70여 명의 시위대는 경찰의 강력한 화력을 견디지 못하고 학교 뒷담을 넘어 도주할 수밖에 없었다. 반면 경찰과 반공청년단은 이른바 '폭도' 소탕을 위해 마산 시내 곳곳을 누비고 다녔다.

학교 담을 넘어 추산공원의 산 정상 방향으로 도주한 시위대는 도중에 다른 시위 군중들과 합류하여 의신여자중학교 교정에 집결했다. 2백여 명에 이르는 시위대의 대부분은 청년, 학생, 직업소년들이었다. 이들은 자유당에 거액의 정치헌금을 헌납한 고려모직과 자유당 국회의원 이용범이 운영하는 대동공업사를 습격하고자 했다. 그러나 새벽이 되어 야심한 밤바람이 불어오자 공포에 질려 있던 청년, 학생들이 꽁무니를 빼는 바람에 시위대는 절반 이상 줄어들었다. 끝까지 남은 직업소년과 청년들도 결국 경찰에 발각되어 격투 끝에 체포되고 말았다.[29] 이렇듯 도시하층민은 밤시위 당시 끝까지 남아 가장 치열하게 싸웠다. 그리고 격렬한 밤시위는 4월 11일 김주열의 시신이 발견된 이후 2차 마산항쟁에서 재개되었다.

4월 11일 마산 앞바다에서 1차 마산항쟁 당시 실종되었던 김주열의 시체가 발견되었다. 김주열의 시신이 안치된 도립마산병원에 저녁 6시가 넘어 3백여

---

29 홍영유, 『4월혁명통사』 1, 천지창조, 2010, 72~77쪽.

명의 중고생들이 모여 시위를 시작했다. 도로변을 꽉 메운 수천 군중과 합류한 시위 행렬이 무학국민학교 앞을 지나 자산동 철교 밑에 이르렀을 때, 이미 헤아릴 수 없을 정도의 수많은 인파가 거리에 넘치고 있었다. 시위대는 불이 켜진 연도의 건물을 향해 1차 항쟁 때와 마찬가지로 "불을 꺼라!"라고 외치며 앞으로 나아갔다. 이로 말미암아 마산 시가는 암흑천지가 되어버렸고, 교통도 완전 두절되었다. 성난 시위대는 서성동에 있는 서울신문 마산지국 간판을 떼어내고 건물을 파손하기도 했다.

이즈음 시내 일원은 공권력이 먹혀들지 않는 무정부 상태가 되었다. 더욱이 2차 마산항쟁은 1차 항쟁 때보다 더 많은 사람들이 참여한 대규모 시위였으며, 도시하층민을 비롯한 시민의 호응과 열기 또한 훨씬 압도적이었다. 시위대는 경찰서를 완전히 포위하고 우렁찬 함성으로 기세를 올렸다. 그중 과격한 일부 청년들은 경찰서 정문을 부수고 들어가 곤봉과 막대기를 들고 유리창을 파괴하는가 하면 서류 뭉치를 끄집어내 짓밟아버렸다. 또 다른 무리는 경찰서 마당에 대기 중이던 트럭에다 큰 돌을 던져 손상을 입혔다. 시위대는 그 밖에 여러 파출소를 타격하는 한편, 마산시청, 창원군청, 경찰서, 소방서, 자유당사, 서울신문 지국, 국민회, 형무소 등에도 돌 세례를 퍼붓고 건물에 난입하여 기물을 파손했다. 또 밤시위 과정에서 불빛을 내보내 시위대의 행동에 지장을 준 제일은행 마산지점, 마산일보사에도 투석 세례를 했다.[30]

마산의 밤시위에서 주된 타격 대상은 앞서 언급한 대로 권력기관이나 권력과 밀착한 어용기관이었다. 이는 당시 밤시위를 주도한 도시하층민들이 이승만 정권, 특히 경찰에 대해 큰 불만을 가지고 있었음을 잘 보여준다. 반면 격렬한 시위 과정에서 권력과 관련 없는 부유층에 대한 공격이나 약탈은 보이지

---

30 위 책, 102~103쪽.

않았다. 이는 1·2차 마산항쟁 이후 약 20년이 지난 1979년에 역시 마산과 인근의 부산에서 발생한 부마항쟁의 양상과 사뭇 다른 것이었다. 부마항쟁 당시에도 밤의 익명성을 이용한 도시하층민의 시위가 격렬하게 일어났다. 부마항쟁에 나선 마산 시민들 중에는 중국집 배달원, 술집 종업원, 구두닦이, 견습공, 노동자 등 하층민이 많았는데, 그들은 밤시위를 벌이며 주변의 집, 상점, 건물을 향해 "불꺼라!" 하고 외치며 이에 응하지 않는 곳으로 돌을 던졌다. 자동차 헤드라이트도 등화관제 대상이었다. 부마항쟁의 시위대는 이러한 밤의 익명성을 이용하여 공공기관에 대한 파괴 및 방화는 물론, 부유층에 대한 공격도 공공연하게 행했다. 부유층이 소유한 대형상가 건물을 공격했고, 도로변의 고급주택, 고층건물에 맹렬히 돌을 던져 유리창을 부쉈다. 자동차에 대한 등화관제 과정에서 버스나 택시에 대해서는 말로 불을 끌 것을 요구했지만, 자가용이나 관용차가 불을 켰을 때는 사정없이 헤드라이트를 박살내거나 차를 아예 빼앗아버렸다.[31] 즉 부마항쟁에서 도시하층민들은 계급적 적대감을 분명하게 드러냈다. 그러나 1979년과 달리 1960년 마산에서는 이러한 계급적 적대감이 잘 확인되지 않는다. 단지 권력과 밀착한 기업 혹은 기업인에 대한 타격이나 타격계획이 있었을 뿐이다.

1960년 마산항쟁, 특히 4월 11일부터 전개된 2차 마산항쟁에서 또 하나 주목해야 할 점은, 이때부터 '이승만 하야'를 요구하는 목소리가 시위에 등장하기 시작했다는 사실이다. 1960년 3월 15일 4대 정부통령 선거가 실시되기까지 중고등학생 시위에서 이승만 퇴진 구호는 나온 바 없었다. 물론 일부 학생이 이러한 구호를 외쳤을 수도 있지만, 현재 남아 있는 기록이 없을 뿐만 아니

31 김원, 「박정희 시기 도시하층민—부마항쟁을 중심으로」, 『근대의 경계에서 독재를 읽다』, 그린비, 2006, 313~317쪽.

라 그 가능성도 희박하다. 당시 주요 구호는 "학원의 자유를 달라", "학원을 정치도구화하지 말라"였고 "부정선거 배격하자", "공명선거 보장하라" 등 부정선거에 직접 항의하는 구호도 있었다. 3·15부정선거와 1차 마산항쟁 이후에도 학생 시위에 등장한 구호와 요구사항은 이전과 큰 차이가 없었다. 다만 선거 무효와 재선거를 촉구하고, 경찰의 유혈진압을 비난하며 그 책임을 묻는 구호가 새로 등장했을 뿐이다. 물론 당시 민주당을 비롯한 일부 야당 인사들이 개인적으로 이승만 대통령의 하야 또는 이승만 정권의 퇴진을 언급한 바 있지만, 이는 개인적 의견이었을 뿐 민주당의 공식 입장이 아니었다. 그러나 4월 11일 2차 마산항쟁 과정에서 시위대 일부가 "이승만 물러가라"라는 구호를 처음으로 외쳤다. 이에 내무부는 4월 12일 검찰과 경찰이 "이승만 정부 물러가라"라는 구호의 근본 의도를 밝혀내기 위해 수사에 착수했다고 공표했다. 물론 이때 '이승만 하야' 구호가 시위대의 핵심적인 목표와 요구였다고 보기는 어렵다.[32] 그러나 도시하층민이 적극 가담한 시위에서 '이승만 하야'를 처음으로 공공연하게 요구했다는 것 자체가 큰 의미가 있다. 이후 실제 역사가 그렇게 움직였기 때문이다.

2) '피의 화요일' 4·19

4월혁명 당시 도시하층민이 시위에 나선 곳은 마산만이 아니었다. 4월혁명의 클라이맥스인 4월 19일 대규모 시위가 일어난 서울, 광주, 부산에서도 도시하층민이 시위에 적극 참여했다. 이날 그들은 '낮'에도 자신의 얼굴을 당당히 드러내고 권력과 치열하게 맞섰다. '밤'에는 시위가 더 격렬해졌다. 그리고 그

---

32 홍석률, 「4월혁명과 이승만 정권의 붕괴 과정」, 『정의와 행동 그리고 4월혁명의 기억』, 선인, 2012, 118~124쪽.

과정에서 경찰의 무차별 발포로 많은 사람들이 희생당했다. 그래서 이날은 '피의 화요일'이 되었다.

4월 19일 시위 도중 광주에서는 8명이 사망했는데, 시위대가 7명, 경찰이 1명이었다. 8명을 직업별로 분류해보면 공원(노동자) 2명, 취업 준비 중인 속성학원생 2명, 경찰관 1명, 무직 3명 등이었고, 학생은 단 1명도 없었다. 19일 광주의 오전 시위는 고등학생만의 시위였다. 그러나 오후 들어 시위대가 시내로 진출하면서 시민들이 시위에 합세하기 시작했다. 곧 시위대는 천 명이 넘는 대규모로 불어났다. 시위대 중 일부가 충장로로 향하자 경찰이 제지했고, 이때부터 시위대는 경찰에 돌을 던지며 맞섰다. 오후 2시 10분경 충장파출소 유리창이 시위대의 투석으로 깨졌다. 이후 시위대는 파출소가 보이면 공격해서 유리창을 부수곤 했다. 시내 쪽 파출소(충장로, 계림동, 대인동, 학동 등)는 모두 시위대의 공격을 받았다. 경찰의 계속되는 최루탄 발사로 시위대의 대응은 더 격렬해졌다. 자유당사와 서울신문사 전남지사를 파괴한 시위대는 충장로를 타고 내려갔고, 여기서 금남로 3가의 시위대와 합류했다. 충장로, 금남로는 시위대로 가득 찼고, 시위는 완전히 시민투쟁 양상으로 바뀌었다.[33]

밤이 되었을 때 금남로 1가에서 경찰과 대치하고 있던 시위대는 충장로, 금남로 일원에서 산발적인 시위를 계속하다 점차 광주경찰서 쪽으로 다가갔다. 당시 시위대는 "폭력경찰 때려죽여라. 민주 역적의 소굴 경찰서를 쳐부수자" 등의 구호를 외치며 광주경찰서를 향해 행진했다. 시위대가 경찰서 주변에 모여들자, 19일 밤 9시 25분, 40명으로 구성된 경찰 돌격대는 시위대를 향해 돌격을 감행했다. 그러나 시위대는 물러서지 않았다. 경찰은 최후의 방법을 쓰기로

---

33 오승용, 「광주 전남의 4월혁명」, 『지역에서의 4월혁명』, 선인, 2010, 330~331쪽.

했다. 실탄 사격이었다. 경찰의 무차별 사격으로 7명이 사망했다.[34]

4월 19일 부산에서도 4월혁명 기간 중 가장 격렬한 항쟁이 전개되었다. 이날 부산 역시 광주와 마찬가지로 저항의 주체와 양상이 학생 시위에서 시민투쟁으로 확대되었다. 당시 학생 시위의 중심은 경남공고, 데레사여고, 부산상고를 비롯하여 그간의 학생 연합 시위를 주도해왔던 학교의 학생들로, 부산 지역에서 4월혁명 사상 최대의 연합 시위가 벌어진 셈이었다. 경찰의 폭력 진압은 시위에 참가한 학생은 물론 연도에서 지켜보던 시민들의 격분을 자아내기에 충분했다. 분노한 시민들은 시위대에 합류하여 경찰에 맞섰다. 덕분에 이날의 시위는 시간이 흐를수록 대열이 더욱 확대되고, 시위의 양상 역시 적극적·공세적이 되었다. 오후 2시경 서면 로터리에 모인 수천 명의 시위대가 부산진경찰서를 향해 돌을 던지기 시작하자 경찰은 수류탄과 기관총을 난사하며 대응했다. 이에 격분한 시위 군중들은 경찰차와 소방차, 트럭에 불을 지르며 저항했다. 결국 버티지 못한 경찰이 경찰서를 비우고 퇴각하면서 경찰서는 시위대에 의해 점거되어 파괴를 면치 못했다. 그러나 이 과정에서 경찰의 총격으로 많은 사상자가 발생했다. 연기와 총성으로 뒤덮인 서면 일대는 마치 전쟁터를 방불케 했다.[35]

4월 19일의 부산 시위가 시민투쟁으로 확대되면서 도시 내의 다양한 집단이 이 시위에 참여했다. 그 가운데 구두닦이, 전차표 파는 사람, 음식점 종업원, '양아치'라 불리는 넝마주이, 엿장수 등 도시하층민의 참여가 눈에 띄었다. 특히 구두닦이, 넝마주이들은 인상적인 외형 때문에 많은 이들의 이목을 집중시

34 위 논문, 332쪽.

35 김선미, 「부산의 4월혁명」, 『지역에서의 4월혁명』, 선인, 2010, 393쪽.

켰다. 이들은 4월 19일 부산진경찰서 습격에도 적극 가담했다.[36]

4월 19일 밤 서울에서도 일부 시위대가 경찰에게서 무기를 탈취하여 종로와 을지로 일대를 휩쓸다가 종로 3가와 서울운동장 앞에서 경찰과 총격전을 벌였다. 40여 대의 차량을 탈취하여 밤거리를 달리며 시위하던 시위대는 동대문, 청량리 주변의 파출소를 습격하여 모조리 불태우고 30여 정의 카빈총을 빼앗았다. 이들은 서울 동북부를 누비며 미아리를 거쳐 의정부 무기고를 찾아 창동까지 밀려갔다. 그곳에서 시위대는 창동지서 경찰들과 한참동안 총격전을 벌이다가 자정 무렵 계엄군과 경기도경이 협공할 기세를 보이자 안암동 고려대 뒷산으로 퇴각했다. 계엄군은 이들을 포위하여 고려대 안으로 몰아넣었다. 당시 고려대로 밀려들어간 시위대는 약 1,500명 정도였다. 계엄군은 무장한 시위대를 무리하게 무력으로 진압하지 않고 대신 투항을 유도했다. 결국 서울시 계엄군 사령관 조재미 장군이 고려대 안으로 직접 들어가 시위대를 설득하는 데 성공함으로써 시위대는 무기를 버리고 자진해산하게 되었다. 반면 고려대에 들어갔던 시위대 중 약 200명의 어린 소년들은 철조망을 뚫고 안암동 쪽으로 도망쳐, 4월 20일 아침 6시 45분경부터 신설동 로터리와 성북구청 사이에서 계엄군 지프의 유리창을 모조리 부수는 등 과격한 시위를 약 30분 동안 벌였다. 이들은 3대의 버스와 12대의 택시를 탈취해서 거리를 폭주하며 구호를 외치다가 아침 7시 20분경 출동한 성북서 기동대에 의해 해산되었다. 밤새 벌어진 과격 시위는 이것으로 일단락되었지만 4월 21일까지도 고려대 뒷산과 우이동 뒷산에 시위대가 산적처럼 숨어 있다는 소문이 돌았다.[37] 도시 무장봉기나 다름없는 이러한 과격한 시위를 벌였던 사람들 중에는 소수의 대학생도 포함

---

36 위 논문, 396쪽.

37 강인섭, 「4월혁명 후기」, 『신동아』 4월호, 1965, 87~89쪽.

되어 있었지만, 대부분은 야간중고등학교나 공민학교에 재학 중인 어린 고학생을 비롯한 도시하층민이었다.[38]

도시하층민들은 왜 시위에 나서게 되었을까? 이와 관련하여 최근 수집된, 4월혁명 당시 부산에서 시위에 나섰던 한 도시하층민의 구술자료가 참고가 된다. 구술자는 한국전쟁으로 고아가 된 뒤 구두닦이를 하며 구두닦이 조직 내 중간보스까지 올라간 사람이었다. 이 시절 그의 신조는 "나보다 잘나가는 놈들 등을 치고 불쌍한 놈들은 먹여 살린다"는 것이었다. 그랬던 그가 4월혁명 당시 부산에서 시위에 참여했다. 구술자는 같은 하숙집에 있던 대학생들에게 처음으로 글을 배웠는데, 그들에게 왜 시위를 하는지 물어보니 그들은 "이승만 정권이 우리나라 다 말아먹었다"고 답했다. 이에 구술자는 "그럼 나도 앞장선다. 요것들이 정치 잘못해서 우리 엄마 아버지 다 잃어버렸다"고 생각하며 시위에 나섰다고 한다.[39]

여기서 주목되는 것은 권력에 대한 구술자의 분노와 더불어, 그에게 이승만 정권에 대한 적개심을 심어준 대학생들의 존재이다. 당시 구술자와 같은 고아, 구두닦이, 넝마주이들이 대학생과 접촉을 가지는 경우가 종종 있었다. 예를 들어 1951년부터 수원에서는 한 대학생이 전재(戰災)고아 10여 명을 이끌고 함께 생활했는데, 곧 그 수가 60여 명으로 늘었다. 생활을 위해 열 살 안팎의 고아들은 먼저 구두닦이를 배웠고 산에 가서 나물을 캤다. 그리고 밤엔 글을 배웠다. 약 10년 동안 이들 고아 중에는 대학에 진학하는 사람도 나왔다. 하지만 움막집의 살림은 좀처럼 나아지지 않았다. 결국 1959년경 이 움막집 고아들을 중

---

38 오제연, 앞 논문, 2014, 86쪽.

39 김아람, 「1960년대 고아(부랑아)의 개척단 활동과 경험」, 『2013 한국구술사학회 하계학술대회 자료집』, 2013, 4쪽.

심으로 '구국투사단'이라는 조직이 만들어졌다. 21명의 단원들은 1960년 8월 15일 광복절을 기해 혁명의 기치를 들고 민족의 장래를 위하여 죽음을 각오한 의거를 일으키자고 밀약했다. 그러나 먼저 4월혁명이 일어났다. 이들도 4월혁명에 적극 참여하여 결국 2명이 사망했다.[40] 물론 '구국투사단'의 사례를 일반화할 수는 없지만, 1950년대 고아, 구두닦이, 넝마주이 등 도시하층민들은 나름의 조직 생활을 했고, 그 과정에서 대학생들과 관계를 맺는 경우도 있었다. 이와 관련하여 특히 사창가에서 '펨푸보이'를 하던 청량리 일대의 소위 불량고아들을 모아 그들이 구두닦이나 공장노동자로 정상적인 자활을 할 수 있도록 이끌었던 '홍국직업소년학교' 같은 대학생 주도의 직업소년학교와,[41] 경제적 형편상 정상적인 진학이 어려운 사람들이 그 대안으로 선택했고 또 4월혁명 당시 몇몇 희생자가 발생한 고등공민학교의 존재가 주목된다. 즉 4월혁명 당시 도시하층민의 시위는 사회경제적인 불만과 권력에 대한 분노 속에서 자연발생적으로 전개된 측면이 강했지만, 그 속에서 일정하게 '조직'과 '연대'가 작동하는 경우도 있었던 것이다.

3) '승리의 화요일' 4·26

1960년 4월 19일 절정에 달했던 대규모 시위는 이날 주요 도시에 계엄령이 선포되고 군이 주둔하면서 일단 진정되었다. 이후 이승만 정권의 각종 수습책이 잇달아 나오는 가운데, 며칠간은 시위가 소강상태를 유지했다. 그러다 4월 25일 서울에서 교수단 시위를 계기로 본격적인 시위가 재개되었다. 서울의 교수단 시위에서 교수들은 이승만 대통령의 하야를 분명하게 요구했다. 앞서 언

---

40 「빙하의 양지 ⑦ 움막 속에도 장미는 피다」, 『경향신문』 1960. 10. 2, 석간3면.

41 「불량아 교도에 몸 바친 학생들」, 『동아일보』 1960. 11. 21, 3면.

급했듯이 4월 11일 2차 마산항쟁 때부터 '이승만 하야' 구호가 나오기 시작했고, 4월 19일의 대규모 시위 때도 시위대 일부가 이승만 퇴진 구호를 외쳤다. 그러나 이때까지도 시위대의 핵심 목표가 이승만 정권 퇴진은 아니었다. 하지만 4월 19일 대규모 유혈사태가 발생함에 따라, 자연스럽게 대통령의 책임 문제가 제기될 수밖에 없었다.[42] 이승만 정권은 여러 수습책을 제시했으나 정작 부정선거에 대해서는 사과는커녕 이를 인정하지도 않았다. 여론은 점차 정권 퇴진의 방향으로 모아져갔다.

4월 23일 인천, 24일 포항에서 "이승만 정부 물러가라"라는 내용의 구호가 연이어 등장했다. 가장 대표적인 사례는 24일과 25일에 벌어진 마산의 할아버지, 할머니 시위였다. 24일 마산의 할아버지들은 "책임지고 물러가라", "가라치울 때는 왔다"라고 적힌 플래카드를 들고 시위를 벌였다. 비록 주어가 빠져 있지만 사실상 이승만의 퇴진을 요구하는 것이었다. 다음 날인 25일에는 마산의 할머니들이 시위를 벌였는데, 여기서는 분명하게 "죽은 학생 책임지고 리 대통령은 물러가라"라는 플래카드가 등장했다. 같은 날 오전 11시에는 진주의 학생들도 "이승만 정부 물러가라"라고 쓴 플래카드를 들고 경찰서 앞에서 농성을 벌였다.[43] 이러한 구호는 모두 4월 25일 오후에 시작된 서울의 교수단 시위보다 먼저 나온 것으로, 교수단의 '이승만 하야' 요구 역시 이런 맥락에서 제기되었다고 할 수 있다. 흥미로운 점은 25일 교수단 시위 이후 전면화된 '이승만 하야' 구호가 다음 날 새벽이 되자 "이승만 죽여라"까지 나아갔다는 사실이다. 4월 26일 새벽 2시경 약 50명이 삽자루, 곡괭이, 도끼를 들고 서대문에서 종로 쪽으로

---

42 홍석률, 앞 논문, 2012, 151쪽.

43 위 논문, 134~135쪽.

내려오면서 "이승만 죽여라"라는 구호를 외쳤다고 한다.[44] 이 구호를 누가 어떤 의도로 외쳤는지 정확하게 알기는 어렵지만, 4월 25일 본격적인 시위 재개 이후 도시하층민의 밤시위 역시 함께 재개되면서 정권 퇴진 분위기가 더욱 고양된 것으로 볼 수 있다.

이러한 분위기 속에서 4월 26일 아침부터 서울을 비롯한 주요 도시에서 4월 19일을 방불케 하는 대규모 시위가 일어났다. 모두가 이승만 퇴진을 요구했고 결국 이날 오전 이승만 대통령은 사임을 발표했다. 이승만의 사임에도 불구하고 이날 전국 곳곳에서 매우 폭력적인 시위가 계속되었다. 일례로 서울에서는 시위대가 동대문경찰서와 함께 이기붕, 최인규, 임철호, 장경근 등 자유당 고위인사의 자택을 공격했다.[45] 수원에서는 시위대가 자유당 시당부, 경찰서, 소방서 등에 투석하고 역전 중동파출소를 대파했다.[46] 목포에서도 서울에서 시위 도중 사망한 고등학생의 시신이 도착한 것을 계기로 대규모 시위가 벌어졌는데, 시위대는 시내를 돌아다니며 목포경찰서, 역전파출소, 자유당 목포시당과 위원장 자택 등을 파괴했다.[47] 김천에서는 밤 9시경 시위대가 경찰서는 물론 시내 4개 파출소와 세무서, 그리고 시의회의장 집을 파괴했고, 심지어 성주에서는 다음 날인 27일 오전 정체불명의 시위대가 초전지서를 습격하여 무기창고를 부수고 카빈총 7정과 실탄 60발, 전화기 1대를 탈취하는 일까지 벌어졌다.[48]

---

44 「(좌담) 주도 세력없는 혁명은 정변에 불과—4·19 2주년을 회고하며」, 『사상계』 4월호, 1962, 157쪽.

45 「임철호 장경근 양씨 집도 파괴」, 『조선일보』 1960. 4. 27, 석간3면.

46 「수원까지 데모 결행」, 『동아일보』 1960. 4. 27, 석간3면.

47 「줄기찻던 각지 데모」, 『동아일보』 1960. 4. 27, 석간4면.

48 「환천희지의 각지, 점차 질서를 회복」, 『조선일보』 1960. 4. 28, 조간4면; 「지서 총기를 강탈」,

부산의 경우 4월 26일 시위대 5만 명이 도청을 점령하고 자유당 지부 7개소, 경찰서 6개소, 파출소 30개소를 소각 또는 파괴했다.[49] 이날 부산의 시위 군중들은 경찰차를 빼앗아 몰고 사이렌을 울리며 시위했으며, 택시 및 버스, 트럭 등에도 분승하여 시가를 오고 갔다.[50] 그리고 그들 중 일부는 부산을 벗어나 인근의 마산으로 원정 시위를 떠났다. 수십 대의 차량을 몰고 마산으로 향한 천여 명의 원정 시위대는 연도변의 5개 지서를 습격하고, 경찰이 버리고 간 칼빈 총과 경찰복을 노획했다. 밤 8시 30분경 마산으로 들어온 원정 시위대는 마산 시민의 환호와 박수갈채를 받으면서 무학국민학교에 집결했다. 경찰복을 입은 학생, 경찰 모자를 쓰고 칼빈 총을 거꾸로 멘 청년, 탄대를 두르고 소총을 든 소년들이 버스 지붕 위에 올라 앉아 만세를 불렀다. 그러나 원정 시위대가 마산의 파출소를 파괴하고 동양주정, 형무소, 은행 등을 파괴할 기세를 보이자, 마산 시민들은 자위태세를 갖추어 무학국민학교 출구를 봉쇄하고 더 이상의 파괴는 용납할 수 없음을 알렸다. 이에 원정 시위대의 기세는 한풀 꺾였고, 대신 마산 시민들은 저녁밥을 만들어 제공하면서 그들을 위로했다.[51] 부산에서 온 원정 시위대에는 주먹을 쓰는 깡패, 건달, 양아치, 구두닦이, 행상인이 태반이었으며, 이 밖에도 홍등가의 여인, 품팔이, 노동자가 더러 끼어 있었다고 한다.[52]

원정 시위대는 마산에만 있었던 것이 아니었다. 4월 26일 서울에서도 원정 시위대가 인근의 인천, 수원, 의정부 등으로 진출했다. 특히 인천에는 약 2백 명

『조선일보』 1960. 4. 28, 조간4면.

49 학민사 편집실 편, 『4·19의 민중사』, 학민사, 1984, 38쪽.

50 「마산에 달려간 천명」, 『부산일보』 1960. 4. 27, 조간3면.

51 이은진, 「3·15마산의거의 지역적 기원과 전개」, 『4월혁명과 한국 민주주의』, 선인, 2010, 174쪽.

52 3·15의거 기념사업회, 『3·15의거사』, 3·15의거기념사업회, 2004, 425쪽.

의 원정 시위대가 트럭, 버스, 택시 등에 분승하여 인천시청에 몰려들었다. 이들 중 학생대표로 알려진 서울대 문리대 학생 3명은 시장비서를 통해 인천의 시위 상황을 들은 다음, 인천시장에게 시위대의 점심을 요청하여 식사를 했다. 이후 원정 시위대는 자신들이 몰고 온 경찰차를 선두로 인천 시내를 돌아다니다가 오후 늦게 서울로 떠났다.[53] 『조선일보』는 서울에서 온 원정 시위대가 수많은 인천 시민들에게 환영을 받았다고 보도했지만, 인천에서 발행된 『기호일보』의 기사 내용은 사뭇 다르다. 『기호일보』에 따르면 원정 시위대에 대한 인천 시민들의 표정은 "백안시에 가까운 무표정"이었다. 오히려 이들이 시내 음식점에 난입하여 무전취식을 하자 많은 시민들이 격분했으며, 자신의 생명과 재산을 "폭도화하는 데모대"로부터 구해야겠다는 절박한 위기의식을 갖기도 했다. 이들 원정 시위대의 대부분이 10대로 "얼핏 보아 그들은 학생 아닌 직업소년들이었"다. 비록 대학생이 이 원정 시위대의 대표 역할을 했지만 사실 차량마다 독자적으로 움직이는 면이 강했다.[54] 한마디로 마산과 인천의 사례에서 알 수 있듯이, 원정 시위대에는 학생도 있었지만 도시하층민이 다수였고 그들은 원정 간 도시에서 한편으로는 환영을 받았지만 다른 한편 두려움과 기피의 대상이 되었다.

4월 26일 가장 격렬하게 시위가 진행된 곳은 대전과 대구였다. 대전에서는 26일 낮까지 평화적으로 전개되었던 시위가 저녁이 되면서 격렬한 양상으로 바뀌었다. 학생과 시민들은 버스와 트럭을 타고 시내를 돌면서 시위를 벌였다. 그 과정에서 시위대는 부정선거를 저지른 자유당 관련 사무실과 당 간부의 집을 공격했다. 시민들은 자유당 대전시 갑구 당사에 돌을 던지고 간판을 철거

53 「거리는 초만원—인천」, 『조선일보』 1960. 4. 27, 조간2면.

54 『기호일보』 1960. 4. 27, 1면.

했으며, 사무실로 들어가 비품을 파괴하고 서류를 불태웠다. 이어 자유당 도당 사무실에도 진입하여 비품을 부수고 간판을 파괴했으며, 자유당 대전시당 간부의 집을 공격하여 불태웠다. 또한 정부와 자유당의 기관지로 비판받던 『서울신문』의 대전지사 사무실에 돌을 던지고 진입하여 사무 비품을 파괴했다.

밤이 깊어지자 시위대는 관공서를 집중적으로 공격했다. 먼저 대전소방서를 공격하고 소방차를 탈취하여 불태웠다. 횃불을 들고 시내 곳곳을 돌아다니던 시위대는 대전경찰서에 횃불과 돌을 던졌고, 서대전경찰서와 시내 11개 파출소에도 돌을 던지고 기물을 파괴했다. 밤이 깊어지고 시위 양상이 격렬해지자 군과 경찰은 시위대 해산을 시도했다. 하지만 시민들은 해산을 거부하고 진압에 나선 군인들에게 돌을 던지며 대항했다. 결국 시위는 군인들이 공포탄을 발사하며 진압에 나서면서 진정되었다.[55] 당시 언론은 26일 대전의 시위에 대해 "중고등학교 학생 및 대학생 데모는 질서정연하게 끝났으나 이날 밤 구두닦이 등 일부 불량 청소년들은 트럭, 택시 등 차량을 빼앗아 가지고 거리를 휩쓸면서 대전경찰서 및 10개 파출소와 자유당 사무소 등을 파괴하였다"고 보도했다. 즉 파괴의 주체는 도시하층민이라는 것이었다. 이들 중 약 2백 명이 군 당국에 체포되었으며 그중 67명은 훈방되었으나 나머지 133명은 '소요죄' 또는 '방화죄'로 군사재판에 회부될 예정이었다.[56]

이승만의 하야에도 불구하고 도시하층민의 격렬한 시위가 이어지자 다음 날인 4월 27일 대전 시내 17개 대학 및 중고등학교 학도호국단 운영위원회 위원장을 비롯한 간부들은 도청에서 장시간에 걸쳐 학생의 향후 활동 방향을 논의했다. 논의 결과 전날 격렬하게 전개된 시위의 재발을 우려하면서 학생의 학

---

55 허종, 앞 논문, 2010, 110~111쪽.

56 「대전서 등 파괴」, 『동아일보』 1960. 4. 28, 조간3면.

원 복귀를 결의했다. 또한 북한의 남침 방지와 민주국가 건설을 위해 일체의 시위를 벌이지 않기로 결의했다. 학생들은 민주국가 건설에 이바지한다는 명목 아래 '시국수습대전시학생위원회'를 구성한 뒤, 다섯 개의 선무반을 조직하여 시내를 순회하면서 시민들에게 시위를 자중해줄 것을 호소하는 활동을 벌였다.[57]

대구의 상황도 비슷했다. 4월 26일 대구 시위는 점점 격화되었다. 오후 5시 30분경 일부 시위대는 자유당 경북도당에 몰려가 당내에 비치되어 있던 일체의 서류와 의자, 책상 등을 모조리 파괴하는 동시에, 일부 의자 등을 길 한가운데로 들고 나와 불태워버렸다. 대구시내 도처에서 시위 군중들이 방화한 화염이 밤하늘을 물들일 때, 대구 3개 경찰서 관내 파출소는 대부분 텅텅 비었고 그 속에 있던 책상, 의자, 각종 서류 등은 모조리 찢기고 불타버렸다. 전깃불까지 깜깜해진 파출소 역시 무장한 헌병 몇 명이 지키고 있었을 뿐이었다. 남성로에 있는 『서울신문』 경북지사도 산산이 파괴되었다. 밤 9시 반경 대구경찰서 역전파출소에 몰려든 군중들은 파출소 안에 있는 의자, 책상 등 집기 전부를 파출소 앞에 끄집어내고 불태웠다. 밤 10시경 대구시청 앞으로 몰려든 군중들은 시장관사에 들어가 가재 등을 전부 밖으로 들어낸 다음 역시 불을 질렀다.

대구 지역 언론들은 4월 26일 밤의 격렬한 시위를 "학생 아닌 소년들"이 주도했다고 보도했다. 『영남일보』 1960년 4월 27일자에는 "다시 비상계엄이 선포된 26일 밤의 대구시내는 떼를 지은 청소년들에 의해 도심지의 대다수 파출소와 몇몇 인사 집의 서류, 집기, 창문, 가재도구 등이 모조리 길거리에 불태워지고, 손에 곤봉을 가진 17, 8세의 학생 아닌 소년들은 통행금지 시간이 훨씬 넘은 밤 1시까지 시가에 떼를 지어 돌아다니면서 심지어 소방차를 꺼내어 달아나는

---

57 허종, 앞 논문, 2010, 110~111쪽.

등 행동을 계속하여, 마침내는 경계 군인들의 비상 공포 발사 사태까지 야기하여, 그동안 질서를 유지해오던 대구시내가 하룻밤 사이에 공포에 감싸인 거리로 변해버렸다"는 기사가 실렸다. 『대구일보』 1960년 4월 27일자도 "26일 하오 비교적 질서를 지키려는 일부 대학생과 중고등학생들의 데모대가 대구시내 몇 군데를 지나간 후 밤 7시경부터 나타난 10세 전후의 꼬마 소년들과, 15, 6세의 소년들이 뒤섞인 군중들은 27일 새벽 3시경까지 자유당과 관련이 있는 인사 집과 건물을 샅샅이 찾아다니면서 방화, 파괴, 약탈을 감행했다"고 보도했다.[58]

4월 26일 격렬한 시위가 일어나자 4월 27일부터 대구 시내 4개 대학의 학생들은 부서진 공공기관을 청소, 정비하고 질서를 유지하는 데 자발적으로 나섰다. 또한 계엄사령부의 요청에 의해 시내 경비에도 참여했다. 거리를 청소하고, 경찰의 무기력으로 기능을 상실한 파출소에 근무하면서 치안확보와 선무작업에 앞장섰다.[59] 대구도 대전과 마찬가지로 4월 26일 도시하층민을 중심으로 폭력적인 시위가 발생하자, '피의 화요일'로 시작하여 '승리의 화요일'로 종지부를 찍은 한 주일의 혼란을 수습하기 위해 대학생이 나섰던 것이다.

4. 맺음말: 고학생과 도시하층민은 어떻게 잊혀졌는가?

대전과 대구에서 대학생이 벌인 수습 활동은 이승만 하야 직후 서울에서 대학생이 보인 모습과 그대로 일치했다. 4월 26일 오전 시위를 벌이기 위해 한

58 김태일, 「대구의 2·28과 4·19혁명」, 『4월혁명과 한국 민주주의』, 선인, 2010, 61쪽.

59 위 논문, 62쪽.

양대에 모였던 27개 대학 대표들은 이승만의 하야 소식을 듣고 질서 확립이 급선무라는 데 의견을 같이했다. 이들은 "민권은 승리했다", "질서를 지킵시다" 등의 플래카드를 만들어 앞세우고 행진하면서 군중들의 흥분을 가라앉히려고 노력했다.[60] 종로에서 시위 군중 속에 끼어 있던 대학생 약 2백 명도 급하게 혈서로 '수습'이라고 쓴 플래카드를 앞세우고 "질서를 유지하고 건설하자"고 외치며 거리를 누볐다.[61] 이승만 하야 직후 대학생은 왜 곧바로 질서 확립을 위한 수습 활동에 나섰을까? 많은 희생을 치르며 독재정권을 무너트린 대학생들은 이 항쟁을 '혁명'으로 규정하고 자신들이 혁명의 주체임을 자임했다. 이승만 정권이 무너진 이후 그들이 곧바로 '질서회복운동'에 들어간 것도 스스로를 혁명의 주체로 인식한 결과였다.

4월 26일 대학생은 곳곳에서 성난 시위 군중들을 진정시켜 해산시켰고, '학생 소방대'를 결성하여 시위대의 공격 과정에서 화재가 발생한 동대문경찰서의 소화 작업을 완료했다. 또한 이승만 하야 직후 경찰이 자취를 감춤으로써 야기된 치안 공백을 메우기 위해 계엄사령부와 협조하여 대학별로 '질서유지반'을 편성, 각 경찰서에 배치했다. 연세대 학생들은 서대문경찰서에서 90명씩 2개조로 나누어 질서유지, 청소 및 이기붕 집 주위 치안 확보를 담당했으며, 성균관대 학생들은 시경찰에 본부를 두고 외무반, 내무반, 선무반으로 나누어 각각 교통정리, 타 대학 상황 청취, 호소문 살포 등의 임무를 수행했다. 그 밖에 서울대는 남대문서, 고려대는 중부서, 건국대는 성북서, 중앙대는 영등포서, 한양대는 성동서, 경희대는 마포서에 본부를 두고 27일 오후 7시까지 비슷한 활동을 전개했다. 곳곳에서 대학생들은 빗자루를 들고 거리를 청소했고, "구급환

60 오유석, 앞 논문, 2010, 209~210쪽.

61 「이제는 건설을 절규—대학생들 재빨리 사태수습 데모」, 『조선일보』 1960. 4. 26, 석간3면.

자에게 피를 제공하실 분은 대학병원으로 오시오" 하는 벽보를 보고 아낌없이 헌혈에 나섰다. 이승만 하야 직후 대학생이 전개한 질서회복을 위한 노력들은, 대규모 시위를 통해 불의에 항거하는 것 못지않게 대학생의 '순수성'을 드러낸 것으로 사회에 큰 인상을 남겼다.[62]

반면 대학생은 도시하층민의 과격한 행동을 '파괴'와 '혼란'으로 인식했다. 4월혁명 당시 도시하층민이 과격한 시위를 벌였던 것은 이승만 정권의 독재는 물론 당시의 경제적 어려움에 대한 반발의 성격이 강했다. 대학생도 이를 모르는 바 아니었으나 그들은 장차 한국 사회를 이끌어 나갈 엘리트로서 공동체의 질서확립을 더 중요하게 생각했다. 여기에는 1950년대 학도호국단을 통한 국가의 학원 통제 속에서 대학생들이 성장하며 체화한 질서 및 규율과 더불어, 이승만 정권이 1959년 조봉암을 '법살(法殺)'하고 1960년 4월혁명 내내 각종 시위를 공산주의자의 사주로 몰아붙이거나 북한의 침략 기회라며 공포 분위기를 조성한 것이 영향을 준 것으로 보인다.[63] 결국 대학생은 이승만 하야 이후 질서를 회복하는 데 앞장서는 방식으로 자신을 도시하층민과 구별했다.

지식인과 언론은 도시하층민의 과격한 시위를 비난하고 학생의 질서정연한 시위 모습을 칭송하면서 이러한 구별을 더욱 분명히 했다. 1960년 4월 11일부터 시작된 제2차 마산항쟁 당시 지식층 시민들은 시위 주동자를 연행하기 시작한 사직당국에 낮에 이루어진 학생 시위와 밤에 있었던 일반 시위를 구별할 것을 요구했다. 그들은 학생들이 주동이 된 낮시위는 목적이 순수한 것이었으나 일부 청년층이 선도한 밤시위는 폭행과 파괴를 수반했으므로, 주간과 야

62 오병헌·고영복·이영덕, 『학생문제연구』, 유네스코 한국위원회, 1970, 158~159쪽.

63 허은, 「4·18 고대생 시위 주체의 정체성과 사회운동 전개」, 『정의와 행동 그리고 4월혁명의 기억』, 선인, 2012, 74쪽.

간에 이루어졌던 시위는 근본적으로 목적이 다르다고 주장했다.[64] 언론도 4월 혁명 과정에서 "중고등학교 학생 및 대학생 데모가 질서정연"했다는 점을 수시로 강조했다. 학생 스스로도 시위 와중에 '질서'를 의식했다는 진술을 과도할 정도로 자주 했다. 지식인과 언론은 유독 강조된 학생의 질서의식을 상찬할 만한 청년세대의 민주주의적인 태도라고 평가했다. 특히 이승만 하야 직후 대학생이 치안유지와 거리 청소에 나서자 이를 "질서정연하게 진행"된 "학생들의 새로운 건설 데모"라고 높이 평가했다.[65] 일례로 4월 26일 서울에서 시위대가 이기붕의 집을 습격했을 때 "일부 어린 학생들이 불을 지르려고 했으나, 대학생들은 그것을 제지했다. 그 까닭은 이기붕 집이 타면 그 이웃집에 불길이 옮겨질지도 모르기 때문"이었다. 이 광경을 본 한 언론사 기자는 "대학생의 지성이 없었던들 이번 혁명의 사태는 무지한 파괴로 끝맺었을지도 모른다"고 생각했다.[66]

물론 간간히 도시하층민의 과격한 행동을 인정해주는 지식인과 언론도 있었다. 1960년 5월 14일자 『국제신보』에는 「'양아치'도 이 나라의 아들딸들이다」라는 칼럼이 실렸다. 이 칼럼은 '양아치'를 "정처 없이 부랑하는 소년, 구두닦이, 신문 파는 아이들의 불량성에 치중한 호칭"으로 규정했다. 이들은 4월혁명 당시 "스크럼을 짜고 거리를 행진하고 트럭이며 지프차며 징발해선 타이아가 터지도록 가득 타고 질주하며 기세를 올렸"으며 "관서나 권력자의 집을 부순 선봉적 역할"을 했다. 하지만 "양아치들에겐 공공연하게 비난의 말을 토하

---

64 안동일·홍기범, 『기적과 환상』, 영신문화사, 1960, 188~189쪽.

65 김미란, 「'청년 세대'의 4월혁명과 저항 의례의 문화정치학」, 『사이間SAI』 9, 2010, 31~32쪽.

66 이효식(동아일보 기자), 「4·19에서 4·26까지의 서울—일선 취재기자의 수기」, 『민주혁명의 발자취』, 정음사, 1960, 264쪽.

는 사람이 많았다. 그들의 동기와 행동은 처음부터 악하다는 것이다. 학생들의 행위는 훌륭했다. 그러나 양아치의 행동은 용서할 수 없다는 것이다. 학생들은 단 한 사람도 체포 구금해서는 안 된다. 그러나 파괴행동을 한 양아치들은 철저하게 이를 단속하고 처벌하라는 것이다." 반면 이 칼럼은 "학생들의 의욕을 보람 있게 하기 위해서 힘을 보태주고 그러면서 데모의 범죄 면을 그같이 담당해줌으로써 양아치는 학생의 순결을 법적으로 보장해준 수단으로 자기희생을 감행"했다고 새로운 해석을 가했다. 그러면서 "금번(今般)의 데모가 학생들만으로선 그처럼 거창한 세력으로 되지 못했을 것 아닌가 싶다. 커다란 흐름이기는 했어도 완고한 절벽을 일조(一朝)에 무너뜨릴 수 있게까지 결정적 위력을 가진 힘으론 되지 못했을 것 아닌가 싶다. 학생들의 청류(淸流)에 양아치의 분별없는 탁류(濁流)가 섞임으로써 노도(怒濤)가 되고 격류(激流)가 되었던 것 아닌가 싶다"며, 따라서 "양아치에게도 몇 분인가의 논공이 있어도 가할 것"이라고 주장했다.[67] 또한 『동아일보』 1960년 9월 3일자 조간도 구두닦이 소년들의 비참한 삶을 설명하면서 "4·19가 터지자 누구보다도 그들이 용감하였다. 다방 골목에서 빌딩 그늘 밑에서 벌떼 같이 쏟아져 나와 혁명전선 선봉에 섰다. 저녁거리고 뭐고 다 집어 치우고 맨주먹으로 총부리와 맞붙어 싸웠다. 그리하여 피를 쏟고 쓰러졌다. 그 생명 무려 수백"이라고 4월혁명 당시 구두닦이의 활약을 인정해 줬다.[68]

그러나 이처럼 도시하층민을 4월혁명의 주인공으로 인정하는 경우는 예외적인 사례일 뿐이었다. 오히려 4월 19일 이후 주요 도시에서 치안을 담당한 군 수뇌부는 4월혁명에 참여하여 과격한 시위를 벌인 도시하층민을 일반 학생과

67 『국제신보』 1960. 5. 14(홍영유, 『4월혁명통사』 7, 천지창조, 2010, 11~13쪽에 수록).

68 「제이공화국의 지붕 밑」, 『경향신문』 1960. 9. 3, 조간3면.

구별되는 '깡패'와 '불량배'로 간단하게 낙인찍어버렸다.[69] 그들은 혁명의 주체가 아니라 단지 질서를 파괴하고 혼란을 가중시키는 범죄자일 뿐이었다. 4월혁명 당시 과격한 시위에는 도시하층민뿐만 아니라 어린 고학생은 물론 일반 중고등학생과 대학생도 종종 가담했지만, 사회의 전반적 인식은 '질서 있고 순수한 학생'과 '난동과 파괴를 일삼는 위험한 불량배'를 끊임없이 구별하면서 전자를 우대하고 후자를 배제했다. 이 과정에서 스스로를 내세우기 어려웠던 도시하층민은 혁명의 주인공 자리를 박탈당했다. 여기에 어린 고학생을 비롯한 중고등학생마저 수습 과정에서 대학생의 뒤로 밀리고, 결국 모두 학교로 복귀하면서 대학생만 혁명의 유일한 주체로 남게 되었다.[70]

4월혁명 이후 도시하층민에 대한 부정적 인식은 더욱 강화되었다. 이승만 정권 붕괴 후 새로운 정부 수립을 위해 1960년 7·29총선이 실시되었을 때 이 선거에 출마한 한 후보는, 그가 "4월혁명은 구두닦이 소년들이 선발(先發)이 되었다"고 발언했다는 언론 보도가 문제가 되자 이를 극구 부인하며 "4·19혁명은 학생들이 주동이 되었으며 일반 국민은 물론 심지어 담배 파는 고학생 및 구두닦이 소년들까지 이에 가담하였다"고 발언한 것이 와전되었다고 해명하기도 했다.[71] 도시하층민이 4월혁명을 주도했다는 얘기는 이미 4월혁명 직후부터 사회적으로 용인될 수 없었던 것이다.

장면 정권 출범 직후 입법의 미비로 이승만 정권하에서 부정선거 및 경찰 발포는 물론 온갖 비리와 부패에 연루된 고위층에 대해 법원이 잇달아 무죄 판

---

69 「"질서 바로 잡자" 계엄사령관, 학도들에 성명」, 『동아일보』 1960. 4. 27, 석간3면.

70 협심회 주도 학생의 회고에 따르면, 4월혁명 직후 조직된 '4·19수습대책위원회'에서 대학생들이 전부 분과위원장을 맡고 자신들은 그 밑에서 간사를 맡았다고 한다. 홍영유, 『4월혁명통사』 6, 327쪽.

71 「사월혁명 발언은 왜곡된 보도」, 『경향신문』 1960. 7. 23, 조간1면.

결을 내리자, 1960년 10월 이를 규탄하기 위해 '전국학생민주수호투쟁위원회', '전국고학생협회', '전국고학생자치위원회' 등 5개 학생단체가 국회의사당 앞에서 대규모 규탄 집회를 가졌다.[72] 그런데 이 규탄 집회 과정에서 '4월혁명부상동지회' 회원들이 국회의사당에 난입하는 사건이 발생했다. 이 사건은 지금도 4월혁명 이후 소위 '데모 만능'의 사회 무질서와 혼란을 보여주는 대표적인 사례로 자주 언급된다. 그런데 이 사건으로 구속당한 11명을 보면 고등학생 2명, 상업 1명, 무직 2명, 나머지는 시계수리공, 운전수, 점원, 빠 종업원, 구두닦이, 행상 등이었다. 나이도 대부분 10대 후반에 불과했다.[73] 4월혁명처럼 이때 역시 도시하층민이 적극적으로 나섰던 것이다. 대학생들도 일부 이날 규탄 시위에 참여했지만 구속당한 사람은 한 사람도 없었다.

국회 난입 사건 직후인 1960년 11월 서울 지검 강력부는 동계 방범대책으로 구두닦이, 넝마주이, 실직아동, 걸식아동의 명단을 작성하여 등록시켜놓고 이들 '우범소년'에 대한 감시를 철저히 하라고 지시를 내렸다.[74] 도시하층민에 대한 이와 같은 감시와 통제는 1961년 5·16쿠데타 직후 부산에서 구두닦이에 대한 등록과 등록표 착용을 실시한 것에서 볼 수 있듯이 실제로 이루어졌다.[75]

대학생들 역시 4월혁명 이후 도시하층민에 대한 부정적 인식을 계속 유지하며 자신들만이 혁명의 주체라는 인식을 강화했다. 1962년 4월혁명 2주년을 기념하여 한 잡지에서 진행한 대학생 좌담회에서, 한 학생은 다음과 같이 도시하층민들을 비난하며 오직 학생들만 혁명의 주체가 될 수 있었다고 주장했다.

---

72 「11일 상오 대규모 학생데모」, 『동아일보』 1960. 10. 11, 석간3면.

73 「국회 난입 네 명에 영장 신청」, 『경향신문』 1960. 10. 12, 석간3면; 「문초 받던 세 명을 더 구속」, 『동아일보』 1960. 10. 13, 석간3면.

74 「우주선」, 『동아일보』 1960. 11. 6, 석간1면.

75 「구두닦이 등록」, 『경향신문』 1961. 10. 11, 석간3면.

"4·19 전에 민생고의 가장 극심한 피해를 입은 것이 하류층이었는데 그들은 오히려 4·19를 원망하는 실정이었어요. 왜냐하면 이 사람들은 부패한 법망을 이용하여 오히려 생활을 영위하고 있었으니까요. 그들은 대개가 쓰고 버린 외제 분갑이나 크림통을 수집해서 가짜 외국산 화장품 행상을 하면서 살던 토막촌 사람들로서 오히려 4·19를 저주했습니다. 이와 같은 사회 현상으로 인해서 학생들이 부득이 주체 세력이 되었다고 봅니다."[76] 물론 이는 극단적인 견해로도 볼 수 있지만, 대학생 대부분에게 도시하층민은 불쌍하지만 무지하고 불량하고 위험한, 그래서 '계몽'해야 하는 대상에 불과했다.

대학생도 4월 19일의 대규모 시위에 적극 참여하여 많은 희생을 치렀지만, 4월혁명은 그들만의 것이 결코 아니었다. 그러나 역설적이게도 대학생들은 4월혁명의 주체 자리를 독점해버렸다. 대학생이 어린 고학생과 도시하층민을 배제하고 4월혁명의 유일한 주체가 될 수 있었던 가장 큰 배경은, 그들이 당시 지도자의 위상을 가진 '엘리트'였다는 것이었다. 장차 지도자가 될, 그러면서도 기성세대와 달리 '순수'한 엘리트였던 대학생은 4월혁명의 수습 과정을 주도함으로써 혁명 주체의 자리를 확고히 했다. 반면 대학생보다 훨씬 일찍 적극적으로 시위에 나서서 4월혁명을 고양시켰음에도 그저 어린 십대로 취급당한 고학생을 비롯한 고등학생과, 가장 용감하게 싸웠지만 행동 이외에는 자신의 요구를 관철할 '언어'를 갖지 못했던 직업소년 등 도시하층민은 혁명 주체의 자리에서 내려와야 했다. 그리고 이들은 시간이 지나면서 4월혁명의 기억 속에서 서서히 사라져갔다. 하지만 이들이 없었다면 과연 이승만 정권이 붕괴될 수 있었을지 의문이 든다. 어린 고학생과 도시하층민의 급진적인 시위 형태는 결국 시위대와 독재정권 사이의 대립을 화해 불가능한 적대적 대립으로 만들

76 「(좌담) 그날의 함성을 회고한다」, 『신사조』 4월호, 1962, 222쪽.

었다. 학생 일반의 설득력 있는 호소력이 결합된 조직적 시위와, 이들이 만들어낸 시위 공간에 적극 참여한 어린 고학생과 도시하층민의 자발적이고 급진적인 시위는 서로 불과 기름의 관계처럼 작용하면서 시위를 혁명의 성격으로 발전시켰다.[77] 4월혁명을 한국 민주화운동의 원동력이라고 한다면, 4월혁명에서 중요한 역할을 했음에도 그 기억 속에서 사라진 어린 고학생과 도시하층민에 대한 역사적 복권은 4월혁명사는 물론 한국 민주화운동사 전반에서 폭넓게 진행되어야 한다. 이것이 가능할 때 앞으로 한국 민주주의도 그만큼 더 시야가 넓어지고 성숙해질 수 있을 것이다.

---

77 이승원, 앞 논문, 2009, 201쪽.

제6장 '기독 청년' 전태일
—전태일의 고뇌와 결단

1. 머리말

1970년 11월 13일 전태일 분신 이후 50년이 흘렀다. 그사이 전태일은 한국 사회에서 여러 모습으로 기억되어왔다. 노동운동의 관점에서 전태일은 자본의 착취에 맞서 목숨을 걸고 저항한 '노동열사'다. 물론 그 구체적인 표상은 다양했다. 민주노조운동의 전태일 애도작업을 분석한 신병현의 연구에 따르면, 전태일은 그를 기억하는 시·공간의 특성에 따라 '선생', '벗', '동지', '선배', '열사' 등 여러 방식으로 호명되었다.[01] 전태일 그 자신이 평화시장의 열악한 작업장에서 저임금 장시간 노동에 시달렸고, 자신보다 더 가혹한 상황에 놓였던 어린 시다 등 평화시장 노동자들을 위해 근로기준법 준수를 요구하며 지속적인 투쟁을 벌였다는 점에서 이러한 기억은 자연스러운 면이 있다. 단, 신병현이 지적했듯이 노동운동과 결합하여 각성, 결단, 헌신, 희생을 강조한 전태일 표상

---

01 신병현, 「민주노조운동의 전태일 애도와 재현」, 『역사연구』 20, 2011, 32~35쪽.

속에는 대학생의 엘리트주의가 짙게 깔려 있다.[02] 또한 김원의 지적처럼 전태일은 노동열사의 상징으로 새롭게 의미가 부여되는 과정에서 영웅화되었고, 특히 남성성이 과도하게 부각되었다.[03]

1995년에 개봉하여 흥행에 성공한 영화 〈아름다운 청년 전태일〉 이후부터는 열사 이전에 인간 전태일의 면모가 '아름다운 청년'이라는 표상으로 대중의 주목을 받기 시작했다. 민주화운동과 독립영화운동, 그리고 충무로의 제도권이 힘을 합하여 만든 영화 〈아름다운 청년 전태일〉은 제목 그대로 전태일의 인간적인 면모에 주목하면서, 작은 것에 가슴 아파하고 함께 웃고 우는 청년의 아름다운 모습에 관심을 두었다. 전태일 분신 25주기인 1995년 11월 13일 영화시사회 당시 장기표가 축사를 통해 "이제 운동권의 전태일에서 국민 모두의 전태일로 돌아왔다"라고 했던 말은, 이러한 표상이 가진 의미를 단적으로 보여준다.[04]

김성은에 따르면 '아름다운 청년'으로서 전태일을 표상하는 것은 일종의 '진정성 담론'이라 할 수 있다. 진정성은 오로지 타인이 평가하고 인정하는 가치라는 특성 때문에 필연적으로 '진정성의 증명'이라는 과제를 동반하며 이데올로기적 도구가 되기 쉽다. 즉, 전태일에 대한 기억과 재현에 있어 진정성 담론이 헤게모니를 차지하는 순간부터 전태일의 다양한 면모는 진정성으로 단순화되고, '진정성을 증명하라'는 요구가 필연적으로 수반될 수밖에 없다.[05] 반면 김태현은 이와 같은 김성은의 지적을 무시하지 말아야 한다고 하면서도 그

---

02 위 논문, 29~30쪽.

03 김원, 「전태일 분신과 80년대 '노동열사' 탄생의 서사들」, 『민족문학사연구』 59, 2015, 125~137쪽.

04 정현백, 「우리 안의 '전태일', 그리고 기억의 정치」, 『시민과 세계』 18, 2010, 225~228쪽.

05 김성은, 「'아름다운 청년' 전태일과 진정성 담론의 역설」, 『기억과 전망』 37, 2017, 123~132쪽.

속에 일부 과도한 면이 있다고 비판한다. '아름다운 청년'이라는 담론이 전태일을 일정한 틀에 구속하듯이 '노동열사'라는 담론 역시 일종의 구속이므로, 전태일의 다양한 모습과 측면을 모두 바라보고 그 이름을 불러주어야 합당하다는 것이다.[06]

'노동열사'와 '아름다운 청년'만으로 환원할 수 없는 전태일의 다양한 모습과 측면 가운데 주목되는 것이 '기독 청년'이다. 마석 모란공원에 있는 전태일의 묘비에는 "삼백만 근로자 대표"라는 문구와 함께 "기독 청년"이라는 문구가 나란히 새겨져 있다. 그럼에도 '기독 청년' 전태일에 대해서 우리가 갖고 있는 지식은 매우 제한적이다. 전태일을 '기독 청년'이라는 관점에서 분석한 연구도 찾아보기 힘들다.

물론 전태일이 기독교인이었고, 그의 죽음이 기독교계에 큰 충격과 영향을 주었다는 정도의 사실은 익히 알려져 있다. 특히 사회참여적인 기독교계를 중심으로 전태일을 '순교자', '젊은 예수의 제자', '작은 예수', '부활 예수' 등으로 표상하는 경우가 전태일 분신 직후부터 많이 있었다. 하지만 이런 방식으로 전태일과 기독교를 연결시키는 것은 역사적 실체가 없는 종교 차원의 관념적 자의적 해석에 불과하다. 전태일 분신이 일부 기독교인들의 사회적 각성에 직접적인 동기로 물질화된 경우도 있었지만, 이는 어디까지나 개인적 차원을 넘어서지 못했다. 그 결과 신형기의 지적처럼, 노동자를 위해 순교를 감행한 신화적 인물로 전태일을 표상한 '희생의 신화'는 1980년대 노동운동의 성장 과정에서 '과학과 전위의 신화'로 대체될 수밖에 없었다.[07]

---

06 김태현, 「오독과 오류, 어떤 전태일을 이야기할 것인가?」, 『2019 전태일 노동학술토론회, 나와 같은 전태일-나와 다른 전태일 자료집』, 아름다운 청년 전태일기념관, 2019, 34쪽.

07 신형기, 「전태일의 죽음과 대화적 정체성 형성의 동학」, 『현대문학의 연구』 52, 2014, 122~125쪽.

'기독 청년' 전태일에 대한 구체적인 정보가 부족하고 연구도 제대로 이루어지지 못한 이유는 아이러니하게도 그동안 전태일을 파악하는 데 가장 큰 공헌을 한 조영래의 『전태일 평전』과 관련이 있다. 일반적으로 알려진 전태일의 모습은 사실상 『전태일 평전』의 내용이 전부라 해도 과언이 아니다. 그런데 『전태일 평전』 속에서 '기독 청년' 전태일의 구체적인 모습은 거의 발견되지 않는다. 일부 단편적인 언급을 제외한다면 딱 한 군데에서만 전태일과 기독교의 관계가 비중 있게 다루어졌다. 평화시장에서 노동환경 개선을 위해 수차례 투쟁을 벌였으나 좌절한 전태일은 1970년 4월 말부터 삼각산 기슭에 있는 임마누엘수도원 공사장에 머물며 잡역부로 일하였다. 『전태일 평전』은 이 부분에서 전태일의 어머니가 창동의 한 교회를 다니고 있었고 이 교회에서의 인연으로 전태일이 임마누엘수도원에서 일을 할 수 있었으며, 그곳에서 전태일과 한 목사가 성경 원리에 관한 토론을 하다가 논쟁을 벌였다는 사실을 기술하였다. 그리고 임마누엘수도원에서 "완전에 가까운 결단"을 내리고 다시 "불쌍한 내 형제의 곁으로" "평화시장의 어린 동심 곁으로" 돌아가는 전태일의 모습을, 그의 1970년 8월 9일자 일기를 통해 다음과 같이 설명하였다.

> 오늘은 토요일. 8월 둘째 토요일. 내 마음에 결단을 내린 이 날. 무고한 생명체들이 시들고 있는 이 때에 한 방울의 이슬이 되기 위하여 발버둥치오니 하느님, 긍휼과 자비를 베풀어 주시옵소서.[08]

극적이고 중요한 결단의 장면에서 하느님에게 긍휼과 자비를 구하는 '기독 청년' 전태일의 모습이 등장했으나 『전태일 평전』에서는 사실상 이게 전부

---

08 조영래, 『전태일 평전(개정판)』, 돌베개, 1991, 227~229쪽.

이다. 하지만 『전태일 평전』 이외의 다른 자료들로 시야를 확대하면 '기독 청년' 전태일의 모습이 더 선명하게 들어온다. 특히 전태일기념사업회에서 1988년 간행한 전태일의 일기, 수기, 편지 모음집인 『내 죽음을 헛되이 말라: 전태일 전집』을 보면 전태일의 삶 속에서 기독교의 의미와 역할이 작지 않음을 알 수 있다.[09] 또한 전태일의 어머니 이소선이 남긴 여러 회고와 이에 기초해 작성된 『노동자의 어머니 이소선 평전』에도, 전태일이 기독교를 접하게 된 계기와 더불어 분신 후 사망 직전까지 이소선과 전태일 사이에서 오고 간 기독교 관련 언행이 다수 나와 있으며, 전태일 사망 뒤 장례 과정에서 기독교가 연관되는 양상도 확인할 수 있다.[10]

최근에는 전태일기념관이 전태일과 함께 활동했던 4명의 평화시장 노동자를 대상으로 한 구술자료집을 간행했는데, 이 구술자료에는 '기독 청년' 전태일의 모습이 자주 등장한다.[11] 최재영이 쓴 『전태일 실록』 I·II도 간행되었다.[12] 이 책은 학술서는 아니지만 저자가 수십 년에 걸쳐 각종 자료를 수집하고 관련자들을 인터뷰하여 얻은 전태일에 대한 방대한 정보를 집대성한 것으로, 특히 목사인 저자의 관심을 반영해 기독교 관련 내용이 매우 상세하다. 기독교방송(CBS) TV 다큐멘타리 〈기독 청년 전태일〉도 내용 대부분이 위에서 언급한 자료

---

09 전태일기념사업회 편, 『내 죽음을 헛되이 말라: 전태일 전집』, 돌베개, 1988.

10 이소선 구술, 민종덕 정리, 『어머니의 길: 이소선 어머니의 회상』, 돌베개, 1990; 오도엽, 『지겹도록 고마운 사람들아: 이소선 여든의 기억』, 후마니타스, 2008; 민종덕, 『노동자의 어머니 이소선 평전』, 돌베개, 2016.

11 김영문·이승철·임현재·최종인 구술, 이수호 사회, 『전태일의 친구들—2020 전태일노동구술기록』 I, 아름다운 청년 전태일기념관, 2020.

12 최재영, 『전태일 실록』 I·II, 동연, 2020.

들과 겹치지만, 일부 새로운 내용이 있다.[13] 이 글에서는 이상의 자료들을 바탕으로 전태일의 삶과 죽음이 기독교와 어떻게 연결되어 있는지 구체적으로 살펴봄으로써, '기독 청년' 전태일의 역사적 실체를 규명하고 이를 통해 전태일을 더 입체적으로 이해해보고자 한다.

2. 전태일의 삶과 기독교

1) 이소선과 전태일의 교회 출석

전태일은 언제부터 교회를 다니게 되었을까? 최재영은 『전태일 실록』에서, 2006년에 자신이 이소선과 만나 직접 들은 이야기를 근거로, 전태일이 1954년 10월 서울 남대문시장 옆 천막촌에 살 당시 그 부근 성도교회의 주일학교에 나간 적이 있다고 기술했다. 하지만 1955년 6월 무허가 천막촌이 철거되면서 전태일 가족이 모두 미아리 삼양동으로 강제로 쫓겨나는 바람에 교회 출석은 오래가지 못했다.[14] 전태일은 이후 간헐적으로 여러 교회에서 부설한 야학에 나가기도 했다.[15]

전태일이 본격적으로 교회에 다니기 시작한 것은 1966년부터이다. 이때는 어머니 이소선이 먼저 교회에 출석했다. 민종덕이 쓴 『노동자의 어머니 이소선 평전』(이하 『이소선 평전』)은 이소선이 기독교인이 되는 과정을 다음과 같이 설

---

13 기독교방송(CBS) TV 다큐멘타리 〈기독 청년 전태일〉. https://www.youtube.com/watch?v=c5KzNHbgD1s (검색일 2020. 11. 17).

14 최재영, 『전태일 실록』 I, 104~117쪽.

15 위 책, 516쪽.

명하였다. 남편의 사업 실패로 생계가 막막해지자 이소선은 돈을 벌기 위해 대구에서 서울로 올라왔다. 이소선은 처음에 식당에서 일했지만 건강이 나빠지면서 식당을 나올 수밖에 없었고, 이후 장터에서 배춧잎을 주워 근근이 생계를 이어갔다. 이미 두 차례 가출을 한 바 있던 전태일은, 17살이던 1964년 이번에는 어머니를 찾아 막내 순덕이를 데리고 다시 서울로 왔다. 다음에는 남동생 태삼이가 서울로 왔고, 뒤이어 아버지 전상수와 여동생 순옥이가 서울로 왔다. 이렇게 뿔뿔이 흩어져 각각 서울로 온 이소선과 전태일 가족들은 극적으로 재회하여 남산동에 자리를 잡고 함께 살게 되었다.[16] 전태일도 이즈음인 1965년부터 평화시장에서 본격적으로 일하기 시작했다.

하지만 1966년 1월 남산동에 큰 화재가 났다. 그동안 힘겹게 장만한 세간살이며 재산이 그 화재로 몽땅 타버렸다. 이소선의 충격은 말로 형언할 수 없을 정도였다. 너무 큰 충격을 받아 그만 눈이 멀어버렸다. 그동안 시력이 좋지 않았는데 화재의 충격으로 앞이 아예 보이지 않았던 것이다. 하지만 맨몸뚱이만 남아 있는 처지에 눈이 보이지 않는다고 해서 약을 먹거나 치료를 받을 형편이 아니었다. 이런 상황에서 평소 친하게 지내던 쌀집 아주머니가 자기가 다니는 교회에 함께 나갈 것을 권유했다. 교회에 나가서 하나님께 열심히 기도하면 눈이 떠질 것이라는 말이었다. 그러나 이소선은 이전부터 친정어머니가 가르쳐준 신을 집안에 모셔놓고 섬기고 있었기 때문에, 혹시라도 부정을 탈까 이 권유를 거절했다. 하지만 쌀집 아주머니는 간곡하게 이소선을 설득했고, 결국 이소선은 아주머니를 생각해서 교회에 나가게 되었다.[17]

교회에서 이소선은 빨리 눈을 떠서 자식들을 돌보게 해달라고 진지하게

16 민종덕, 앞 책, 2016, 138~160쪽.

17 위 책, 160~161쪽.

기도했다. 그리고 그 기도는 차츰 이루어지기 시작했다. 전혀 보이지 않던 눈이 조금씩 보이기 시작한 것이었다. 이소선은 더욱더 열심히 기도했다. 그렇게 "하나님의 은총으로" 이소선은 눈을 뜨게 되었다. 이때부터 이소선은 독실한 기독교 신자가 되었고, 이소선뿐만 아니라 식구 전체가 기독교 신자가 되었다.[18]

2016년에 나온 『이소선 평전』은 저자인 민종덕이 이소선의 구술을 정리하여 1990년에 간행한 『어머니의 길: 이소선 어머니의 회상』을 기초로 하고 있다. 그런데 이소선이 2006년에 구술한 또 다른 자료를 바탕으로 쓴 오도엽의 『지겹도록 고마운 사람들아: 이소선 여든의 기억』(이하 『이소선 여든의 기억』)에서는, 이소선이 기독교 신자가 되는 과정이 『이소선 평전』과 비슷하지만 조금 다르게 설명되었다.

우선 뿔뿔이 흩어져 각각 서울로 온 이소선과 전태일 가족들이 다시 만나 남산동 판자촌에 자리를 잡았으나 큰 불로 인해 판자촌이 모조리 잿더미가 된 이야기까지는 『이소선 평전』과 『이소선 여든의 기억』이 동일하다. 그러나 『이소선 여든의 기억』에 따르면 이 화재의 충격 때문에 이소선의 눈이 먼 것은 아니었다. 일단 이 화재로 집을 잃은 이재민들은 서울 변두리로 내몰렸고, 이소선과 전태일 가족 역시 도봉동을 거쳐 쌍문동으로 쫓겨났다. 이소선과 전태일 가족이 이주한 쌍문동 208번지는 공동묘지였다. 처음에 그들은 무덤 옆에 천막을 치고 잠을 자다가 시멘트 블록으로 무허가 집을 짓고 살았다.[19]

이소선은 쌍문동 무허가 집에서 사는 동안 건강이 무척 나빠졌다. 동사무소에서 구호물자로 주는 밀가루로 겨우 수제비를 쑤어 끼니를 해결하면서 영

---

18 위 책, 161쪽.

19 오도엽, 앞 책, 2008, 49~50쪽.

양실조가 심해졌고, 여기에 극심한 스트레스가 겹쳤다. 그러자 시간이 갈수록 눈이 침침해지더니 결국 눈이 멀어 아무것도 볼 수 없게 되었다. 이때 평소 쌀을 외상으로 가져다 먹던 쌀집 아주머니가 이소선에게 "예수님을 믿으면 장님도 눈을 뜬"다며 교회 출석과 100일 기도를 권했다. 당시 쌍문동 208번지에는 남산 판자촌 화재로 집단 이주해 온 사람들이 모여 살았는데, 이곳에 교회 전도사 한 사람이 천막 교회를 세워 선교 활동을 하고 있었다. 이소선은 눈을 뜰 수 있다는 말에 곧바로 교회에 나갔고 100일 기도 끝에 거짓말처럼 눈을 떴다. 이후 이소선은 열심히 교회를 다녔고, 가족들도 뒤따라 함께 교회에 나갔다.[20]

이처럼 『이소선 여든의 기억』에서 이소선이 눈이 멀었던 곳은 남산동이 아니라 쌍문동이었다. 눈에 멀게 된 이유도 남산동 화재의 충격이 아닌 쌍문동에서의 영양실조와 스트레스 때문이었다. 이소선이 눈을 뜨기 위해 처음 출석한 교회 역시 쌍문동에 있던 천막 교회였다. 하지만 『이소선 평전』과 『이소선 여든의 기억』에 큰 차이가 있다고 보기는 어렵다. 일단 이소선이 교회에서의 기도를 통해 일종의 '치유 은사'를 경험했고, 이 강렬한 경험을 바탕으로 독실한 기독교 신자가 되었다는 서술은 두 책이 동일하다. 또한 이소선과 전태일 가족이 남산동 화재 후 쌍문동으로 이주했고, 쌍문동에서 출석한 교회가 남산동 화재로 이주해 온 사람들을 대상으로 한 천막 교회였다는 점에서 남산동과 쌍문동은 긴밀하게 연결되어 있다고 할 수 있다. 때문에 오랜 시간이 흐른 뒤 이소선이 과거를 회상하는 과정에서 남산동과 쌍문동의 일을 뒤섞어 기억하는 것은 충분히 있을 수 있는 일이다.

이와 관련하여 『전태일 실록』에서 최재영은 2005년에 이루어진 이소선과의 인터뷰를 바탕으로 이소선이 처음 교회에 출석했을 당시 거주지가 남산동

---

20 위 책, 55~58쪽.

도 쌍문동도 아닌 도봉동이라고 기술했다. 즉 남산동 화재로 터전을 잃은 이재민들은 1966년 1월부터 10월까지 도봉동 하천가에 잠시 수용되었다가 그 다음에 쌍문동으로 이주했는데, 바로 그 도봉동 시절에 이소선과 그 가족들이 교회에 출석했다는 것이다. 전체적인 내용은 『이소선 여든의 기억』과 유사한데, 단지 이소선이 눈을 멀게 된 시점은 『이소선 평전』과 마찬가지로 남산동 화재 직후부터였다고 한다.[21]

최재영의 『전태일 실록』에서 특기할 것은 이소선과 전태일이 출석한 천막 교회에 대한 상세한 정보가 담겨 있다는 사실이다. 이 천막 교회를 세운 사람은 남산동 부근 회현동에서 목회를 하던 감리교 여성 전도사 전진(田鎭)이었다. 유명 부흥사였던 그는 남산동 화재 이후 신속하게 긴급구호와 여러 구제선교 지원을 통해 빈민목회를 수행했다. 그리고 이재민들이 도봉동으로 강제 수용되자 구호 활동과 병행해 대형 천막을 구입하여 도봉동 이재민 수용소 안에 천막 교회를 설립하고 자신을 돕던 이종옥 전도사를 파견했다.[22] 바로 이곳에서 이소선은 눈을 뜨는 '치유 은사'를 경험하고 본격적인 신앙생활을 시작했다. 전태일도 다른 형제들과 함께 어머니를 따라 교회에 나갔다.

남산동 이재민 중 57세대는 1966년 10월 도봉동에서 쌍문동 208번지로 이주했다. 이때 도봉동에 있던 천막 교회도 쌍문동 208번지로 함께 이전했다.[23] 이 천막 교회는, 전진 전도사와 각별한 사이였던 박현숙 전 무임소장관의 도움으로 1968년 교회 부지를 마련하고 건물을 건축하였다. 그리고 그 이름을 창동의

---

21 최재영, 『전태일 실록』 I, 353~386쪽.

22 위 책, 361~386쪽.

23 위 책, 404~407쪽.

'창'과 박현숙의 '현'을 따서 창현교회라고 지었다.[24] 창현교회는 기독교대한감리회에 정식 등록 후 방영신 목사를 첫 번째 담임목사로 맞아 들였다. 새로 부임한 방영신 목사는 이념적으로 극우 성향이었으며 신학적으로는 근본주의 교리를 신봉하는 보수 성향의 여성 목회자였다.[25] 이소선은 창현교회에서 열심히 신앙생활을 한 결과 전태일 분신 당시 이미 집사가 되었다. 전태일 역시 창현교회 건축공사에 적극 참여하고 주일학교의 교사를 맡는 등 교회 일에 헌신했다. 또한 어머니를 따라 전진 전도사가 설립한 또 다른 기독교 기관인 대한수도원과 임마누엘수도원에서 열리는 부흥집회나 기도회에도 종종 참석했다.[26] 그 밖에 전태일은 기독교인으로서 술과 담배를 멀리했다. 단, 평화시장 동료들이 술과 담배를 권할 때는 그들과 함께 하기 위해서 분위기는 맞추었다고 한다.[27]

2) 전태일의 결단 속 기독교 신앙

'기독 청년' 전태일의 모습을 구체적으로 보여주는 자료는 많지 않다. 『전태일 평전』에도 관련 내용은 거의 나오지 않는다. 그러나 『내 죽음을 헛되이 말라: 전태일 전집』 속에 수록된 전태일의 일기, 수기, 편지 등을 세밀하게 살펴보면 의외로 많은 곳에서 전태일의 기독교적 인식과 고민을 엿볼 수 있다.

먼저 교회 출석 직후인 1967년 2월의 일기에서 발견되는 전태일의 기독교 신앙은 흔히 볼 수 있는 '기복 신앙'이다. 1967년 2월 15일 일기를 보면 오랫동

---

24 갈릴리교회 홈페이지, "창립50주년기념 갈릴리교회 홍보영상." http://www.gll.kr/board/view.do?iboardgroupseq=1&iboardmanagerseq=2 (검색일 2020. 9. 30).

25 최재영, 『전태일 실록』 I, 545~546쪽.

26 위 책, 525~536쪽.

27 이승철 구술, 『전태일의 친구들—2020 전태일노동구술기록』 I, 187~188쪽.

안 짝사랑해왔던 금희 누나를 평소 존경하던 선생님에게 소개시켜주면서 두 사람의 행복을 "진심으로 두 손 모아 주 앞에 기원"하고 있다.[28] 또한 며칠 뒤인 2월 26일과 27일 일기를 보면, 전태일은 주인집의 사정으로 갑자기 살던 방에서 쫓겨나 엄동설한에 머물 곳이 없게 되는 위기를 맞게 되었다. 이에 전태일은 26일 일기에서 "정말 바람 앞에 등불 같은 운명이다. 이제 겨우 정신을 좀 차리려고 하니까 또 고난이 온다. 큰일 났다"고 걱정하면서 "주여 도와주시옵소서. 아멘"이라고 기도했다. 또 다음 날인 27일 일기에서는 갑자기 닥친 위기를 극복하기 위해서 아는 아저씨에게 돈을 빌리기로 결심하며 "돈 10,000원만 융통하려고 주님을 보증 세우는데 안 되지는 않겠지"라고 스스로를 위로했다.[29]

눈앞에 닥친 어려운 문제의 해결을 위해, 또는 자신이나 가족, 지인의 행복을 위해 절대자나 초월적 존재에 의지하려는 태도는 동서고금을 막론하고 흔히 볼 수 있는 모습이다. 남산동 화재라는 커다란 재난을 겪은 뒤 의식주도 제대로 해결하지 못하는 절대적 빈곤 상태에서 어머니가 앞을 보지 못하는 극한 상황을 마주한 전태일이 기독교를 기복 신앙의 차원에서 받아들이는 것은 자연스러워 보인다. 이소선이 실제로 교회 출석과 기도로 눈을 뜨게 되었을 때 기복 신앙은 더욱 강화되었을 것이다. 이는 마치 6·25전쟁의 참화와 고통 속에서 1950년대 한국 기독교가 부흥했던 역사와 통하는 면이 있다.

평화시장에서 전태일이 노동착취의 현실에 점차 눈을 뜨고 이러한 현실을 바꿔내기 위해서 투쟁하기 시작하면서 그가 갖고 있는 기독교 신앙의 모습도 차원을 달리하게 된다. 특히 1969년 6월 평화시장 재단사들을 규합하여 '바보회'를 조직하고 노동실태조사 및 노동청 진정을 하다 해고당한 뒤 쓰인 1969년

---

28 전태일기념사업회 편, 앞 책, 1988, 88쪽.

29 위 책, 106~107쪽.

9월에서 12월 사이의 일기를 보면, 그 이전과는 사뭇 다른 고뇌하는 '기독 청년' 전태일의 모습이 눈에 들어온다.

『내 죽음을 헛되이 말라: 전태일 전집』에서 이 시기의 일기 내용은 구체적인 날짜나 내용 없이 단상 형태로만 제시되어 있어 그 맥락을 정확하게 파악하기가 쉽지 않다. "주 예수의 강림이 불원하니 일찍부터 우리 사랑함으로써 저녁까지 씨를 뿌려봅시다. 열매 차차 익어 곡식 걷울 때에 기쁨으로 단을 걷으리로다. 걷으리로다. 기쁨으로 단을 걷으리로다"라는 식으로 찬송가 가사가 불쑥 튀어나오고,[30] "하늘에 계신 우리 아버지 이름을 거룩하게 하옵시며 나라에 임하옵시며 뜻이 하늘에서 이루어진 것과 같이 땅에서도 이루어지리라. 오늘날 우리에게 일용할 양식을 주옵시며 우리가 우리에게 지은 죄를 사하여준 것같이 우리 죄를 사하여 주옵시고 우리를 시험에 들지 말게 하옵시고 다만 악에서 구하옵소서. 대게 나라와 권세와 영광이 아버지께 영원히 있사옵나이다. 아멘"과 같은 기도문이 갑자기 등장한다.[31] 하지만 기독교적 의미를 담고 있는 다른 단상들과 함께 묶어서 분석하면 그 의미를 좀 더 명확하게 파악할 수 있다. 그중 하나를 소개하면 다음과 같다.

> 과연 신앙이 한번 실족을 하면 얼마만한 속도로 떨어지는지 자네는 생각해본 일이 있는가? 과연 가공할 만한 가속도일세.[32]

평화시장의 노동환경 개선을 위해 투쟁하다 해고당한 상황에서 전태일의

---

30 위 책, 127쪽.

31 위 책, 130~131쪽.

32 위 책, 128쪽.

절망은 이루 말할 수 없이 컸다. 만약 전태일이 기복 신앙 차원에 계속 머물렀다면 이러한 고통을 신앙적으로 받아들이기 어려웠을지도 모른다. 실제로 위의 인용문처럼 당시 전태일은 신앙의 실족을 경험하고 있었다. 하지만 계속 이어지는 일기 속 단상들을 보면 전태일이 이를 다시 기독교 신앙의 힘으로 극복하고 있는 모습을 함께 확인할 수 있다.

> 여보시요. 여기 날개를 다친 독수리가 아닌 비둘기가 있습니다. 독수리로 착각마시고 치료해주십시오. 내 영혼이 은총 입어 중한 죄 짐 벗고 보니 주 예수 발아래서 기쁜 찬송하리로다. 오 할렐루야. 주 예수 지낸 죄는 사함 받고 주 예수와 동행하니 그 어디나 천국일세.[33]

'날개를 다친 비둘기', 즉 절망에 빠진 전태일이 이러한 상황을 신앙의 힘으로 극복하려는 의지가 잘 드러나 있다. 그리고 여기서 더 나아가 전태일은 기독교 신앙을 통해 이 모든 고난을 초월하고자 하는 결단의 자세를 보여준다.

> 무서운 비바람이 어깨를 빼어 가려고 덤비는 12월의 혹한은 나약한 나에게는 견딜 수 없는 고통이 된다. 그러나 우주만물의 창조자이신 여호와의 뜻이 계신고로 우리는 한마음 한뜻으로 십자가를 지고 나아가야 할 것이다.[34]

"12월의 혹한"이 "나약한" 전태일에게 큰 고통을 줬지만, 그는 기독교의 신 "여호와의 뜻"에 따라 기꺼이 "십자가를 지고" 다시 나아갈 수 있었다. 전태일

---

33 위 책, 128쪽.

34 위 책, 130쪽.

은 이 단상에 이어 성경 속 '주기도문'을 기록하였다. 그리고 그 주기도문 뒤 맨 마지막에 '욥기 7장 21절'이라고 썼다. 언뜻 보면 주기도문이 성경의 욥기 7장 21절에 기록되어 있는 것 같아 보인다. 하지만 욥기 7장 21절은 아래와 같이 전혀 다른 내용으로 되어 있다.

> 주께서 어찌하여 내 허물을 사하여주지 아니하시며 내 죄악을 제거하여버리지 아니하시나이까 내가 이제 흙에 누우리니 주께서 나를 애써 찾으실지라도 내가 남아 있지 아니하리이다.[35]

욥기의 주인공인 '욥'은 그 누구보다 하나님을 잘 믿었던 사람이지만, 자신의 가족과 재산을 모두 잃게 되는 불행을 당했다. 그러나 견딜 수 없는 시련에도 불구하고 죽기까지 신앙을 포기하지 않았다. 이러한 욥의 모습은 당시 전태일의 모습과 오버랩된다. 앞서 언급된 "십자가를 지고"나 위의 욥기 7장 21절에 나온 "내가 이제 흙에 누우리니"라는 말은 결국 '죽음'을 의미한다. 즉 1969년 9~12월의 그 절망의 순간에 전태일은 기독교 신앙을 바탕으로 목숨을 건 싸움을 결단하기 시작했던 것이다. 소박한 기복 신앙 수준에 머물러 있었던 전태일은 이렇게 결단의 신앙으로 질적 전환을 이뤄냈다. 그리고 이는 1967년 초까지만 해도 '출세'가 목표였던 전태일이 1969년 9월 30일경 친구에게 보낸 편지에서 '생존경쟁'을 '악마'로 규정하고 그 악마가 "어린 동심에게 너무나 가혹한 매질을 하고 있"다며 분노했던 것과 같은 맥락에 있는 극적인 전환이었다.[36]

전태일이 노동운동 과정에서 어떻게 기독교 신앙의 질적 전환을 이뤄낼

---

35 『(개역개정판) 성경』, 아가페출판사, 2004, 768쪽.

36 전태일기념사업회 편, 앞 책, 1988, 123쪽.

수 있었는지는 확실치 않다. 1967년 4월부터 1969년 8월까지 전태일의 내면을 담아낸 일기나 편지 등 자료가 현재 존재하지 않기 때문이다. 일단 두 가지의 가능성이 있다. 하나는 그 전환이 전태일의 신실한 신앙생활 속에서 싹튼 신앙 내적 고민과 성숙의 결과물이라는 것이다. 다른 하나는 노동현실에 대한 비판 의식과 실천이 심화되면서 그것이 전태일의 기독교 신앙에 영향을 주었다는 것이다.

전자와 관련하여 최재영은, 전태일이 종종 부흥집회에 참석하거나 기도하기 위해 철원에 있던 대한수도원과 삼각산에 있던 임마누엘수도원을 다녔는데, 두 수도원의 노동에 대한 독특한 교리가 전태일의 노동관과 희생정신에 영향을 줬다고 주장한다. 두 수도원 모두 창현교회처럼 전진 전도사가 설립한 곳으로 '신성한 노동' 혹은 '노동의 신성함'을 강조하였기 때문에, 이곳에 기도하러 온 사람들은 일단 누구든지 기도와 노동을 병행해야만 했다. 이에 두 수도원에 자주 기도하러 온 전태일 역시 수도원 측에서 표방하는 노동의 신성함과 진지함을 자연스럽게 배웠다는 것이 최재영의 주장이다.[37] 물론 최재영의 주장은 객관적으로 검증하기 어렵다.

평화시장에서 전태일이 기독교인으로서의 정체성을 강하게 드러냈던 것은 분명한 사실이다. 동료들의 구술에 의하면 당시 그의 언행은 전도사처럼 방정했고, 모든 이야기에 기독교적인 '사랑'이 엄청나게 배어 있었다고 한다. 때문에 동료들은 전태일이 "아주 철저한 기독교 신앙인"이었으며 만약 지금까지 살아 있었다면 성직자 또는 목사가 되었을 것이라고 평가했다. 무엇보다 전태일은 근로기준법 45조에 나오는 '주휴일'이라는 용어를 항상 교회식으로 '주

37 최재영, 『전태일 실록』 I, 534~536쪽.

일'이라고 바뀌 불렀다고 한다.[38] 이소선 역시 2005년에 이루어진 언론과의 인터뷰에서 일요일에 쉬게 해달라는 전태일의 요구가 주일학교 교사로서 자유롭게 활동하고 싶었던 그의 열망과 직접 연결되어 있다고 밝힌 바 있다.[39]

후자, 즉 노동현실에 대한 전태일의 비판의식과 실천이 그의 기독교 신앙에 준 영향과 관련해서는, 전태일이 노동과 신앙 문제를 함께 고민하면서 목도한 두 가지 모순에 주목할 필요가 있다. 우선 평화시장 내 업주 중에서 기독교인이 많았다는 사실이다. 그들은 일요일이 되면 자신들은 교회에 나가서 주일성수를 하고 예배를 드리면서도 막상 자신들이 운영하는 업체의 노동자들에게는 일요일에도 일을 시켰다. 전태일의 동생 전태삼은 2006년 최재영과의 인터뷰에서 다음과 같이 당시의 상황을 설명하였다.

> 형님(전태일—인용자)은 그 광경의 모순을 정확하게 지켜본 거예요. 그러니까 그 모순의 극치 즉 자기(업주—인용자)들은 천국 가기 위해 그런 식으로 교회를 열심히 나가면서 미성년자들인 나이 어린 직공들에게는 일요일에도 공장 문을 열고 타이밍이라는 알약을 먹여 가며 하루 종일도 모자라 밤이 늦도록 평일과 똑같이 일을 시키는 거죠.[40]

모순은 그뿐만이 아니었다. 기독교계의 지도자라 할 수 있는 목사들도 평화시장 업주들처럼 위선적이었다. 이에 1970년 11월 13일 분신 후 사망 직전 전태일은 이소선에게 "목사들은 이웃을 사랑한다 하면서도 사랑하지 않아요. 말

---

38 임현재, 이승철 구술, 『전태일의 친구들—2020 전태일노동구술기록』 I, 250~253쪽.

39 조성관, 「이소선 인터뷰」, 『주간조선』 1870호, 2005(최재영, 『전태일 실록』 II, 153쪽 재인용).

40 최재영, 『전태일 실록』 II, 152쪽.

로만 했지 실천은 안 한다고요. 그런 예수는 믿지 마세요. 가난한 사람을 사랑하는 예수를 믿으세요"라고 요구하였다.[41] 이렇듯 불평등한 노동현실 속에서 극명하게 드러나는 평화시장 업주나 대다수 목사들의 위선적 행태는 전태일의 기독교 신앙을 이전과 질적으로 달라지게 만들었다.

1970년 초 일기에서는 결단의 신앙으로 질적 전환을 이뤄낸 '기독 청년' 전태일의 모습이 더욱 확실하게 드러난다. 우선 노동현실에 대한 비판인식이 기독교 신앙과 더 깊이 연결되어 강화되었다. 1970년 4월경에 작성한 소설초안(3)에서 전태일은 나이가 어리고 배운 것이 없는 이도 "태어날 때부터 생각할 줄 알고, 좋은 것을 보면 좋아할 줄 알고, 즐거운 것을 보면 웃을 줄 아는 하나님이 만드신 만물의 영장, 즉 인간"이라고 선언하고 이어서 다음과 같이 주장했다.

> 다 같은 인간인데 어찌하여 빈한 자는 부한 자의 노예가 되어야 합니까. 왜 빈한 자는 하나님께서 택하신 안식일을 지킬 권리가 없습니까? 종교는 만인이 다 평등합니다.[42]

전태일은 빈한 자와 부한 자의 관계를 노예와 주인의 관계로 규정함으로써 그것이 신 앞에 모든 인간이 평등하다는 기독교의 정신에 위배된다는 점과, 동시에 빈한 자들도 기독교의 안식일을 부한 자들과 평등하게 누릴 권리가 있다는 점을 분명히 하였다. 결국 불평등한 노동현실에 맞서 싸우는 것은 인간적인 선택의 문제가 아니라 신의 뜻에 따른 절대적인 사명이 되었다. 그리고 이 '절대성'은 비슷한 시기에 쓰인 소설초안(2)에서는 마땅히 인간이 행해야 할

---

41 오도엽, 앞 책, 2008, 84쪽.

42 전태일기념사업회 편, 앞 책, 1988, 153~154쪽.

급선무인 '신의 율례와 법도'로 표현되었다.

> 세계 인류 전체가 총칼로 무장한다면 과연 세계가 평화로워질 것인가? 인간의 힘으로, 생각으로 해결할 수 있는 세계는 지나갔다. 신을 의지하고 신의 율례와 법도를 행하는 것만이 인간이 해야 할 급선무라고 (…) 단일신 여호와를.[43]

전태일은 "인간의 힘"이 아니라 "신을 의지하고 신의 율례와 법도를 행하는 것만이 인간이 해야 할 급선무"라고 주장하면서, 그 신이 기독교의 신 여호와 하나뿐임을 강조했다. 그리고 이 소설초안에 이어 일기장에 적어 놓은 단상에서도 전태일은 "이기적인 욕망 즉, 신의 율례를 벗어난 욕심이 곧 인간을 부자유스러운 환경 속에 빠뜨리게 되고 나아가서는 인간 자신이 자기가 만든 철책에서 헤어나지 못하고 희생하고 있다"고 비판했다. 그러면서 "신의 은총만이 현 사회를 구할 수 있다"고 단언했다.[44] '신의 율례', '신의 은총'을 강조하는 전태일의 모습 속에서 그가 불평등한 노동현실에 맞서 기독교 신앙의 힘에 의지하여 현실의 삶을 초월하는 결단에 더욱 다가서고 있음을 확인할 수 있다.

1970년 4월 말 전태일은 삼각산 임마누엘수도원 공사장에 들어갔다. 이미 머리말에서 살펴본 대로 전태일은 여기서 계속 머물다 1970년 8월 "완전에 가까운 결단"을 내리고 평화시장으로 돌아갔다. 그리고 최후의 투쟁을 벌이다 끝내 분신했다. 최재영이 1994년 전진 원장의 아들인 최조영 목사로부터 확인한 바에 따르면, 전태일은 분신 전날 밤에도 임마누엘수도원에 올라가 밤새 기도

43 위 책, 148쪽.

44 위 책, 134쪽.

한 후 내려갔다고 한다.[45] 단, 『전태일 실록』에서 이 부분은 여러 가지 면에서 모호하게 서술되어 있으므로 사실 여부를 신중하게 판단할 필요가 있다.

3. 전태일의 죽음과 기독교

1) 전태일 장례를 둘러싼 긴장과 갈등

전태일이 분신한 1970년 11월 13일은 금요일이었다. 당시에는 많은 교회들이 금요일에 심방을 했기 때문에 이소선 역시 창현교회 집사로서 이날 쌍문동 일대에서 심방을 다녔다. 그러다 동네 사람들의 급한 연락을 받고 비로소 아들의 분신 사실을 알았다. 『이소선 평전』에 따르면 분신 당일 아침 기도를 하면서 이소선은 "하늘에서 홑이불이 내려오더니 태일이를 네 귀퉁이로 싸 담아 가지고 허공으로 화 날아 올라가는" 괴이한 생각을 했다고 한다. 이 때문에 이소선은 전태일의 분신 사실을 알고 나서 아들의 죽음을 피할 수 없음을 직감했다.[46] 이 이야기는 『이소선 여든의 기억』에도 기록되어 있지만 『이소선 평전』과 약간의 차이가 있다. 전태일 분신 며칠 전 한 목사가 이소선에게 "이기지 못할 큰 시련이 오니까, 그 시련을 이기기 위해서 기도"하라고 말했고, 이에 이소선은 닷새 동안 금식 기도를 했다는 것이다. 그리고 금식 기도가 끝나는 날 이소선은 앞서 언급한 것처럼 전태일이 허공으로 날아가는 꿈을 꾸었다. 그날은 바로 전태일이 마지막으로 집을 나선 날, 즉 분신 하루 전날이었다.[47]

---

45 최재영, 『전태일 실록』 II, 319쪽.

46 민종덕, 앞 책, 2016, 29쪽.

47 오도엽, 앞 책, 2008, 74~79쪽.

아들의 분신 소식을 들은 이소선은 함께 심방을 돌던 교회 사람들과 함께 분신한 전태일이 이송된 병원으로 달려갔다. 당시 전태일은 옷이 벗겨진 상태로 하얀 약이 온몸에 발라져 있었고, 얼굴과 사지가 붕대로 칭칭 감겨 있는 상태였다. 이소선은 성경책을 전태일의 머리맡에 놓고 "거두어 가는 것도 하나님의 뜻이니까, 모든 것을 창조할 때의 하나님 뜻대로 이루소서"라고 기도했다. 이소선이 기도를 마치고 눈을 뜨자 전태일은 이에 "아멘"하고 속삭였다.[48] 그리고 이소선에게 다음과 같이 말했다.

> 나는 만인을 위해 죽습니다. 이 세상 어두운 곳에서 버림받은 목숨들, 불쌍한 근로자들을 위해 죽어가는 나에게 반드시 하나님의 은총이 있을 것입니다.[49]

죽기 직전 전태일은 이소선에게 자신이 "못다 이룬 일을 어머니가 꼭 이루어" 달라고 부탁하고, 친구들에게는 자신의 죽음이 헛되지 않도록 해달라고 요청했다.[50] 또한 앞서 언급한 것처럼 이웃을 사랑한다고 하면서도 말뿐인 위선적인 목사들을 비판하고 이소선에게 "가난한 사람을 사랑하는 예수"를 믿을 것을 요구하였다. 그리고 결국 힘없는 소리로 "배가 고프다…"라는 말을 남긴 뒤 그날 밤 전태일은 세상을 떠났다.

전태일이 사망하자 이소선은 아들의 뜻을 이룰 수 있는 보장을 요구하며 시신 인수를 비롯한 장례 절차를 일절 거부했다. 이소선이 완강하게 버티자 평화시장 업주들과 정부 당국자들은 다양한 방식으로 이소선을 회유하려 했다.

---

48 민종덕, 앞 책, 2016, 43쪽.

49 위 책, 43쪽; 조영래, 앞 책, 1991, 286쪽.

50 조영래, 위 책, 286~290쪽; 민종덕, 위 책, 43~48쪽.

이 과정에서 이소선과 전태일이 다니는 창현교회의 방영신 목사가 동원되었다. 이소선이 독실한 기독교인답게 그동안 교회 목사의 말에 잘 순종하였기 때문에 이를 이용한 것이었다. 그러나 이때만큼은 이소선도 교회 목사의 말을 듣지 않았다. 그러자 이번에는 감리교단에서 연회감독이라는 높은 직책을 가진 김익순 목사가 다른 목사들과 함께 찾아와 이소선을 회유했다. 하지만 이소선은 목사들의 말을 듣지 않았다. 오히려 고무신짝을 높이 들며 "내가 이 고무신짝으로 너를 때리고도 남지마는 그래도 하나님의 종이라니까 하나님의 입장을 봐서 참고 있는 것"이라며 대들었다. 이에 목사들이 고래고래 소리를 지르며 나가버리자 이소선은 다시 한 번 "너 없어도 예수 실컷 믿을 수 있어. 가! 다시는 안 부른다. 한 번만 더 오기만 하면 나한테 칼 맞아 죽을 줄 알아!"라며 호통을 쳤다.[51]

이소선은 제시한 요구조건을 모두 들어준다는 약속을 당국과 업주들로부터 받은 후에야 11월 18일 비로소 아들의 장례를 치를 수 있었다. 전태일의 장례에는 전태일의 동료들과 더불어 장기표 등 대학생들이 힘을 모았다. 장지는 경기도 양주에 있는 모란공원으로 정해졌다. 영결식은 창현교회에서 열렸다. 원래 이소선은 평화시장에서 영결식을 갖길 원했지만 이는 철저하게 거부당했다. 창현교회에서 기독교 예식으로 거행된 영결식에는 평화시장 노동자들을 비롯하여 각계각층에서 많은 사람들이 참석했다. 이소선은 영결식이 진행되는 내내 아들과의 약속을 지키겠다고 기도했다. 모란공원 도착 후 다시 간단한 하관 예배가 있었는데, 여기서도 이소선은 아들을 위해 통성으로 기도했다.[52] 그리고 모란공원의 전태일 묘 앞에는 평화시장 동료들이 만들어준 "기독

---

51 민종덕, 위 책, 54~57쪽; 최재영, 『전태일 실록』 II, 410~412쪽; 454~456쪽.

52 민종덕, 위 책, 68~76쪽.

청년"이라는 문구가 새겨진 묘비가 들어섰다.[53]

전태일에게 기독교 신앙이 현실의 삶을 초월하는 결단의 바탕이 되었듯, 이소선에게 기독교 신앙은 자식을 잃은 고통을 이겨내고 그와의 약속을 지키기 위해 현실에 맞서 싸우는 힘의 원천이 되었다. 반면 전태일의 장례 과정에서 제도와 조직으로서의 기독교는 전태일의 결단과 죽음을 이해하고 이에 동참하기보다 그 의미와 정신이 세상에 확산되는 것을 막는 하수인 역할을 했다. 전태일이 죽기 직전에 비판한 바와 같이 기독교계, 특히 개신교 주류는 "가난한 사람을 사랑하는 예수"와 거리가 멀었다.

이는 한국 개신교 주류가 당시는 물론 지금도 갖고 있는 보수적이고 친체제적인 특성을 잘 보여준다. 이러한 특성은 1969년 박정희 정권의 3선개헌 과정에서 더욱 분명해졌다. 이때 박정희 정권은 김재준, 함석헌 등 개신교 내 3선개헌 반대 그룹들을 고립시키기 위해 개신교에 대한 분리 정책을 추진했다. 그 결과 개신교 내에서 3선개헌 지지 그룹이 만들어졌다. 박정희 정권의 개신교 분리 정책은 1970년대 유신독재 시기에 더욱 가속화되었다. 한국 개신교는 박정희의 독재를 지지하거나 방임하는 주류와 이에 맞서 민주화운동을 전개하는 그룹으로 완전히 갈라졌다. 그런 의미에서 박정희의 독재는 개신교에서 진보와 보수를 가르는 결정적인 요인이었다.[54] 전태일의 분신은 바로 개신교 내 진보와 보수가 분화되는 과정 속에서 발생하여, 그 분화를 더욱 촉진하는 계기가 되었다. 보수적인 개신교 주류는 전태일이 '기독 청년'임에도 그의 죽음을 외면했을 뿐만 아니라 그 의미와 정신이 확산되는 것을 막고자 했고, 심지어

53 최종인 구술, 『전태일의 친구들—2020 전태일노동구술기록』 I, 241쪽.

54 김남식·김동완, 『40년 벽을 넘어—보수신학자와 진보운동가의 역사 대화』, 대학기독교서회, 2006, 28~32쪽.

'자살'했다는 이유로 전태일을 거부, 비난, 매도했다.

대표적인 인물이 이소선과 전태일의 기독교 신앙에 커다란 영향을 끼친 전진 원장이다. 앞서 머리말에서 언급했듯이 『전태일 평전』을 보면 전태일이 임마누엘수도원에서 한 목사와 성경 원리에 대한 토론을 하다 논쟁을 벌였던 이야기가 잠시 등장한다. 조영래는 이 이야기의 말미에 그 목사가 전태일 분신 후에 "자살은 교리에 위배되는 불신자의 것"이라고 전태일을 비난하고, 더 나아가 전태일의 죽음으로 "빨갱이들이 춤출 것"이라고 매도했던 사실을 병기했다.[55] 최재영은 2007년 이소선과의 인터뷰를 근거로 임마누엘수도원에서 전태일과 논쟁하고 이후 전태일의 분신을 비난·매도한 목사가 바로 임마누엘수도원 원장 전진이라고 밝혔다. 전진 원장은 이소선, 전태일과 가까운 사이였음에도 전태일 장례식장에 직접 조문을 오지 않고 대신 막내 여동생을 보냈다. 그리고 막내 여동생의 입을 통해 『전태일 평전』에 쓰인 것처럼 전태일의 분신을 비난하고 매도했다. 큰 충격을 받은 이소선은 그동안 자주 찾았던 대한수도원과 임마누엘수도원에 발길을 끊었다.[56] 그 밖에 전태일의 시신이 안치되었던 성모병원 옆 영락교회의 한경직 목사 역시 전태일 장례식을 치르게 해달라는 기독 학생들과 신학교 교수들의 요청을 "자살한 사람의 장례는 교회에서 안 한다"는 이유로 거부하였다.[57]

반면 사회참여적인 진보적 기독교인들은 전태일의 죽음과 그 의미를 진지하게 또 성찰적으로 받아들이며 그 뜻을 이어가고자 했다. 일례로 경동교회 강원용 목사는 1970년 11월 22일 기독교방송(CBS) 라디오를 통해 중계된 설교에

55 조영래, 앞 책, 1991, 228쪽.

56 최재영, 『전태일 실록』 II, 467~469쪽.

57 오재식, 『나에게 꽃으로 다가오는 현장: 오재식 회고록』, 대한기독교서회, 2012, 143~144쪽.

서 기독교계가 전태일의 분신을 단순히 "자살이니까 죄다"하는 카테고리에 넣어서는 안 된다고 역설했다. 그리고 "시달림을 당하고 천대받는 이웃을 위하여 자기가 할 수 있는 일을 다 하다가 (…) 자기 몸을 불살라가면서 호소를 하고 죽어간 그가 죄인입니까 (…) 그렇지 않으면 이러한 사람들은 죄인이라고 딱지를 붙여놓고 교회 문을 잠그고 들어가버린 그들이 죄인입니까"라고 되물었다.[58]

김동완 목사와 같이 전태일 분신으로 삶과 신앙의 방향이 완전히 달라진 경우도 있었다. 대한수도원에서 기도생활을 하던 김동완은 전진 원장의 부탁으로 1968년 창현교회의 공사를 담당했다. 그리고 이곳에서 전태일을 만나 약 2년간 그를 가르쳤다. 이후 김동완은 감리교신학대학에 입학하여 본격적인 목회자의 길을 걷게 되었는데, 1970년 11월 전태일 분신 사건을 계기로 복음 선포보다 고난 받는 처참한 민중과 예수의 십자가에 관심을 갖고 평생을 기독교 민주화운동과 인권운동에 헌신했다.[59] 한때 전태일에게 기독교 신앙을 가르쳤던 사람이, 이제 거꾸로 전태일의 삶과 죽음을 통해 큰 깨달음을 얻고 이를 실천하며 살게 된 것이다. 그리고 김동완 목사와 같은 사람들의 헌신을 통해 전태일의 죽음은 헛되지 않게 그 불꽃을 더욱 강렬하게 확산시킬 수 있었다.

2) 전태일 분신의 영향과 기독교 '학생사회개발단'(학사단)

전태일의 분신은 그 누구보다 전태일과 같은 또래인 대학생들에게 큰 충

---

58 기독교방송(CBS) TV 다큐멘타리 "기독청년 전태일." https://www.youtube.com/watch?v=c5KzNHbgD1s (검색일 2020. 11. 17), 31:31~33:43. 하지만 전태일 분신에 분노한 기독 학생들과 신학교 교수들이 시위와 같은 더 적극적인 저항을 추진했을 때 강원용 목사는 이를 냉정하게 거부했다고 한다. 신학교 교수 중에 외국인이 있었는데 외국인과 함께 저항에 나설 경우 정부에 의해 악용될 소지가 있다는 이유에서였다. 최종고 외, 「청리 최종고 교수 정년기념대담」, 『서울대학교 법학』 54-1, 2013, 15쪽.

59 김남식·김동완, 앞 책, 2006, 98~99쪽.

격을 줬다. 우선 분신 다음 날인 11월 14일 서울대 법대 학생회가 '민권수호학생연맹 준비위원회' 결성 및 노동실태조사 실시와 노동조건 개선의 정부 건의를 결의하였다. 그리고 이틀 뒤인 11월 16일 100여 명의 서울대 법대 학생들이 모여 가칭 '민권수호학생연맹 준비위원회'를 발족하고 전태일의 시신을 인수하여 서울대 법대 학생장으로 장례식을 거행하겠다고 선언했다. 이소선도 장기표를 만난 뒤 이에 동의했다. 11월 18일에는 서울대 상대 학생 400여 명이 집회를 갖고 정부의 노동 정책을 비판한 뒤 무기한 단식투쟁에 돌입하였다. 11월 20일에는 서울대 법대 학생 200여 명, 서울대 문리대 학생 100여 명, 이화여대 학생 30여 명이 서울대 법대 구내에서 '전태일 추도식'을 갖고, 전태일을 죽음으로 몰아간 기업주, 어용 노총, 지식인 및 모든 사회인들을 고발하며 항의시위에 나서 경찰과 충돌하였다. 결국 이날 서울대에는 휴교령이 내려졌다. 같은 날 연세대 학생 200여 명, 고려대 학생 300여 명도 항의집회를 열고 모순된 경제질서, 극단화된 계층화, 현정권의 개발독재 등을 전민중에게 고발하는 내용의 「국민권리 선언문」을 채택하였다.

학생들의 항의의 외침은 계속 이어져 11월 21일 휴교령이 내려진 서울대에서는 문리대 학생 1명이 휘발유통을 가방 속에 넣고 학교에 들어가 분신을 시도하려다가 경찰에 체포되었고, 법대 학생 1명은 한강에서 투신을 기도하기도 했다. 이날 연세대 총학생회는 시국선언문을 채택하고 근로조건 개선 등 5개항을 결의하였고, 숙명여대 총학생회 역시 근로조건 개선을 요구하는 성명을 발표하고 요구 조건이 관철될 때까지 전교생이 검은 리본을 달기로 결의했다. 11월 23일에는 연세대 학생 300여 명이 '오적(五賊) 화형식'을 갖고 "전태일의 죽음을 헛되이 하지 말자"는 성토대회를 가졌고, 11월 24일에는 외국어대 학생들이 총학생회 주도로 전태일 추모식을 갖고 근로조건개선 결의문을 채택하였다. 11월 25일에는 서울대 문리대, 법대 학생들이 '노동실태조사단'을 구성키로

결의하였다.[60]

대학생 중 기독 학생들의 충격도 컸다. 먼저 11월 16~18일 한국기독교교회협의회(NCCK)가 청년문제협의회를 개최하였다. 이때 각 기독교 교단의 청년대표 20명이 참가하여 전태일 분신과 관련하여 노동조건 개선을 주장하는 성명서를 발표했다. 11월 22일 새문안교회 대학생부 학생 40여 명은 전태일을 죽음으로 몰고 간 사회와 그 공모자인 자신들의 죄를 참회하는 금식기도회를 갖고 추모농성을 벌였다. 11월 24일에는 장로교신학대학 학생들이 전태일 분신과 관련하여 일차적 책임이 정치 지도자에게 있다는 성명을 발표했다. 11월 25일에는 감리교신학대학 총학생회가 이소선을 강사로 초빙해 신앙간증집회를 개최한 후 학생 200여 명이 시위를 벌였다. 그리고 같은 날 연동교회에서 신구교 연합 추도예배가 거행되었다. 한국기독학생회총연맹(KSCF), 대한가톨릭학생 서울대교구연합회(Pax Romana), 한국기독교 도시산업선교 실무자협의회, 한국가톨릭노동청년회(JOC) 등 신구교 4개 단체가 주최한 이 추도예배에서는 「고 전태일 선생 일대기: 일금 30원 인생」과 기독인으로서의 참회와 결의를 담은 「헌신 고백문」이 발표되었다.[61] 특히 기독학생운동은 전태일 분신 이후 근대화의 그늘 아래 신음하는 빈곤한 대중이 스스로의 자유와 권리를 쟁취할 수 있는 사회정의를 구현하는 데서 자신의 사명을 찾으며, 노동운동, 농민운동 등 현장운

60 한국기독교교회협의회 인권위원회, 『1970년대 민주화운동 (I)』, 한국기독교교회협의회, 1987, 107~110쪽; 최재영, 『전태일 실록』 II, 498~501쪽.

61 한국기독교교회협의회 인권위원회, 위 책, 107~110쪽; 최재영, 『전태일 실록』 II, 498~501쪽; 한국기독학생회총연맹 50주년 기념사업회, 『한국기독학생회총연맹50년사』, 다락원, 1998, 218~219쪽; 새문안교회 대학생회 역사편찬위원회 엮음, 『시대의 횃불—새문안 대학생회 민주화운동사』, 지식공작소, 2017, 50~56쪽.

동과 밀접하게 결합하기 시작했다.[62]

그럼에도 불구하고 보수적인 개신교계 주류는 앞서 살펴보았듯이 전태일의 분신에 냉담했다. 이에 분노한 한국기독학생회총연맹 오재식 사무총장은 1970년 12월 『기독교사상』에 「어떤 예수의 죽음」이라는 제목의 전태일 추모사를 기고했다. 이 글에서 오재식은 전태일의 분신을 예수의 십자가 죽음과 동일한 것으로 규정하였다.[63] 이 글이 발표된 뒤 오재식은 전태일을 예수에 비유했다는 이유로 기독교계 주류로부터 엄청난 비난을 받았다. 심지어 폭행까지 당할 뻔했다고 한다.[64]

당시 오재식은 여러 학생기독운동단체들을 한국기독학생회총연맹으로 통합하면서 그 일환으로 1969년부터 학생사회개발단(이하 학사단) 운동을 추진하고 있었다. 학사단 운동은 사울 알린스키가 1930년대 후반부터 미국 시카고에서 빈민대중을 상대로 전개한 지역사회 조직운동과 깊은 관련이 있었다. 1960년대 중반 미국 유학 시절 알린스키로부터 현장 중심의 지역 조직운동을 배운 오재식은, 알린스키로부터 배운 지역사회 조직론의 기초적인 틀을 본받아서 학사단 프로그램을 만들었다. 이 프로그램을 통해 학생들은 2~3명의 소그룹으로 조직되어 사회 변방에 있는 사람들의 삶의 현장으로 나갔다. 그들은 일용노동자가 되기도 하고, 공장에 위장취업을 하여 그들의 생활을 경험해보기도 했다. 또한 달동네로 들어가 가난한 사람들을 위해 자원봉사를 하기도 했다.[65]

---

62 손승호, 「전태일과 한국 기독교 인권운동」, 『전태일 50주기 개신교 심포지움 "한국 교회, 전태일을 기억하다"』, 2020, 25~26쪽.

63 오재식, 「어떤 예수의 죽음—고(故) 전태일 씨의 영전에」, 『기독교사상』 12월호, 1970, 80~82쪽.

64 오재식, 앞 책, 2012, 145~147쪽.

65 위 책, 138~139쪽.

오재식은 그의 회고록에서 1970년 11월 13일 전태일 분신 당일 자신이 연세대 서남동 교수의 주관하에 새문안교회에서 열린 '현장과 신학계의 역할'이라는 주제의 강좌에 연사로 참석하였는데, 강의 차례를 기다리고 있던 자신에게 학사단에서 현장으로 내보낸 사람 중 평화시장에 나가 있던 한 학생이 급하게 달려와 전태일의 분신 소식을 알렸다고 기술했다. 곧이어 강단에 올라간 오재식은 청중들에게 준비한 강의 내용 대신 전태일의 분신 소식을 전했으며, 강의가 끝난 뒤 곧바로 몇몇 인사들과 함께 전태일이 이송된 병원으로 향했다고 한다.[66] 오재식이 『기독교사상』에 「어떤 예수의 죽음」이라는 제목의 전태일 추모사를 기고했던 데는 이러한 배경이 자리 잡고 있었다.

하지만 오재식의 회고에는 몇 가지 착오가 있다. 우선 오재식이 새문안교회에서 강의한 날짜는 11월 13일 전태일 분신 당일이 아니라 분신 3일 후인 11월 16일이었다. 이 강좌는 연세대 신과대 창설 25주년 기념 신학공개강좌로 전체 주제는 '정치와 신학'이었고, 16일에서부터 18일까지 오후 7시에 새문안교회에서 열렸다. 16일에는 오재식이 '오늘의 정치신학운동'이라는 주제로, 17일에는 문상희가 '성서의 정치적 메시지'라는 주제로, 18일에는 지동식이 '한 크리스찬이 한국 사회를 본다'라는 주제로 각각 강의를 진행하였다.[67] 11월 16일 오재식의 강의에 대해서는 이 강의를 들은 서울대 법대 대학원생이자 영락교회 신도였던 최종고의 일기가 남아 있다. 이 일기의 내용을 보면 오재식이 "전군(전태일—인용자)에 관한 보도를 읽고 몇 개월 준비한 아카데믹한 강연 준비를

66 위 책, 139~143쪽.

67 「문화행사」, 『동아일보』 1970. 11. 12, 5면; 「연대 신대 개교기념 강좌」, 『경향신문』 1970. 11. 13, 5면.

다 버리고 새로 전부 현실적인 문제를 추려 오늘 강연을 했"다고 되어 있다.[68] 즉 전태일 분신에 대한 정보를 학사단 학생들로부터 얻은 것이 아니라 언론 보도를 통해 얻었다는 것이다. 이에 대해 오재식은 2011년 최재영과의 인터뷰에서 "전태일 분신 사건은 우리 학사단에서도 사전에 전혀 인지하지 못했던 사건이고 나한테 와서 분신 소식을 알려준 학생은 분신 현장 주변에 가서 목격자들을 상대로 리포트를 한 정도의 내용을 나에게 알려준 것"이라고 수정해 진술했다.[69] 결국 오재식의 회고록처럼 학사단과 오재식이 전태일 분신 당일부터 신속하게 상황을 파악하고 대처한 것은 사실이 아니다.

그런데 전태일 분신 당시 연세대 학생으로서 한국기독학생회총연맹 회장을 맡았던 양국주는 2009년 『조선일보』와의 인터뷰에서, 사울 알린스키의 지역사회 이론을 "잠자는 민중을 깨워 리더를 양성시킨 뒤 그들 스스로 문제를 해결하도록 한다는 내용"이라고 소개하며 그 사례로 전태일을 언급한 바가 있다. 양국주는 여기서 더 나아가 "전태일은 과격하고 다혈질"이었으며, 자신이 "전태일이 분신할 때 곁에 있었"고, 전태일은 "이승종 목사가 교육시켰"다고 주장했다.[70]

양국주의 인터뷰 기사가 『조선일보』에 실리자 이를 근거로 2010년대 중반

---

68 안경환, 『조영래 평전』, 강, 2006, 210쪽. 그런데 이 책에서 소개된 최종고의 일기 날짜가 1970년 11월 15일로 되어 있다. 이는 최종고가 일기를 쓸 당시 날짜를 착각했거나, 안경환이 이를 책에 옮기는 과정에서 발생한 착오일 가능성이 크다. 16일로 예정된 강의가 갑작스럽게 하루 당겨졌을 수도 있지만, 11월 15일이 일요일이고 당시에는 대부분의 교회에서 일요일 저녁 때 예배를 진행했던 만큼 교회 측이 외부(연세대) 주관 행사를 예배 시간과 겹쳐 진행하도록 했을 가능성은 낮아 보인다.

69 최재영, 『전태일 실록』 II, 528쪽.

70 「문갑식의 하드보일드: 학생운동권 대부에서 분쟁 지역 돕기 나선 양국주의 '탈레반 인생'」, 『조선일보』 2009. 10. 31, B1면.

부터 뉴라이트 진영에서 대대적인 반(反)전태일 공세가 시작되었다. 그중 대표적인 인물이 류석춘 전 연세대 교수다. 그는 2016년 『월간조선』 12월호에 기고한 뒤 2권의 단행본에 중복하여 재수록 한 글을 통해, 조영래가 쓴 『전태일 평전』에 3가지 함정이 있다고 주장했다. 그중 이 글의 주제인 '기독 청년' 전태일과 관계된 것이 바로 오재식의 회고와 양국주의 인터뷰에서 언급된 평화시장 내 학사단 학생들의 존재였다.

류석춘은 "청계천 평화시장을 둘러싼 노동운동의 전개에 외부의 훈련된 세력이 개입"했다고 단정하면서, 조영래가 『전태일 평전』에서 "전태일에게 접근했던 대학 출신 노동운동 활동가들의 존재를 전혀 언급하지 않고 있"으며 "오히려 '대학생 친구가 하나 있었으면 원이 없겠다'는 거짓 문구로 젊은이들의 감성을 선동"했다고 비난했다. 한마디로 『전태일 평전』은 "있는 그대로의 전태일이 아니라 선동을 위해 사실을 왜곡한 전태일에 관한 글일 뿐"이며, 실제 전태일은 결코 아름답지 않다는 것이었다. 그리고 여기서 한 걸음 더 나아가 1990년대 초 연이은 운동권 대학생들의 자살을 보고 "죽음의 굿판을 걷어치우라"라고 말한 김지하와 "죽음을 선동하는 어둠의 세력"을 언급한 박홍을 끌어들임으로써, 전태일 분신이 학사단과 같은 외부 세력에 의해 기획되었을 가능성을 노골적으로 시사했다.[71]

그러나 현재 남아 있는 전태일 분신 당시의 학사단 관련 자료들 속에서는 학사단 학생들이 평화시장에서 활동한 흔적을 전혀 찾아볼 수 없다.[72] 이들 기

---

71 류석춘, 「『전태일 평전』의 3가지 함정: 착취? 대학생 친구? 동시대인의 선택?」, 『전태일 바로 보기』, 비봉출판사, 2017, 52~64쪽; 70~71쪽.

72 한국기독학생회총연맹, 『한국을 새롭게—1970년도 총회보고서』, 1970. 7; 한국기독학생회총연맹, 『사업보고서』, 1970. 9; 한국기독학생회총연맹, 『70년도 학생사회개발단 보고평가회』, 1970. 10; 한국기독학생회총연맹, 『활동현황보고서』, 1970. 9~1971. 9.

록에는 학사단 학생들의 활동 지역이 구체적으로 나오는데, 전태일 분신 직전인 1969년과 1970년 학사단 활동의 주무대는 평화시장과 같은 작업장이 아니라 시민아파트나 빈민 주거지였다. 단, 학사단 학생 중 일부가 청계천 뚝방지대에서 활동했는데, 그들이 평화시장까지 활동의 범위를 넓혔을 수는 있다. 전태일 분신 관련 소식을 리포트해서 오재식에게 알려준 학생도 이들 중 하나일 가능성이 크다. 하지만 이미 김태현이 지적했듯이 이 경우에도 학사단 활동의 중심은 평화시장 노동자의 조직화가 아니라 청계천변 빈민 조직화였다.[73] 오재식 역시 앞서 언급한 최재영과의 인터뷰에서 "당시 서울시내 빈민촌과 노동현장에 우리 학사단 학생들이 파견되어 활동한 사실은 맞지만 학사단 학생들이 평소 전태일을 직접 접촉한 적은 없"으며, "전태일의 바보회나 삼동회 같은 자생적 노동운동에 우리 학사단 요원들이 직접 관여를 했거나 영향을 준 사실도 없"다는 점을 분명히 했다. 그냥 "학사단 학생들 몇 명이 평화시장에 조용히 취업을 한 정도"였을 뿐이라는 것이다.[74]

무엇보다 전태일 분신의 배후에 학사단 학생들이 있었다면 이 사건을 계기로 학사단의 영향력은 평화시장에서 더 크게 작용해야 했을 것이다. 하지만 전태일 분신 이후 평화시장에 청계피복노조가 만들어지고 노동운동이 활성화되는 과정에서 학사단이 관여한 어떠한 모습도 발견되지 않는다. 이때 평화시장 노동자들과 결합한 학생들은 학사단이 아니라 전태일의 장례 과정에서 인연을 맺은 장기표 등 서울대 학생들이었다. 이렇듯 학사단이 전태일 분신과 평화시장 노동운동에 개입했다고 볼 객관적인 근거는 전혀 없다. 오히려 학사단이 전태일 분신 사건 이후 활동 대상을 빈민지대에서 노동사회로 확대해 나갔

73 김태현, 앞 논문, 2019, 26쪽.

74 최재영, 『전태일 실록』 II, 527~528쪽.

다는 사실을 고려했을 때,[75] 전태일의 분신이 오재식이나 학사단 학생에게 큰 영향을 주었다고 보는 것이 합리적이다.

이와 관련하여 최재영은 2018년 이 모든 논란의 시작점인 양국주와 이승종을 미국에서 직접 만나 사실 관계를 다시 한 번 확인했다. 여기서 양국주는 전태일 분신 당시 자신이 현장에 없었음을 인정하면서 이승종에게 책임을 전가하는 모습을 보였고, 반대로 이승종은 자신이 양국주에게 그런 말을 한 적이 없음을 분명히 했다. 특히 이승종은 전태일 분신 당시 자신의 나이가 고3밖에 안 되었는데 어떻게 서너 살이나 나이가 많은 전태일을 가르칠 수 있겠으며, 또 자신은 전남 광주에 살고 있었고 전태일은 서울에 살고 있었는데 거리상으로 어떻게 만나서 교육을 시킬 수 있겠느냐고 반문하였다.[76]

한마디로 류석춘 등 뉴라이트 진영의 반(反)전태일 공세는 학사단에 대한 역사적인 실증을 결여하고 가짜뉴스에만 의존한 반(反)학문적 정치공세에 불과하다. 이에 빌미를 제공한 양국주의 인터뷰 역시 김태현과 최재영의 지적대로 구술 인터뷰 과정에서 흔히 발생하는 기억의 뒤틀림과 의도적 왜곡, 그리고 허황된 영웅심리에 의해 과대포장된 자기PR에 불과하다.

4. 맺음말

지금까지 '노동열사'와 '아름다운 청년'만으로 환원될 수 없는 '기독 청년' 전태일에 대해 살펴보았다. 전태일의 삶과 투쟁, 그리고 결단은 기독교 신앙을

---

75 임송자, 「전태일 분신과 1970년대 노동·학생운동」, 『한국민족운동사연구』 65, 2010, 347쪽.

76 최재영, 『전태일 실록』 II, 520~521쪽.

떼어놓고 이해하기 어렵다. 전태일의 죽음도 기독교계의 상반된 반응을 불러 일으키면서 특히 기독학생운동 세력 등 사회참여적인 진보적 기독교계에 큰 영향을 줬다. 그럼에도 우리가 그동안 '기독 청년' 전태일에 대해 잘 알지 못했던 이유는 머리말에서 언급했듯이 조영래의 『전태일 평전』에 기독교와 관련한 구체적인 내용이 거의 나오지 않기 때문이다.

물론 『전태일 평전』은 우리가 전태일을 이해할 수 있는 가장 좋은 길잡이이다. 김태현은 『전태일 평전』과 관련하여, "조영래가 전태일의 일기, 수기를 읽고 가족, 친구들에게서 들은 이야기를 통해 전태일을 이해하고 공감하고 전태일의 본모습에 맞게 평전을 서술했다는 것이 진실에 가깝다"고 주장한다. "평전이 전태일의 모든 것을 다 온전히 보여주는 것은 아니지만 전태일에 관한 가장 주요하고 핵심적인 이야기를 드러내주고 있다고 이해해야 한다"는 것이다.[77] 하지만 김태현도 인정했듯이 "평전이 보여주지 않는 몇몇 측면"이 있는 것 또한 사실이다. 모든 저술이 다 그러한 것처럼 『전태일 평전』 역시 저자인 조영래의 집필 의도와 관점, 그에 따른 서술 전략과 기준에 따라 자료를 취사 선택하여 쓰여 졌다.

흥미롭게도 『전태일 평전』의 지향에 대해서는 상이한 분석이 존재한다. 임송자는 "조영래의 저서(전태일 평전)를 분석해보자면, 전태일을 영웅적인 노동자로 그려내기 위해 전태일의 수기나 일기 그리고 진정서 등에 나타나는 사실을 의도적으로 누락시키고 있으며, 전태일의 사상적인 변화를 과장 내지는 모호하게 처리하고 있는 점을 발견할 수 있다"고 지적한다.[78] 반면 김성은은 『전태일 평전』에서 전태일은 그저 평범한 한 명의 청년 노동자, 즉 노동열사나 투사

---

77 김태현, 앞 논문, 2019, 33쪽.

78 임송자, 앞 논문, 2010, 322쪽.

가 아닌 그저 '인간'으로 그려져 있다고 본다. 『전태일 평전』이 지식인의 관점에서 전태일을 탈신화화하고 진정한 삶을 추구한 노동자의 인간 선언이라는 담론을 만들어냈다는 것이다.[79] 상이한 두 가지 주장 중 어느 것이 더 설득력이 있는지는 이 글의 관심이 아니다. 분명한 사실은 『전태일 평전』만으로는 역사 속 전태일의 실제 모습을 재구성하는 데 한계가 크다는 점이다.

이 글에서 살펴본 '기독 청년' 전태일의 모습은 『전태일 평전』이 보여주지 않는 전태일의 다양한 면모 중 하나이다. 『전태일 평전』에도 '사랑'과 '고뇌', '투쟁'과 '결단', 그리고 '죽음'과 '부활'이라고 하는 기독교적 서사가 짙게 깔려 있다. 하지만 조영래는 전태일이 기독교인으로서 살아온 구체적인 모습, 즉 '역사'를 소거하고 그 흔적만 '신화'처럼 남겼다. 이는 아마도 전태일과 기독교의 관계가 부각될 경우 사람들이 종교, 특히 기독교에 대해 갖고 있는 선입견에 따라 그의 삶과 죽음의 의미가 제약 받을 것을 우려했기 때문이 아닌가 싶다. 그 결과 『전태일 평전』 속에서 재현된 전태일은 종교뿐만 아니라 많은 부분에서 추상도가 높다. 추상도가 높은 재현 덕분에 전태일은 한편으로는 정서적으로 큰 무리 없이 많은 사람들에게 받아들여질 수 있었으나, 다른 한편으로는 '노동열사'와 '아름다운 청년' 사이에서 모호한 이미지를 갖게 되었다. 앞서 임송자와 김성은이 같은 책에 대해 상이한 해석을 할 수 있었던 것 역시 『전태일 평전』의 이러한 특성과 관련이 있다.

전태일이 세상을 떠난 지 벌써 50여 년이 지났다. 앞으로도 시간은 계속 빠르게 흐를 것이다. 이런 상황에서 전태일을 언제까지나 신화 속의 박제처럼 고정시켜놓을 수는 없다. 전태일의 삶과 죽음의 의미가 앞으로도 오랫동안 그 생명력을 잃지 않고 살아 숨쉬기 위해서는, 전태일의 신화화를 넘어 역사화가 절

---

79 김성은, 앞 논문, 2017, 116~120쪽.

실하게 요구된다. 즉 전태일의 구체적이고 다양한 모습들을 끊임없이 재구성함으로써 전태일의 역사상을 항상 새롭게 조명할 필요가 있다는 것이다. 이 글에서 전태일을 기독교와 연결해 살펴본 것도, 기독교 그 자체의 중요성 때문이 아니라 기독교를 매개로 전태일의 새로운 모습을 재구성하고 그 역사상을 조명하기 위함이었다.

전태일이 분신이라는 결단을 내리게 되는 과정과 이유, 그리고 그 의미를 정확하게 이해하기 위해서는, 휴머니즘이나 계급의식에 대한 논의와 더불어 '기독 청년'으로서 전태일이라는 주체가 갖고 있는 기독교 신앙의 모습과 그 질적 전환에 주목해야 한다. 앞으로 전태일의 역사화가 제대로 이루어지기 위해서는 '기독 청년' 외에도 그동안 잘 드러나지 않았던 전태일의 다양한 측면들이 적극적으로 조명될 필요가 있다. 전태일에 대한 우리의 이해가 더 구체화되고 입체적으로 이루어질수록 그 역사상 역시 풍부해질 것이다.

제4부

'손상'된 인식

제7장 베트남이라는 거울
—'파월장병 대학생 위문단'의 열전 공간 베트남 체험과 인식

1. 머리말

1968년 전 세계 곳곳에서 젊은이들은 기성의 질서를 깨트리고 새로운 세상을 상상하며 거리에 나섰다. 흔히 '68운동' 혹은 '68혁명'이라고 부르는 이 세계사적인 대사건에서 다양한 주장이 등장했는데, 빠지지 않고 공통적으로 나온 것이 '베트남전쟁 반대', 즉 '반전'이었다. 단, 한국은 예외였다. 한국에서도 1960년 4·19혁명을 계기로 학생운동이 강력한 힘을 발휘했다. 1964~1965년에는 박정희 정권의 한일협정 강행에 반발하며 6·3항쟁으로 대표되는 대규모 학생 시위가 장기간 지속했다. 하지만 같은 시기 박정희 정권이 한일협정과 함께 추진한 한국군의 베트남전쟁 파병에 대해서는 학생들이 사실상 침묵했다. 이후 전 세계적으로 반전운동이 확산되었으나 한국 대학생의 침묵은 계속 이어졌다.

때문에 한국의 대학사나 학생운동사에서 '베트남전쟁'은 그 자체로 관심이나 연구 대상이 되기 어려웠다. 그동안 꾸준하게 진행된 한일협정 반대운동 연구와 달리 한국 대학생의 베트남전쟁 인식/대응에 대한 연구는 사실상 전무하다. 베트남전쟁 연구의 경우에도 상황이 크게 다르지 않다. 2000년대 이후 한국에서 베트남전쟁 연구는 기존의 전투 및 정치, 경제, 외교, 안보 관련 연구를 넘어, 사회사 분야로 주제를 확장해 나갔다. 그중 베트남전쟁 당시 한국 사회의 모습을 잘 보여주는 것이 참전 담론과 사회적 동원에 대한 연구다.[01] 하지만 여기서도 대학생의 모습은 찾기 어렵다.

그러나 역사를 조금만 더 자세히 들여다보면 대학생이 갖고 있던 복잡하고 다양한 베트남전쟁 및 파병에 대한 인식을 읽어낼 수 있다. 이때 주목되는 것이 박정희 정권이 1966년부터 1969년까지 베트남 전장에 파견한 '파월장병 대학생 위문단'(이하 대학생 위문단)이다. 주로 방학 기간을 이용해 총 6차례에 걸쳐 한 번에 약 1달간 100명 정도의 대학생들이 베트남 각지에 주둔한 한국군을 방문했다.

대학사나 학생운동사 연구는 물론, 베트남전쟁 연구에서도 대학생 위문단은 그 존재 자체가 잘 알려지지 않았다. 박정희 정권의 주월한국군 위문사업을 다룬 일부 연구에서 연예인 공연단, 예술인·종군작가단의 위문단 파월과 함께

---

01 김우성, 「베트남 참전 시기 한국의 전쟁 선전과 보도—1965년~1973년 정부, 의회, 군사 자료와 조선일보를 통해 본 베트남전쟁의 사회적 현실」, 서울대학교 석사학위 논문, 2005; 김미란, 「베트남 참전담론과 미디어—'탈식민 민족주의'적 관점과 '자국중심적 참전론', 그 변화 과정에서의 미디어의 대중동원 전략」, 『역사와 문화』 19, 2010; 김미란, 「베트남전 재현 양상을 통해 본 한국 남성성의 (재)구성—'아오자이'와 '베트콩', 그리고 '기적을 낳는 맹호부대'의 표상 분석」, 『역사문화연구』, 2010; 백승욱, 「'해석의 싸움'의 공간으로서 리영희의 베트남전쟁—『조선일보』 활동 시기(1965~1967)를 중심으로」, 『역사문제연구』 32, 2014; 윤충로, 『베트남전쟁의 한국 사회사—잊힌 전쟁, 오래된 현재』, 푸른역사, 2015; 이진선, 「대중매체에 표상된 베트남전쟁과 젠더 이데올로기—1964~1973년 『선데이서울』, 『여원』을 중심으로」, 『기억과 전망』 38, 2018; 이필오, 「〈대한뉴스〉와 베트남전쟁」, 연세대학교 석사학위 논문, 2020; 문선익, 「베트남전쟁기 한국군의 민사심리전 연구」, 연세대학교 석사학위 논문, 2020; 이신재, 「베트남전쟁기 파월장병지원위원회의 설립과 활동」, 『군사연구』 149, 2020; 윤대영, 「베트남전쟁과 인천의 시정(市政)—'파월장병 및 가족 돕기 운동'을 중심으로」, 『인천학연구』 35, 2021.

대학생 위문단 파월 사실이 간단하게 언급되는 정도였다.[02] 하지만 당시 정부가 작성한 관련 공문서와 위문단원들이 각자 소속 대학 학보에 남긴 방문기 등을 통해 대학생 위문단의 조직과 활동 내용을 파악할 수 있으며, 아울러 한국 대학생의 베트남전쟁 파병에 대한 인식을 구체적으로 파악할 수 있다.

이에 이 글에서는 그동안 잘 알려지지 않았던 대학생 위문단의 조직 과정과 활동상을 실증적으로 재구성하고, 그 속에서 베트남전쟁 파병 당시 한국 대학생의 인식, 특히 위문단이 직접 체험한 '열전의 공간' 베트남에 대한 인식을 살펴보고자 한다. 먼저 베트남전쟁에 한국군이 처음 파병될 때 대학생, 그중에서도 학생운동 세력이 어떻게 대응했는지 살펴보겠다. 다음으로 박정희 정권이 대학생 위문단 조직과 활동을 통해 대학생을 어떻게 순치하려고 했는지 살피고, 끝으로 대학생 위문단의 열전 공간 체험에서 드러난 대학생 인식의 순치 및 그 균열 지점을 살펴보겠다.

2. 베트남전쟁 파병을 둘러싼 논란과 대학생의 파병 반대운동

프랑스의 오랜 식민지배와 일본의 침략에 시달렸던 베트남 인민들은 2차 대전 종전 후 식민지배에서 벗어나기 위해 프랑스와 전쟁을 치렀다. 흔히 제1차 인도차이나 전쟁이라고 불리는 이 전쟁에서 호치민이 이끄는 베트남민주공화국군은 1954년 디엔비엔푸 전투에서 승리하면서 마침내 프랑스 세력을 몰아냈다. 하지만 이후 미국이 베트남 문제에 개입하면서 베트남은 북위 17도

---

02 윤충로, 앞 책, 2015, 189~190쪽; 196~197쪽; 이필오, 앞 논문, 2020, 52~53쪽; 이신재, 앞 논문, 2020, 334쪽.

선을 경계로 남북으로 분단되고, 이는 곧 제2차 인도차이나 전쟁으로 이어졌다.

1960년대부터는 미국이 지원하는 베트남공화국, 곧 남베트남에서 반정부 무장 세력인 남베트남민족해방전선(베트콩)이 남베트남 정부와 게릴라전을 벌이면서 전쟁의 양상은 더욱 격화되었다. 친미적인 남베트남 정부의 붕괴를 막기 위해 미국은 1964년 소위 '통킹만 사건'을 계기로 군사개입을 본격화했다. 미국은 과거 한국에서의 6·25전쟁 때처럼 우방국의 동참을 이끌어내기 위해 '더 많은 깃발(more flags campaign)'을 표방했으나, 영국, 프랑스 등 미국의 우방국 다수는 명분 없는 베트남전쟁 개입을 거부했다.

한국은 달랐다. 이미 한국은 이승만 정권 시절부터 베트남전쟁에 한국군을 파병할 의사를 표명했고, 1961년 5·16쿠데타 직후에도 박정희가 역시 파병 의사를 미국에 피력한 바 있었다. 특히 박정희는 미국이 1950년대부터 지속적으로 추진한 주한미군과 한국군 감축, 그리고 군사원조 축소로 자신의 권력 기반이 약화될 것을 우려했고, 미국에 협조해 베트남전쟁에 한국군을 파병함으로써 이를 막아내고자 했다.[03] 1964년 이후 미국이 참전을 요청했을 때 박정희 정권이 적극 호응한 것은 자연스러운 귀결이었다. 한국에서는 제2전선론, 도미노이론, 보은론, 그리고 경제적 실리 추구 등이 파병의 명분으로 제시되었다. 미국도 군사적인 부분은 물론 외교적, 정치적, 경제적 부분에서 박정희 정권의 요구를 다수 수용함으로써 한국과 밀착했다. 시간이 지날수록 급한 쪽은 미국이었고, 한국은 더 유리한 조건으로 파병하고자 미국과 협상을 진행했다.[04]

---

03 박태균, 「한국군의 베트남전 참전」, 『역사비평』 80, 2007, 292쪽; 홍석률, 「위험한 밀월—박정희·존슨 행정부기 한미관계와 베트남전쟁」, 『역사비평』 88, 2009, 219쪽.

04 홍석률, 위 논문, 220~223쪽; 박태균, 「베트남전쟁 시기 한미관계의 변화」, 『군사』 89, 2013, 337~340쪽.

1964년 드디어 1차로 130명 규모의 이동 외과병원과 태권도 교관단 10명이 파병되었다. 국회는 그해 7월 정부가 제안한 파병동의안을 만장일치로 통과시켰다.[05] 하지만 1965년 1월 수송·공병 및 자위병력으로 구성된 약 2천 명의 비전투부대 추가 파병동의안 처리 때부터 야당이 반대하기 시작했다. 당시 야당은 미국 내의 미군 철군 여론 등을 이유로 파병에 신중한 태도를 보였고, 결국 비전투부대 파병동의안 투표에 참여하지 않았다. 다만 최소 10여 명의 야당 의원이 당론과 달리 투표에 참석하여 찬성표를 던졌을 정도로 야당의 반대 강도는 약한 편이었다.[06]

박정희 정권은 이후 미국의 강력한 요구에 따라 사단급의 대규모 전투병 파병을 추진했다. 동시에 추진된 한일협정 비준동의안 처리와 맞물려 베트남전쟁 전투부대 파병동의안 처리를 둘러싼 여야 대립이 격화되었다. 1965년 7월 14일 여야 의원들의 난투극 끝에 두 동의안 모두 국회에 상정되었으며,[07] 그중 파병동의안이 1965년 8월 13일 여당 단독으로 열린 국회 본회의에서 통과되었다.[08] 하지만 야당 반대의 초점은 한일협정 비준 문제에 맞춰져 있었다. 베트남전쟁 파병 문제는 야당에게 주요 의제가 아니었다. 오히려 한국 내 반대 여론을 대미협상의 지렛대로 삼으려는 박정희 정권의 계산 속에서, 여당 내 파병 반대론이 더 적극적으로 개진되는 상황이었다.[09]

전투부대 파병동의안 통과로 베트남전쟁에 육군 1개 사단(맹호)과 해병대 1

---

05 「국군 월남 파견안 동의, 국회 본회의」, 『동아일보』 1964. 7. 31, 1면.

06 「국회, 월남 파병에 동의」, 『경향신문』 1965. 1. 26, 1면.

07 「여당, 단상에 바리케이드 치고 비준동의안 기습 발의」, 『동아일보』 1965. 7. 15, 1면.

08 「전투부대 파월안 통과」, 『경향신문』 1965. 8. 13, 1면.

09 윤충로, 앞 책, 2015, 93쪽.

개 여단(청룡)이 파병되었다. 미국은 계속해서 전투부대의 추가 파병을 요구했다. 박정희 정권은 미국과 협상 끝에 1개 연대와 1개 사단(백마)의 추가 파병을 결정했다. 야당은 이에 반대하며, 국회에서 필리버스터를 통해 추가 파병동의안 처리를 막고자 했다. 그러나 1966년 3월 20일 추가 파병동의안은 끝내 국회를 통과하였다.[10] 이로써 한국은 베트남전쟁에 매년 약 5만 명 정도의 전투부대를 파병하게 되었다.

당시 한국 사회에서 박정희 정권의 베트남전쟁 파병을 가장 강하게 반대한 집단은 야당이었다. 하지만 야당은 파병 자체를 반대하는 것이 아니라, 베트남전쟁 파병이 한국의 안보 공백을 가져올 수 있으므로 먼저 미국으로부터 한미상호방위조약 개정이나 한국군 장비 현대화 같은 확실한 안정 보장을 받아낼 것을 요구하는 수준이었다.[11] "파병에 대한 야당의 저항은 적극적이고 능동적이라기보다는 정부와 여당의 행태에 대한 수동적 대응이었고, 조직적이지도 체계적이지도 못했다. 야당의 당내 입장 분열과 뚜렷한 반대입장 정립 실패는 이를 단적으로 보여준다."[12]

비판적 지식인들도 크게 다르지 않았다. 한일협정 반대운동 당시 박정희 정권과 강하게 맞섰던 『사상계』의 주요 필자 부완혁은 베트남전쟁 파병에서 박정희 정권이 보인 주체적이지 못한 '약체외교'를 비판하고, "그런 외교에 의한 국내 정치 면에서의 일부 이득을 기도한 저의에 관해서 의심을 사게 하는 정부의 허점"을 공박하였다. 그러나 파병 자체를 반대하지는 않았다. "구차스런 이유를 들어 파병을 정당화하기보다는 오히려 우리 힘만으로 가능한 지원

---

10 「증파안 국회 통과」, 『경향신문』 1966. 3. 21, 1면.

11 「당론은 증파 반대」, 『경향신문』 1966. 3. 4, 1면.

12 윤충로, 앞 책, 2015, 95쪽.

군을 보낼 것이 좋을 것이며 그것이 불가능하다면 미국 부담의 의용군을 보내는 것만 같지 못할 것"이라고 주장했다.[13] 리영희처럼 베트남전쟁에 대한 쟁점을 객관적으로 제시하는 경우도 없지 않았지만, 베트남전쟁 파병에 비판적인 야당과 지식인조차 다수는 베트남전쟁에 대해 반공주의적 시각을 넘어서지 못했다.[14]

앞서 부완혁이 언급한 "일부 이득을 기도한 저의"라는 표현에서 알 수 있듯이, 당시 베트남전쟁 파병 반대 이면에는 파병을 통해 박정희 정권이 부정한 이익을 얻으려 한다는 의심과 우려가 깔려 있었다. 직전 대선에서 박정희와 박빙의 승부를 벌였던 윤보선은 1966년 5월 26일 남원에서 기자들과 만나 "박씨의 소위 민족적 민주주의는 결국 월남전쟁의 청부행위에 그치고 말았다"고 비난하고, "월남 증파가 미국의 뜻을 승인한 것도 아니며 민주주의를 신봉한 때문도 아닌 어디까지나 우리 청장년의 피를 팔아 정권을 유지하고 정치자금을 마련하기 위한 행동으로밖에 볼 수 없다"고 함으로써 큰 파문을 일으켰다.[15] 박정희 정권은 윤보선의 발언을 반공법 위반으로 간주하고 사법처리를 시도했다. 윤보선이 워낙 거물 정치인이라 실제 사법처리는 이루어지지 않았지만, 야당 최고위 인사의 정치적 발언마저, 그것도 파병 자체를 반대하는 것이 아니라 파병 조건이나 정치적 이용을 비판하는 것마저 반공법 위반 혐의로 탄압할 만큼 한국 사회에서 베트남전쟁 파병 반대는 불온시 되었다.

한국의 대학생이 공공연하게 베트남전쟁 파병 반대를 주장하지 못했던 근본 이유도 '반공'을 앞세운 억압적 사회 분위기에서 찾을 수 있다. 베트남의 공

---

13 부완혁, 「월남에 일개(一個) 군단을 꼭 보내야 하나?」, 『사상계』 4월호, 1966, 63쪽.

14 백승욱, 앞 논문, 2014, 55~92쪽.

15 「'부정·부패' 힐책」, 『동아일보』 1966. 5. 26, 1면.

산화를 막기 위해 한국군을 파병한다고 했을 때, 이를 반대하는 것은 결과적으로 '반공'을 저해하는 것으로, 나아가 '용공'으로 공격당할 소지가 있었다. 게다가 베트남전쟁을 사실상 미국이 주도하고 있는 상황에서 이에 대한 문제제기는 자칫 '반미'로 몰릴 수 있었다. 반면 한일협정 반대의 경우 한일협정의 배후에 미국이 있었지만 1차적인 비판 대상은 미국이 아니라 일본이었고, 이승만 정권 이래로 '반공'과 '반일'이 하나의 세트처럼 묶여서 강조되었던 한국 사회의 맥락이 존재했기 때문에 정치적, 이념적으로 훨씬 자유로웠다.

한일협정 반대운동이 계속 고조되는 가운데 변화의 조짐이 나타났다. 1965년 6월 22일에 조인된 한일협정은 이후 국회 비준 과정에서 다시 한 번 커다란 국민적 반대에 직면했다. 하지만 박정희 정권은 베트남전쟁 전투사단 파병동의안을 먼저 처리한 후 다음 날인 1965년 8월 14일 한일협정 비준동의안을 또다시 여당만의 일당국회에서 통과시켰다.[16] 강하게 반발한 학생들은 '비준 무효'를 주장하며 1965년 8월 하순 여름방학이 끝나자마자 각 대학별로 동시다발적인 대규모 시위를 감행했다.

특히 8월 23일의 시위가 격렬했는데, 그중 전남대생 1,000여 명은 "한일협정 체결의 주범은 바로 미국이다", "우리들은 월남의 사태에 양키들의 총알 방패가 될 수 없다"고 외치며 시위를 벌였다.[17] 한일협정 반대운동의 직접적인 대상으로 미국을 분명하게 지목했을 뿐만 아니라, 나아가 베트남전쟁을 미국의 전쟁으로 규정하고 한국군 파병을 분명하게 반대했던 것이다. 전남대 시위는 박정희 정권에 큰 충격을 줬다. 다음 날인 8월 24일 박영수 치안국장은 일부 학생

---

16 「'한일' 비준안 끝내 통과」, 『동아일보』 1965. 8. 15, 호외1면.

17 민주화운동기념사업회 오픈 아카이브 민주화운동 일지. https://archives.kdemo.or.kr/workoutlog/workoutlog/view/MKJ_1965_08_23_n001(검색일: 2022. 10. 31).

들의 데모 구호와 플래카드에 반국가적, 반미적 경향이 나타나고 있다면서 그 사례로 전날 전남대에서 나온 두 구호를 지적했다. 그리고 그 작성자와 배후를 가려내 반공법과 내란선동죄로 구속하라고 전국 경찰에 지시했다.[18] 전남대 시위를 주도한 정동년, 박석무, 전홍준은 반공법 위반 혐의로 즉각 구속되었다.

박석무의 구술에 따르면 이 두 구호는 전략적인 판단에 따라 만들어졌다. 한일협정 반대운동이 막바지에 이른 상황에서 장기간의 운동에 지친 학생들을 다시 응집시킬 수 있는 이슈 전환이 필요했고, 이에 당시 한일협정과 동시에 추진되고 있던 베트남전쟁 파병 문제를 새롭게 제기했다는 것이다. 이 무렵 자신들(학생운동 진영)은 상식선에서 베트남전쟁 파병에 반대했고 격노했을 뿐만 아니라, 미국의 제국주의적 성격에 대해 심각하게 생각했다고 한다.[19]

박석무의 구술은 두 가지 측면에서 이해할 필요가 있다. 하나는 비록 학생들이 한일협정 반대처럼 베트남전쟁 파병을 명시적으로 반대하지는 않았지만, 이를 지지하는 분위기도 아니었음을 보여준다. 그렇기 때문에 학생운동 진영은 학생들을 응집시킬 새로운 이슈로 베트남전쟁 파병 반대를 선택할 수 있었던 것이다.

다른 하나는 학생들 사이에서 미국에 대한 비판이 점차 커지고 있었다는 사실이다. 이는 한일협정 문제와도 밀접하게 연결되어 있었다. 한일협정의 배후에 미국이 있다는 점을 모두 다 아는 상황에서, 한일협정이 현실화되자 미국도 비판 대상이 될 수밖에 없었다. 한일협정이 조인된 직후인 1965년 6월 29일 3천여 명의 고려대 학생들은 "Yankee Keep Silent" 등의 구호가 적힌 플래카드

---

18 「반국가적인 구호 작성자 내란 선동죄 적용」, 『경향신문』 1965. 8. 25, 7면.

19 박석무 구술(면담자: 오제연, 2012. 9. 28). 이 구술은 민주화운동기념사업회가 실시한 '한일협정 반대운동' 구술사업을 통해 이루어졌다.

를 앞세우고 격렬한 시위를 벌였다.[20] 한일협정 문제에 미국이 개입하지 말 것을 요구하는 수준이었지만, 학생들이 시위에서 미국을 직접 겨냥한 것은 이전과 다른 모습이었다. 고려대에서 1965년 학생운동을 주도한 조홍규 역시 구술을 통해 당시 한일회담 반대운동에 적극적으로 나섰던 학생들은 물론 일반 학생 다수가 미국에 대해 비판적이었을 뿐만 아니라, 베트남전쟁 파병에 대해서도 비판적이었다고 회고했다. 다만 경제적 이익 때문에 이를 용인한 학생들도 있었다고 한다.[21]

전남대 학생들이 시도한 베트남전쟁 파병 반대로의 이슈 전환은 성공하지 못했다. 이유는 두 가지였다. 첫째, 앞서 언급한 대로 '반공'을 앞세운 박정희 정권의 빠르고 강력한 탄압으로 주도 학생들이 곧바로 구속되었고, 1965년 8월 23일 시위 불과 3일 뒤인 26일에 '위수령'이 선포되었기 때문이다. 위수령 선포로 군대가 동원되어 학생 시위를 폭력으로 진압, 저지하면서 2년 가까이 지속된 한일협정 반대운동은 결국 좌절되고 말았다. 학생운동은 한동안 긴 침묵에 빠졌다. 이러한 상황에서 새롭게 베트남전쟁 파병 반대운동을 전개하는 것은 불가능했다.

둘째, 한일협정 반대 이슈를 베트남전쟁 파병 반대로 대체하기에는 한국 대학생에게 양자의 무게가 너무 달랐다. 한일협정 반대운동이 그만큼 강렬했기에 베트남전쟁에 대한 고민은 뒤로 밀릴 수밖에 없었다. 물론 한일협정 반대운동에서 중요한 목표로 부상한 '신식민주의 반대'가 해외 반전운동의 핵심 주장인 '반제국주의'와 상통할 가능성이 있었다. 하지만 한국 대학생이 주장한

---

20 「고대생 3천 명 데모」, 『조선일보』 1965. 6. 30, 3면.

21 조홍규 구술(면담자: 오제연, 2008. 10. 24). 이 구술은 국사편찬위원회가 실시한 '6·3항쟁의 전개와 한국 현대 민족주의' 구술사업을 통해 이루어졌다.

'신식민주의 반대'는 기본적으로 일본에 의한 경제적 침략과 문화적 종속 우려에서 나온 것이었다. 미국에 대한 비판이 커지고 있었다 하더라도 그 범위는 여전히 '반일'의 범주에서 크게 벗어나지 않았고, 평화나 정의의 차원으로까지는 나아가지 못했다. 때문에 학생운동과 대학사회의 이슈를 한일협정 반대에서 베트남전쟁 파병 반대로 전환하는 것은 애초부터 쉬운 일이 아니었다.

이후에도 베트남전쟁 파병 반대 움직임이 없었던 것은 아니다. 베트남전쟁 전투부대 추가 파병 문제가 한창 논란이 되었던 1966년 2월, 고려대 졸업 예정생 조종한이 국회의사당 앞에서 "국군 월남 증파 반대"라는 플래카드를 들고 1인 시위를 벌이다 경찰에 연행되었다. 이때 압수된 증파 반대 선언문 초안에는 "자유 수호란 미명 아래 유독 우리만이 더 많은 피를 흘릴 수가 없다. 자유 진영인 영-불-일-독도 월남전을 방관하고 있다. 우리는 준전시국으로 북괴와 중공에 대치하고 있으며 이미 파병한 2만 명으로써도 우리의 할 일은 다했고 명분도 세웠다"라는 내용이 담겨 있었다. 이 학생은 원래 '월남 증파 반대 청년회'라는 이름으로 추가 파병 반대 조직을 만들고자 했으나. 이에 실패하자 1인 시위를 벌였다고 한다.[22]

1966년 3월 말에는 고려대 총학생회가 한국군의 베트남전쟁 증파를 반대하는 성토대회를 계획했으나 학교 당국에 의해 저지된 후, 이 성토대회를 주도한 정경대 학생회장이 제적당하는 일이 발생했다.[23] 학교 당국은 이 성토대회가 "일반 학생들의 공감과 동조를 얻지 못하여 유산되고 말았다"고 주장했다.[24]

---

22 「국군 월남 증파 반대」, 『조선일보』 1966. 2. 23, 3면.

23 「월남 증파 반대 성토하려던 정경대학 학생회장 김춘식 군 제적」, 『고대신문』 1966. 4. 9, 3면.

24 「(사설) 봄바람에 가누어야 할 우리의 몸—학생운동의 반성을 위하여」, 『고대신문』 1966. 4. 9, 1면.

앞서 국회의사당 앞에서 1인 시위를 벌인 학생이 조직 결성에 실패한 이유와 고려대 총학생회의 성토대회가 공감과 동조를 얻지 못한 이유가, 베트남전쟁 파병을 반대하는 대학생이 적었기 때문인지 아니면 학내외의 억압적 분위기 때문인지는 자료 부족으로 단언하기 어렵다. 베트남전쟁 파병에 적극적으로 찬성하는 대학생의 목소리 역시 찾기 힘들다는 점에서 후자의 경우가 더 본질적이었던 것으로 보인다. 여기에 더해 1966년 하반기부터 시작하여 1968년에 절정에 이른 한반도 안보위기는 학생들이 베트남전쟁 파병에 대해 반대 목소리를 내는 것을 더욱 위축시켰다.[25] 베트남전쟁 파병 반대는 그래서 학생운동 및 대학사회의 새로운 이슈가 되는 데 실패할 수밖에 없었다.

3. 박정희 정권의 '파월장병 대학생 위문단' 파견

1966년 3월 베트남전쟁 전투부대 추가 파병 동의안이 국회를 통과한 후 박정희 정권은 주월한국군을 물적·인적으로 위문하는 캠페인을 사회 곳곳에서 전개했다. 그리고 이를 통해 베트남 전장과 한국의 일상을 연결시켜 이 체계 속으로 모든 구성원들을 동원, 복속, 배치하고자 했다.[26] 그해 4월에는 정부 각 부처별로 실시하고 있던 파월장병 지원사업을 통합하여 다루는 '파월장병 지원위원회'를 조직하였다. 이 기구는 4월 23일 첫 회의를 가진 뒤 27일 국무회의

25 1960년대 후반 한반도 안보위기에 대해서는 홍석률, 『분단의 히스테리—공개문서로 보는 미중관계와 한반도』, 창비, 2012 참조.

26 윤충로, 앞 책, 2015, 184~185쪽.

에서 국무총리 산하 기구로 정식 의결되었다.[27] 덕분에 위문편지를 쓰고 위문품을 보내는 사람들은 물론 직접 베트남까지 가서 파월장병을 위문하는 사람들이 많아졌다. 정치인, 연예인, 예술인, 문인 등이 대표적이었다.

대학도 파월장병 위문 캠페인에 동참했다. 특히 연세대는 학생처 주도로 남녀학생 약 30명 규모의 파월장병 위문단을 5월 하순경에 일주일 여정으로 파견할 계획을 세웠고 1966년 4월 19일 문교부의 인가를 받은 뒤 국방부와 교섭을 벌였다. 당시 연세대 위문단의 계획을 보면 음악, 무용, 연극 등 '공연'에 초점을 맞추었다.[28] 그런데 약 2달 후 연세대의 파월장병 위문단 파견 계획은 전국 대학생 대표 100명 정도로 이루어진 위문단 파견 계획으로 확대되었다.[29]

대학생 위문단의 확대 경위는 구체적으로 알기 어렵다. 연세대가 위문단 파견을 처음 계획하고 문교부 승인을 받은 직후 출범한 '파월장병 지원위원회'의 개입 가능성이 있다. 하지만 이를 명시적으로 보여주는 자료는 아직 없다. 오히려 국무회의가 파월장병 지원위원회의 설치를 의결했을 때 제출된 「파월장병 지원사업 기준요강」을 보면, '각종 위문 및 위안행사' 항목에 "언론, 연예, 문화단체 파견"이라는 문구만 나와 있고, 대학생을 비롯한 학생에 대한 언급은 빠져 있다.[30] 반면 대학생 위문단 파견 계획이 전국 단위로 확대되었을 때 언론

---

27 「월남 지원 다루기로」, 『경향신문』 1966. 4. 4, 1면; 「파월장병 지원위원회를 구성」, 『경향신문』 1966. 4. 14, 1면; 「파월장병 지원통합」, 『조선일보』 1966. 4. 24, 1면; 「'파월장병 지원위' 총리 소속으로 신설, 국무회의 의결」, 『동아일보』 1966. 4. 28, 1면; 이신재, 앞 논문, 2020, 323쪽.

28 「파월장병 위문」, 『연세춘추』 1966. 4. 25, 1면. 단, 『경향신문』에는 연세대가 문교부의 인가를 받은 날짜는 4월 23일로, 또 위문단의 규모는 ROTC 대표 5명, 음악부 10명, 무용부 8명, 연극부 5명 등 28명으로 나와 있다. 「연대생들이 파월병 위문」, 『경향신문』 1966. 4. 23, 7면.

29 「대학생 파월장병 위문단 7월 중순 월남으로 떠나」, 『연세춘추』 1966. 6. 27, 1면.

30 「파월장병 지원위원회 규정(안)」(국무회의 안건, 국무총리 정일권 제출, 1966년 4월 25일, 국가기록원 BA0084465).

은 이를 "문교부가 추진, 국방부에 협조를 요청"한 것으로 설명하였다.[31] 실제 위문단이 베트남에 처음 파견되었을 때도 연세대 측은 자신들이 여전히 "위문단의 핵심을 이루고 있다"고 자평하였다.[32] 따라서 파월장병 지원위원회와는 별도로 문교부가 주도하여 연세대 위문단 계획을 전국 단위로 확대했을 가능성이 크다.

1966년 8월 1일 총 113명 규모의 제1차 '파월장병 대학생 위문단'이 해군 함정 편으로 인천항을 떠나 진해를 거쳐 베트남으로 향했다. 8월 10일 베트남 퀴논에 도착한 대학생 위문단은 약 4일간 퀴논에서 활동한 후 투이호아, 사이공으로 이동했고, 8월 21일 베트남을 떠나 타이완으로 향했다. 8월 28일 타이완에 도착한 대학생 위문단은 2박 3일간 그곳에 머물다가 8월 30일 출발하여 9월 2일 진해로 귀국했다.[33] 이후에도 대학생 위문단은 1969년까지 5번 더 파견되었는데, 대체로 제1차 때와 비슷한 규모와 일정이었다. 단, 제1~3차는 베트남을 먼저 갔다가 한국으로 돌아올 때 타이완에 들렀으나, 제4~6차는 먼저 타이완을 들린 후 베트남으로 갔다. 또한 베트남 내에서 이동하는 지역 역시 차수별로 조금씩 차이가 났다.

6차례에 걸친 정부 차원의 대학생 위문단 파견과는 별도로, 1969년 1월 14일부터 27일까지 이화여대 위문단 22명이 채명신 주월한국군 사령관의 초청으로 베트남을 방문했다. 이들은 베트남에서 단막극, 무용, 노래 공연 등을 행했다.[34] 이화여대가 학교 차원에서 별도의 위문단을 보낸 이유를 정확히 알 수

---

31 「대학생 위문단=여름방학에 파월」, 『동아일보』 1966. 6. 30, 7면.

32 「파월장병 대학생 위문단 베트남에서 활약 중」, 『연세춘추』 1966. 8. 29, 1면.

33 「대학생 파월장병 위문단 활동상황 종합보고」(국무회의 안건, 문교부장관 권오병 제출, 1966년 9월 8일, 국가기록원 BA0084480).

34 「주월한국군 위문」, 『이대학보』 1969. 1. 1, 4면; 「이화 위문단 적도에 가다」, 『이대학보』 1969. 3.

는 없으나, 기존 정부 파견 대학생 위문단이 남학생으로만 이루어져 여학생의 참여가 어려웠고, 뒤에서 살펴보겠지만 베트남 현지에서 군인들로부터 큰 호응을 받지 못한 점이 작용했던 것으로 보인다. 여기에 채명신 사령관의 부인이 이화여대 출신이라는 점도 작용했을 것이다.

이화여대 위문단을 제외하고 1966~1969년 총 6차례에 걸쳐 박정희 정권이 파견한 '파월장병 대학생 위문단'의 개요를 정리하면 〈표 6〉과 같다.

대학생 위문단의 구성을 보면, 〈표 6〉에서 알 수 있듯이 종합대학교 총장 중 1인이 단장을 맡고 인솔교수로 주요 대학 학생처장(혹은 과장) 약 10인 정도가 참여했다. 기관 요원의 경우 국방부 안내관 1인, 중앙정보부 보안요원 2인, 문교부 관계관 2인, 기타 보도요원 4~5인이 참여했다. 참여 대학생은 종합대학에서 4인 내외, 단과대학에서 1인 정도가 뽑혔는데, 여대, 신학대, 초급대, 야간대는 대상에서 제외되었다. ROTC 학생들도 대상에서 제외되었다. 학생 선발 기준은 '신체가 건강한 자', '반공사상이 투철한 자', '영어 또는 불어에 능숙한 자', '대학 내에서 지도적 위치에 있는 자(대학신문 기자 포함)', '예능에 특기가 있는 자', '애국심이 강하고 단체 활동의 규율을 성실히 준수할 자'였는데, 4차 위문단 때부터는 여기에 '병역기피의 사실이 없는 자'가 추가되었다.[35]

여기서 핵심은 '대학 내에서 지도적 위치에 있는 자(대학신문 기자 포함)'라는 기준이다. 실제로 각 대학에서 위문단에 참여한 학생들은 대부분 학생회 간부와 학보사 기자였다. 이는 박정희 정권이 1960년대 후반 대규모 대학생 위문단을 지속적으로 파견한 진짜 목적을 잘 보여준다. 정부의 위문단 계획을 보면

10, 3면.

35 「대학생 대표단 파월장병 위문 계획」(국무회의 안건, 문교부장관 문홍주 제출, 1967년 12월 15일, 국가기록원 BA0084525).

〈표 6〉 1966~1969년 정부 파견 '파월장병 대학생 위문단'의 개요

<table>
<tr><th>차수</th><th>기간</th><th>규모</th><th>구성</th><th>이동경로</th></tr>
<tr><td>1차</td><td>1966. 8. 1~1966. 9. 2.</td><td>113명</td><td>단장 1명(동국대 총장)
인솔교수 9명
기관요원 10명
대학생 93명(33개교)</td><td rowspan="3">한국→남베트남
→타이완→한국</td></tr>
<tr><td>2차</td><td>1966. 12. 31~1967. 1. 29.</td><td>128명</td><td>단장 1명(부산대 총장)
인솔교수 9명
기관요원 9명
대학생 109명(60개교)</td></tr>
<tr><td>3차</td><td>1967. 7. 20~1967. 8. 21.</td><td>136명</td><td>단장 1명(단국대 총장)
인솔교수 10명
기관요원 11명
대학생 94명(48개교)
대한교련 20명</td></tr>
<tr><td>4차</td><td>1968. 1. 19~1968. 2. 23.</td><td>135명</td><td>단장 1명(전남대 총장)
인솔교수 10명
기관요원 11명
대학생 113명</td><td rowspan="3">한국→타이완
→남베트남→한국</td></tr>
<tr><td>5차</td><td>1968. 11. 25~1968. 12. 29.</td><td>136명</td><td>단장 1명(건국대 총장)
인솔교수 10명
기관요원 11명
대학생 114명</td></tr>
<tr><td>6차</td><td>1969. 8. 13~1969. 9. 18.</td><td>130여 명</td><td>대학생 110명(34개교)</td></tr>
</table>

* 출전: 1차 「대학생 파월장병 위문단 활동상황 종합보고」(국무회의 안건, 문교부장관 권오병 제출, 1966년 9월 8일, 국가기록원 BA0084480); 2차 「파월장병 대학생 위문단 활동상황 종합보고」(국무회의 안건, 문교부장관 문홍주 제출, 1967년 2월 23일, 국가기록원 BA0084498); 3차 「교원 및 대학생 대표단 파월장병 위문 계획」(국무회의 안건, 문교부장관 문홍주 제출, 1967년 7월 3일, 국가기록원 BA0084508); 4차 「대학생 대표단 파월장병 위문 계획」(국무회의 안건, 문교부장관 문홍주 제출, 1967년 12월 15일, 국가기록원 BA0084525); 5차 「대학생 대표단 파월장병 위문 계획」(국무회의 안건, 문교부장관 권오병 제출, 1968년 10월 22일, 국가기록원 BA0084550); 6차 「본교생 3명 향발(向發) 파월장병 위문」, 『성대신문』 1969. 7. 30, 1면; 「대학생 위문단 귀국」, 『성대신문』 1969. 9. 24, 1면.

* 1~2차는 결과 보고서의 내용이므로 실제 활동과 일치하나, 3~5차는 사전 계획이므로 실제 활동 내용과 약간의 차이가 존재할 수 있다. 6차의 경우 정부 기록물이 남아 있지 않아 계획과 보고 모두 구체적으로 파악하기 어렵다.

그 목적은 언제나 아래와 같이 제시되어 있다.

① 교원 및 대학생 대표로 하여금 월남전선을 방문케 하여 파월장병의 노고를 위문 격려케 함으로써

가. 장병들의 사기를 진작시키고

나. 한국군의 월남파병에 대한 의의를 인식시키며

다. 국제적으로 한국민의 견고한 단결력을 과시하고

라. 월남 학생과의 친목을 도모케 하며

마. 민간외교의 일환을 담당하여 월남평정계획에 협조케 하고

② 귀로 중화민국을 친선 방문케 하여 중국의 교육 및 산업시설을 시찰케 함으로써

가. 국제적 시야를 넓히게 하고

나. 중국과의 반공유대를 강화하며

다. 중국 학생과의 친선을 도모케 하여

③ 국제사회에서의 한국의 위치를 인식케 함과 아울러 조국의 미래에 대한 사명감에 입각하여 조국 근대화 작업에의 적극적 참여의식을 고취하고자 함.[36]

실제로 베트남에 파견된 대학생 위문단은 위에서 제시한 목적에 따라 위문 활동을 수행하였다. 일례로 1차 위문단의 경우 주월한국군의 각 부대를 방문해 위문품을 전달하고 2회의 위문공연을 개최하였다. 또 8회에 걸쳐 베트남 주민들에게 식량과 일용품을 전달하고 5회에 걸친 대민 의료봉사를 통해 주월한국군의 대민작전에 도움을 줬다.[37] 그 밖에 야간 초소근무와 매복작전에 장병들과 함께 참여하여 그들과 일체를 이뤘고, 베트남의 대학생들을 만나 친목을 도모했다.

그중 베트남전쟁의 현장을 직접 체험하면서 그 의의를 절감하고, 귀국 후

---

36 「교원 및 대학생 대표단 파월장병 위문 계획」(국무회의 안건, 문교부장관 문홍주 제출, 1967년 7월 3일, 국가기록원 BA0084508).

37 「대학생 파월장병 위문단 활동상황 종합보고」(국무회의 안건, 문교부장관 권오병 제출, 1966년 9월 8일, 국가기록원 BA0084480).

'지도적 위치'에서 이를 다른 학생들에게 홍보함으로써 '조국 근대화 작업'에 적극 참여하는 것이 대학생 위문단의 가장 중요한 목적이었다. 그래서 선발 자격도 그에 맞춰 제시했던 것이다. 정부가 2차 대학생 위문단 보고서에서, 위문단의 성과가 "학생대표로부터 전 대학생에게 파급되어 더욱 큰 반향을 가져올 것으로 전망되며 앞으로도 학생 지도에 좋은 결과가 있을 것으로 기대"한 이유나,[38] 매 계획서마다 '귀국 후 조치'로 TV, 신문, 라디오, 학보 등을 통한 PR, 교내에서의 방문 보고회 개최, 보고서 발표 등을 항상 강조한 이유가 여기에 있었다. 한마디로 대학생 위문단은 "귀국 후의 매스콤, 학보 등을 통한 피알에 더 깊은 배려"를 했다.[39]

1966년 4월 연세대가 처음 대학생 위문단을 계획했을 때는 파월장병을 위한 각종 위문공연에 초점을 맞췄다. 정부에 의해 대학생 위문단이 전국 단위로 확대되면서 초점이 바뀌었다. 각 대학의 '지도적 위치'에 있는 학생들을 동원하여 전 대학생에게 베트남전쟁 파병은 물론 박정희 정권의 조국 근대화 작업의 정당성과 성과를 과시, 선전하는 것이 주목적이 되었다. 작게는 베트남전쟁 파병 과정에서 일부 학생운동 세력들이 보인 반대운동의 싹을 대학사회에서 완전히 제거하는 동시에, 궁극적으로는 그 직전 한일협정 반대운동 과정에서 정권의 존립 자체를 위협했던 대학생을 완전히 순치하고자 했던 것이다. 1차로 파견된 대학생 위문단에게 주월한국군 사령부의 박학선 대령이 했던 말, 즉 "많은 학생들을 외국으로 파견하기는 건국 이래 처음 있는 일이며 이로 인해 안이하게 판단하던 조국관이 새롭게 부각되어져 지난날의 어두웠던 학원

38 「파월장병 대학생 위문단 활동상황 종합보고」(국무회의 안건, 문교부장관 문홍주 제출, 1967년 2월 23일, 국가기록원 BA0084498).

39 「팔각정」, 『동아일보』 1968. 10. 30, 2면.

의 잔재를 청산하는 데 청량제가 될 것이다"라는 말은 이를 단적으로 드러냈다. 실제로 이 말을 들은 성균관대 학보사 기자는 박 대령이 언급한 "지난날의 어두웠던 학원의 잔재"를 '6·3', 즉 한일협정 반대운동으로 이해했다.[40]

'파월장병 대학생 위문단'의 조직과 파견은 대학 내에서 화제가 되었다. 처음 대학생 위문단이 베트남에 파견되었을 때 일부 대학에서는 이 일이 1966년과 1967년의 학내 10대 뉴스에 꼽히기도 했다. 뒤에서 그 내용을 살펴보겠지만 귀국 후 위문단원들은 박정희 정권이 의도한 대로 베트남에서의 경험을 각 대학 학보에 좌담회나 기행문 형식으로 실어 일반 학생에게 널리 전하였다. 그러나 회를 거듭할수록 학생들의 관심도는 떨어졌다. 학보에 좌담회나 기행문은 커녕 위문단의 출발과 도착 기사마저 실리지 않을 정도였다.

대학생 위문단 파견과 관련하여 여러 문제도 발생했다. 대학별로 학생들 사이에서는 위문단 대표 선정에 대한 불만과[41] 중요한 시기에 학생회장의 해외 출타로 학생회 기능이 마비되는 것에 대한 비판이 터져 나왔다.[42] 위문단 내에서도 꽉 짜인 일정, 특히 너무 잦은 브리핑에 대한 불만이 컸다.[43] 위문단의 한 학생은 이를 "'군인'이 되기를 원하는 장교들과, 좀 더 자유스러워지려는 학생들과의 심심찮은 알력"으로 표현했다.[44] 위문단 활동 과정에서 일부 학생들이 보인 추태에 대한 지적과 함께, 위문단의 수송, 숙식 제공, 주위 정리, 준비물 마련, 접대와 행사 등으로 오히려 파월장병들이 고생한다는 지적이 위문단 안

---

40 김재웅(학보 기자), 「포효하는 월남」 2, 『성대신문』 1966. 9. 25, 3면.

41 윤병열(철학 4), 「학원 정화 수호를 위한 제언」, 『연세춘추』 1967. 9. 30, 4면.

42 「회전무대」, 『동대신문』 1969. 10. 9, 3면.

43 최태현(학보 사진부장), 「키다리 월남에 가다—파월장병 위문을 마치고」 3, 『경북대학보』 1968. 4. 4, 3면.

44 김규하(학보 기자), 「조국과 월남과 파월장병」, 『중대신문』 1968. 3. 21, 3면.

팎에서 동시에 나왔다.[45] 대학생 위문단 관련 기록에서 빈번하게 등장하는 '위문단이 위문하러 갔다가 도리어 위문받고(혹은 당하고) 왔다'는 어구는 이러한 '주객전도'의 상황을 잘 반영하고 있다.[46] 그 밖에 초창기 위문단 학생들 가운데 절반 이상이 적령신고 미필, 응소 회피, 징병검사 불응 등 병역의무를 기피한 자여서 더욱 문제가 되었다. 국방부는 각 대학에 병역기피 학생에 대한 단속과 처벌을 요구하였고,[47] 앞서 언급한 바와 같이 4차 대학생 위문단 때부터 선발 기준에 '병역기피의 사실이 없는 자'가 추가되었다.

국방부조차 대학생 위문단에 "달갑지 않은 태도"를 보이는 상황에서,[48] 한 파월장병은 대학생 위문단이 "솔직히 말해서 한 통의 위문편지나 김치 한 통보다 덜 반가웠다"고 솔직하게 말했다.[49] 위문단원 중 한 학생 역시 위문단의 두 가지 목적, 즉 '장병 위문'과 '주월한국군의 현황을 눈으로 직접 보게 하여 그 진상을 널리 주지시키는 것' 중에 "전자에 있어서는 완전 실패"라는 점을 자인했다.[50] 여러 잡음에도 불구하고 박정희 정권은 애초 의도한 목적대로 대학생 위문단이 베트남 전장 체험을 학생 대중에게 선전, 홍보하길 기대하며 1960

---

45 정동현(경제과 3년), 「주월국군 방문 후감—한국군이 군의 상징」, 『부대신문』 1968. 3. 11, 3면; 「팔각정」, 『동아일보』 1968. 10. 30, 2면.

46 정원근(조교수), 「파월장병 위문을 마치고」, 『대학신문』 1967. 9. 25, 2면; 「명륜춘추」, 『성대신문』 1968. 11. 27, 1면; 「(좌담) 주월한국군의 현황—본교 위문단원들에게 들어본다」, 『중대신문』 1967. 9. 7, 3면; 노상석(총학생회장), 「월남방문기」, 『대학주보』 1969. 2. 27, 4면; 이종환(학보 편집국장), 「따이한의 얼을 심는 사연들—제5차 파월장병 학생 위문단 보고」, 『한대신문』 1969. 2. 22, 3면; 홍기종(부교수), 「주월한국군 방문기」, 『부대신문』 1969. 2. 5, 2면.

47 「병역기피한 대학생—국방부서 제적 요청」, 『경향신문』 1967. 8. 9, 7면.

48 「팔각정」, 『동아일보』 1968. 10. 30, 2면.

49 김상만(공주사대 화학과 4년), 「(독자의 광장) 월남서 온 편지, 위문단보다 편지를」, 『경향신문』 1967. 4. 26, 8면.

50 정동현(경제과 3년), 「주월국군 방문 후감—한국군이 군의 상징」, 『부대신문』 1968. 3. 11, 3면.

년대 후반 내내 그들을 조직, 파견하였다. 그러나 앞서 언급했듯이 대학생 위문단에 대한 학생들의 관심도는 시간이 갈수록 떨어졌다. 박정희 정권이 대학생 위문단을 조직하여 베트남에 파견한 주목적에 어긋나는 일이었다. 각종 역효과를 가져오는 대학생 위문단을 굳이 파견할 이유는 점차 사라져갔다. 정부의 공식적인 기록이 남아 있지 않아 정확한 이유를 알기 어렵지만, 대학생 위문단이 1969년 여름방학의 6차 파견을 마지막으로 중단된 맥락을 여기에서 찾을 수 있다.

4. 대학생 위문단의 기록 속에서 발견되는 '순치'와 '균열'

1960년대 후반 '파월장병 대학생 위문단'은 열전의 공간 베트남에서 어떤 경험을 했을까? 1차와 2차 대학생 위문단의 경우 정부 차원에서 위문단 활동을 사후적으로 정리한 보고서가 남아 있고, 그 속에 귀국 시 정부가 위문단 학생들을 대상으로 실시한 설문조사 결과가 담겨 있다. 단, 위문단원 전체의 응답이 아니라 문항 당 3~9개 정도의 응답만 선별 제시되었다. 1차와 2차 대학생 위문단의 설문조사 문항과 응답의 형식 및 내용은 대동소이했다.

이 보고서에서 위문단 학생들은 대부분 박정희 정권의 베트남전쟁 파병을 긍정적으로 바라보았다. 예를 들어 1차 대학생 위문단은 주월한국군의 활동을 "국군은 애국적이요 영웅이다. 혁혁한 공적에 머리 숙인다", "세계만방에 한국군의 전투력을 과시한다"며 매우 높게 평가했다. 또 베트남전쟁 파병의 의의를 "국위 선양", "경제적 실리", "인류의 정의, 자유의 실현", "실전 경험으로 국방에 유리", "세계사 속에 움직이는 첫 신호"로 정리한 후 이것이 "모두 대성공"이라

고 평가했다.[51]

2차 대학생 위문단도 "주월국군의 분투(奮鬪) 활동은 문자 그대로 영웅적이었다"고 추켜세웠다. "남을 도와주는 위치에 선 조국을 생각할 때 대견스럽고 기뻤"으며 "한국민으로서의 자부심을 느꼈"다. 처음에는 "파월을 반대하였으나 이제는 의의를 알겠다"는 고백도 나왔다. 베트남을 떠나면서는 "월남에 더 많은 인력을 수출하여 경제자립의 기반을 닦아야겠다", "월남 진출은 조국 근대화의 몸부림이므로 파월은 잘한 일이다"라는 총평을 내렸다. 또한 파병의 의의로 "월남 전선 방위는 우리 국토방위와 직결", "국위 선양", "국제적 진출의 제1보", "자유우방과의 유대 강화", "후손들에게 수치스러운 유산을 물려주지 않으려는 자각심의 발로", "아세아인 공동의 안전보장과 반공이념의 실천", "근대화를 위한 경제력 강화의 일환", "실전을 통한 경험으로 국군 전투력의 강화" 등을 꼽았다.[52]

물론 정부가 직접 수행한 설문조사의 응답이 위문단 학생들의 인식을 그대로 반영한다고 단정하기는 어렵다. 기록 자체가 정부 관료들이 전체 중 일부 응답만을 국무회의 보고용으로 선별한 것일 뿐만 아니라, 학생들 역시 검열의 부담 속에서 가급적 문제가 생기지 않는 방향으로 응답했을 것이기 때문이다. 그렇다고 해서 이 설문조사의 응답이 모두 거짓이라고 단정하기도 어렵다. 학생들의 실제 인식과 검열에 따른 왜곡이 뒤섞여 있을 가능성이 크다. 따라서 이를 대학생 위문단이 남긴 다른 기록과 함께 분석할 필요가 있다.

대학생 위문단으로 베트남에 다녀온 학생들은 귀국 후 일간지나 각 대학

---

51 「대학생 파월장병 위문단 활동상황 종합보고」(국무회의 안건, 문교부장관 권오병 제출, 1966년 9월 8일, 국가기록원 BA0084480).

52 「파월장병 대학생 위문단 활동상황 종합보고」(국무회의 안건, 문교부장관 문홍주 제출, 1967년 2월 23일, 국가기록원 BA0084498).

학보에 좌담회 혹은 기행문 형식으로 여러 기록을 남겼다. 그런데 이들 기록에서도 정부 보고서와 비슷한 내용이 다수 발견된다. 파월 위문 활동을 통해 "과거 피원조 국가로서의 비운을 벗어나 격동하는 국제무대에서 주역을 담당하고 있다는 사실에, 발전하는 조국의 위대함을 재인식"했다거나,[53] 주월한국군이 "남국에 흘린 고귀한 피와 땀은 결코 헛되지 않고 우리 조국 근대화 일보전진의 전환점"이 되었으며 "월남의 반공뿐만 아니라 아시아의 반공 더 나아가서 세계의 반공을 위하여 인류가 염원하는 진정한 평화의 십자군"임을 자부한다는[54] 식의 언술을 대학생 위문단의 기록에서 쉽게 찾을 수 있다. 이들 기록 역시 기본적으로 선전과 홍보 차원에서 나왔다는 점을 고려해야겠지만, 사실은 그 자체가 박정희 정권이 대학생 위문단을 베트남에 보낸 목적이었다. 따라서 박정희 정권이 의도한 대학생 위문단의 목적은 충분히 달성된 것처럼 보인다. 한마디로 박정희 정권은 얼마 전까지 자신을 가장 크게 위협했던 대학생을 열전의 공간인 베트남으로 보내 냉전 생태계 속에서 한국이 차지하는 위치와 역할을 자각하게 하고, 베트남 파병의 정당성과 여러 성과를 인정하게 함으로써 지배 담론인 '조국 근대화' 담론에 그들을 순치하려 했던 것이다.

하지만 대학생 위문단이 남긴 기록들을 좀 더 세밀하게 들여다보면 정부 보고서와는 상이한 부분들이 종종 눈에 띈다. 대표적인 것이 한국과 한국인을 바라보는 베트남인의 태도에 대한 설명이다. 정부의 1차 보고서와 2차 보고서 모두 '베트남인들의 한국민에 대한 친근도'라는 항목에서 학생들의 응답을 "신뢰하고 감사하고 있다", "한국을 동경하고 있다", "형제처럼 대해주었다"(이

---

53 이황우(학보 편집부장), 「쟝글 속의 '따이한'—파월장병 위문단을 따라 下」, 『동대신문』 1966. 9. 26, 3면.

54 한학수(공경과), 「학생 월남 방문단 방문기」, 『한대신문』 1967. 9. 15, 3면.

상 1차 보고서), "기대 이상으로 호의적이었다", "진심으로 도와주는 나라라고 생각하고 있었다", "성의껏 함께 지내고 싶어 했다"(이상 2차 보고서)고 정리했다.

이와 달리 대학생 위문단의 기록 속에서 한국과 한국인을 바라보는 베트남인의 태도는 한결같이 '무표정'으로 묘사되었다. 대학생 위문단이 베트남에 도착했을 때 환영 나온 남녀학생들은 무표정했고,[55] 베트남을 떠날 때도 환송하는 베트남인들은 무표정했다.[56] 베트남인은 한국과 한국인에게만 무표정한 것이 아니었다. 베트남 전역에서 전개되고 있는 전쟁 자체에도 무표정했다. "사람들은 무표정하고 매사에 무관심한 듯 보였으며 오늘의 대공전쟁도 국민들의 무관심 속에 진행돼가고 있는 듯"이라는 언술이 이를 잘 보여준다.[57]

열전의 공간 베트남에서, 전투에 승리하고 대민사업을 통해 민심도 획득하며 경제적인 면에서도 국위를 선양하는 주월한국군의 업적을 체험한 학생들에게, 그 최대 수혜자라 할 수 있는 베트남인의 무표정은 당혹스럽고 이해하기 어려운 것이었다. 이는 무언가 문제가 있는 '비정상' 혹은 '손상'처럼 보였다. 비정상/손상을 극복하기 위해서는 그 원인부터 찾아야 했다. 그래서 대학생 위문단의 기록 속 베트남인의 무표정에 대한 언급에는 "오랫동안 외세에 눌려 외국인에게 상당히 무표정"하고,[58] "월남인의 얼굴 특히 그들의 눈빛에서는 '무표정' 그것 하나로도 전쟁에 시달린 모습이 설명되고 이해"된다[59]는 식의 설명이 으레 함께 등장했다. 베트남인은 오랫동안 중국-프랑스 등 외세의 침략과

---

55 김진일(학생과장), 「대학생 파월장병 위문단 인솔기—월남 풍물 풍속 따라」, 『한대신문』 1966. 9. 15, 2면.

56 문남연, 「낭만과 진통의 나라—월남 기행」 2, 『연세춘추』 1967. 10. 2, 4면.

57 「대학생들이 본 월남과 월남전」, 『조선일보』 1966. 8. 23, 3면.

58 「우리 국군은 잘 싸우고 있다—주월국군 학생 위문단 좌담」, 『중대신문』 1966. 9. 15, 4면.

59 이창묵(학보 기자), 「월남견문록」, 『고대신문』 1967. 2. 25, 4면.

지배를 받고, 또 지금도 전쟁에 시달리고 있기 때문에 고마운 한국인들에게도 외국인이라는 이유만으로 무표정이라는 비정상/손상을 보인다는 것이었다.

베트남인의 무표정이라는 비정상/손상을 '정상화'하기 위해서는 그들에게 다가서는 데 있어 더 많은 노력이 요구됐다. 주월한국군은 이마저도 훌륭하게 수행하였다. 아래의 기사는 베트남인의 무표정이라는 비정상/손상을 주월한국군이 어떻게 정상화했는지 설명하고 있다.

> 중국의 지배, 프랑스의 호된 식민지 정책에 눈치로 연맹해온 그들은 맨 처음 '따이한'의 정성 어린 대접에도 웃기는커녕 '무표정의 표정'으로 으레 받아야 된다는 그런 식의 인사였다 한다. 허나 '따이한'은 달랐다. 공산주의와 전쟁을 치렀고 국토가 양단됐으며 민족의 분열, 피지배자의 고통을 겪고서도 이 월남을 도우러 온 '따이한'은 유교, 불교에서 이뤄진 비슷한 풍습과 황색의 피부색을 모두 결부하여 이해시키며 늠름한 어깨로 그들의 마음을 보호해주고 잘살게 만들어주고 월남 정부보다 더 따뜻한 정성으로 구호하고 치료해주는 데 감격하여 이제는 '따이한' 남바원이 그치질 않고, 한국인이면 '우리를 살려준다'는 신념까지 가지게 만들어버렸다.[60]

여기서 순치의 효과는 배가된다. 주월한국군은 베트남인의 무표정이라는 난관을 능히 극복하고 '따이한 남바원'의 신화를 만들어냈던 것이다. 한국 대학생의 자부심과 우월감이 절정에 달하는 지점이었다. 대학생 위문단의 기록에 등장하는 "한국 역사상 주월한국군같이 해외에 국위를 널리 선양한 일은 없다고 봅니다. 직접 다녀오니까 그들에 대해 어떤 우월감 비슷한 걸 느꼈어

---

60 우서환(학보 기자), 「용사, 그리고 '장글' 속에서 360시간 下」, 『한대신문』 1967. 3. 5, 4면.

요"라는 언술과,[61] "한마디로 월남전은 한국민의 우수성을 만방에 과시하기 위한 전쟁 같았다"는 언술은[62] 그 자부심과 우월감을 단적으로 보여준다. 이는 선행연구에서 윤충로가 한국의 베트남전쟁 담론의 특성으로 지적한 '아류오리엔탈리즘'과 맞닿아 있다. 즉 한국 대학생은 "한편으로는 인종적·문화적 유사성과 친근함을 강조"했지만, 다른 한편으로는 "서구가 동양에 대해 열등한 타자의 상을 그려낸 것처럼" "베트남인을 타자로 대상화하고, 후진적이고 열등한 존재로 정형화했던 것이다."[63] 실제로 위문단의 한 학생은 주월한국군의 근거지 중 하나인 퀴논에서 "마치 한국의 식민지 같은 인상"까지 받았다.[64]

외국인에 대한 베트남인의 '무표정'은 '배타성'과 짝을 이루는 것이었다. 대학생 위문단 기록을 보면 베트남인의 무표정과 함께 배타성에 대한 언급이 자주 등장한다. 배타성 역시 무표정과 같은 원인으로 발생한 베트남인의 문제점으로 설명되었다. "월남에 있어서는 전쟁을 종식시키지 못한 가장 큰 이유로는 고질적인 무조건 배타성에서 유인된다. 자체의 모순을 해소치 못하고 타(他)와 융합을 꺼려하고 고질적인 사고에서만 허덕이는 월남은 확실히 비극 속에 있다"는 언술이 대표적이다.[65] 무엇보다 베트남인의 배타성은 '반공'이라는 사상보다 '민족'을 앞세워 베트남에 공산 세력이 침투하게 만드는 '약점'이자,[66] 미군이나 한국군 같은 외국군의 참전 및 전쟁 수행에 있어 최대 장애물이었다.

---

61 「(좌담) 주월한국군의 현황—본교 위문단원들에게 들어본다」, 『중대신문』 1967. 9. 7, 3면.

62 성창용(학보 취재부장), 「상하(常夏)의 나라, 월남」 3, 『단대신문』 1967. 9. 26, 4면.

63 윤충로, 앞 책, 2015, 115쪽.

64 「대학생들이 본 월남과 월남전」, 『조선일보』 1966. 8. 23, 3면.

65 김종화(학보 기자), 「월남 속의 한국—대학생이 본 월남」 3, 『성대신문』 1967. 3. 29, 3면.

66 김재웅(학보 기자), 「포효하는 월남」 2, 『성대신문』 1966. 9. 25, 3면; 이억석(문리대 부교수), 「주월국군 방문 후감—월남은 모(毛)이론의 실험대」, 『부대신문』 1968. 3. 11, 3면.

여기에도 "월남인의 민족성은 추하고 강하다"라고 보는[67] 아류오리엔탈리즘이 강하게 투영되어 있다.

그러나 모두가 다 베트남인의 무표정과 배타성을 비정상/손상으로 이해한 것은 아니었다. "시달려서 지친 얼굴이었어도 자신을 불행하게 생각하는 태도는 아니었다"며 긍정적인 관점에서 베트남인의 무표정을 바라보는 위문단원이 있었다.[68] 특히 베트남인의 배타성은 종종 당시 한국 대학생이 적극적으로 추구한 가치인 '주체성'과 연결되었다. 대학생 위문단의 기록은 아니지만 한일협정 반대운동이 좌절되고 베트남전쟁 파병이 본격화한 1966년 5월 고려대 학보에 실린 다음 기사는 베트남인을 바라보는 전혀 다른 시선을 잘 보여준다.

> 월남인들이 그리 잘난 민족은 아닌 성싶다. 헌데 이런 월남인에게서도 한 가지 본받을 점은 있다. 그것은 그네들의 '주체의식'이다. (…) 아무튼 그네들의 주체의식이 제법 강한 것만은 여러 가지 단편적인 기사를 통해서 보더라도 사실인 것 같다. 하긴 사람에 따라서는 월남인의 주체의식이란 것도 따지고 보면 별것이 아니어서 한낱 '열등감에서 오는 값싼 반발의식'이나 또는 20년 전쟁에서 시달려오는 동안 '누적된 욕구불만에서 오는 편굴성(偏屈性)'으로 돌려버리는 수도 있겠지만 적어도 오늘날 한국인에게는 시사하는 바 크다고 아니할 수 없다.
>
> 외국인 앞에서는 쪽을 못쓰고 그들 꽁무니나 따라다니고 하든 한국인의 사정과는 무척 대조적이라 아니할 수 없다. 미국인이 아무리 우리의 은인이라 할지라도, 또한 일본인의 돈 보따리가 아무리 탐이 난다 할지라도, 민족적 체면까지도 내동이치고 저자세를 취하는 따위의 행동은 한국인의 주체의식이 얼마나 박약한가

---

67 「이모저모의 풍물—내가 본 베트남」, 『대학주보』 1967. 3. 13, 4면.

68 우서환, 「용사, 그리고 '장글' 속에서 360시간 上」, 『한대신문』 1967. 2. 25, 4면.

를 여실히 증명해주고 남음이 있다 하겠다.[69]

이 기사에 따르면 베트남인의 주체성은 베트남인의 문제점이 아니라 한국인의 문제점을 드러내주는 거울이었다. 비정상/손상의 주체는 베트남인이 아니라 한국인이었던 것이다.

한편에서 베트남인의 무표정과 배타성은 여전히 이해하기 어렵고 극복해야만 하는 비정상/손상에 불과했다. 이런 입장에서 무표정과 배타성은 진정한 주체성이 아니었다. 하지만 다른 한편에서 베트남인의 강한 주체성은 그 자체로 주목할 만한 것이었다. 대학생 위문단 기록 속에도 베트남인의 강한 주체성에 대한 언급이 자주 등장하는데, 이는 대체로 긍정적으로 이해되었다. 일례로 베트남인은 "무능력한 듯하면서도 주체의식만은 매우 강한 민족이다", "열대 지방의 미개인이라 생각했으나 그들대로 민족성과 조국애를 갖고 있었다", "바다와 육지 깊숙한 정글지대까지 미국제 깡통이 널려 있다. 하지만 원조를 냉정히 받아들이는 주제성이 부럽다"라는 식이었다.[70] 박정희 정권이 베트남 열전 공간에 대학생을 보내 그들을 순치하려 한 의도에 반하는 인식이었다. 이는 곧 순치의 균열을 의미했다.

대학생 위문단 기록 속에서 순치의 균열 지점들은 그 외 더 발견된다. 베트남인의 무표정과 배타성을 극복하고 주월한국군이 "따이한 남바원"으로 인정받았다는 과시와 달리 "월남인들이 우리 군인들을 '따이한'이라 하며 좋아한다지만 그건 먹을 것이나 옷가지 등을 주니까, 또 해치지를 않으니 그런 거지, 속마음으로부터의 친절을 갖고 대하는 것이 아니었다. 수십 년 동안 외국의 세

69 「(冷箭) 월남인과 주체성」, 『고대신문』 1966. 5. 14, 1면.

70 「대학생들이 본 월남과 월남전」, 『조선일보』 1966. 8. 23, 3면.

력에 눌려 살았기 때문에 외국인이라면 어느 나라 사람이건 싫어한다"는 설명도 대학생 위문단 기록 속에 나온다.[71] "시간이 경과함에 따라 대한(對韓)감정이 좋지 못한 방향으로 흐르지 않을까 하는 두려운 감정"도 숨기지 않았다.[72] 베트남전쟁에서 무력으로는 승리할 수 없다는 점을 일찍부터 인정하는 모습까지 나타났다.[73]

주월한국군이 베트남전쟁에서 자행한 '학살'에 대해 언급한 위문단원도 있었다. 그가 쓴 기행문에 따르면 한국군이 미군이나 남베트남군보다 월등하게 전과를 올리는 "주된 이유"는 "한국군이 무자비한 군대"였기 때문이었다. 이는 다음과 같이 자세하게 설명되었다.

> 옆의 전우들이 픽픽 쓰러지는 걸 보면 눈에서 불꽃이 튄단다. 그렇게 되면 그 부근은 완전히 쑥밭이 되는 것이다. 이때는 양민이고 뭐고 없이 눈앞에서 뭐가 움직이기만 하면 쏘아놓고 본단다. 좀 잔인한 이야기지만 총에 맞아 죽은 V.C들, 그들은 형태조차 없어져버린다. 더구나 이런 판에 여자들이 어른거리다간 곱게 죽지도 못하는 건 뻔한 사실이고, 그 때문에 사고가 생겨 지금 본국에서는 모종의 비밀재판이 열리고 있다는 걸 아는 사람은 다 아는 비밀이다.[74]

실제로 주월한국군은 베트남 현지에서 "잘 싸우지만 지나치게 잔인하다"

---

71 최태현(학보 사진부장), 「키다리 월남에 가다—파월장병 위문을 마치고」 4, 『경북대학보』 1968. 4. 11, 3면.

72 정동현(경제과 3년), 「주월국군 방문 후감—한국군이 군의 상징」, 『부대신문』 1968. 3. 11, 3면.

73 「(좌담) 전장 없는 전쟁터 월남을 다녀와서」, 『고대신문』 1966. 9. 17, 4면.

74 최태현(학보 사진부장), 「키다리 월남에 가다—파월장병 위문을 마치고」 4, 『경북대학보』 1968. 4. 11, 3면.

라는 평가를 받고 있었다. 채명신 사령관이 이러한 평가를 걱정할 정도였다.[75] 위 기행문에서 언급한 '사고' 및 '비밀재판'이 구체적으로 어떤 사건인지 알기 어렵지만, 글의 맥락상 당시는 물론 지금도 한국 정부 및 참전 군인들이 인정하지 않는 '학살' 사건을 의미하는 것이 분명하다.[76] 전쟁과 파병의 정당성 및 성과 홍보라는 애초 의도와 반대로, 대학생 위문단은 주월한국군의 치부를 드러내고 전달했던 것이다. 이렇듯 베트남전쟁이라는 열전의 공간에 대학생을 직접 보내 그들을 냉전 논리 안에서 포섭하고 순치하려 했던 박정희 정권의 시도는 일정한 효과를 보았으나, 동시에 그 속에서는 순치에 역행하는 크고 작은 균열이 계속 만들어지고 있었다.

5. 맺음말

한국은 베트남전쟁에 미국 다음으로 많은 군대를 파병한 나라임에도 1960년대 후반 전 세계를 휩쓴 반전운동이 일어나지 않았다. 1960년대 내내 학생운동을 전개해온 대학생도 마찬가지였다. 하지만 베트남전쟁 파병 반대의 목소리가 없었던 것은 아니었다. 베트남전쟁에 전투병 파병이 이루어질 당시 학생운동에 참여했던 일부 학생들은 학생운동 이슈를 기존의 한일협정 체결 반대

75 박태균, 『베트남전쟁—잊혀진 전쟁, 반쪽의 기억』, 한겨레출판, 2015, 142쪽.

76 주월한국군의 '잔인함'과 '학살'에 대해 언급한 이 기행문은 1968월 1월 19일부터 2월 23일까지 베트남을 방문한 4차 위문단 단원이 기록한 것이다. 따라서 여기서 언급한 '학살'은 1968년 2월 12일에 발생한 '퐁니·퐁넛 사건'일 가능성이 있다. 다만, 4차 위문단의 한국 귀국 뒤 이 기행문이 실린 시점 이후 '퐁니·퐁넛 사건'이 문제가 되기 시작했다는 점을 고려한다면, 이 기행문에서 언급한 학살은 다른 사건일 가능성이 더 크다. '퐁니·퐁넛 사건'에 대해서는 고경태, 『1968년 2월 12일—베트남 퐁니·퐁넛 학살 그리고 세계』, 한겨레출판, 2015 참조.

에서 베트남전쟁 파병 반대로 전환하고자 베트남전쟁은 물론 미국을 직접 겨냥한 시위를 벌였다. 박정희 정권이 '반공'을 앞세워 학생들의 파병 반대 움직임을 강하게 탄압하고, 위수령 선포 후 학생운동 자체가 크게 약화되면서 이 같은 학생운동의 이슈 전환은 실패로 돌아갔다.

전투병 파병이 본격화한 1966년부터 박정희 정권은 주월한국군을 위문하는 캠페인을 전 사회적으로 전개하였다. 그리고 그 일환으로 1969년까지 총 6차례에 걸쳐 대규모 '파월장병 대학생 위문단'을 조직하여 열전의 공간 베트남에 파견하였다. 대학생 위문단은 파월장병 위문보다, 대학생에게 베트남전쟁 파병, 나아가 박정희 정권의 조국 근대화 사업의 정당성과 성과를 선전하는 데 주목적이 있었다. 이를 통해 박정희 정권은 대학 사회에서 베트남전쟁 파병 반대의 싹을 완전히 제거하고, 그동안 정권의 존립 자체를 위협했던 대학생을 순치하고자 했다.

1960년대 후반 계속해서 베트남에 파견된 대학생 위문단은 자신들의 체험을 각종 기록을 통해 대학 사회에 전달했다. 그 내용을 보면 베트남전쟁 파병 및 조국 근대화 사업의 정당성과 성과를 인정하는 부분이 많았다. 일견 박정희 정권의 대학생 위문단 파견의 목적이 충분히 달성된 듯했다. 하지만 대학생 위문단은 그 조직과 활동 과정에서 많은 잡음을 일으켰고 시간이 갈수록 학생들의 관심도가 떨어졌다. 무엇보다 대학생 위문단의 기록 속에서 박정희 정권의 의도에 반하는 순치의 균열 지점들이 계속 만들어지고 있었다.

대학생 위문단이 직접 체험한 열전의 공간 베트남은, 베트남인의 무표정, 배타성, 그리고 주체성 같이, 한국인이 쉽게 이해하기 어려운 '비정상'이나 '손상'으로 보이는 부분들을 가시화하며 순치의 균열을 분명하게 드러냈다. 순치와 균열의 엇갈림 속에서 한국의 대학생은 베트남전쟁 기간 내내 파병에 대해 명시적으로 반대하는 목소리를 내지 않았지만, 그렇다고 적극적인 지지를 보내지도 않았다. 그런 의미에서 세계사적 조류와 달리 1960년대 한국에서 반전 운동, 즉 베트남전쟁 반대운동이 일어나지 않았다는 현상만으로, 한국 대학생의 베트남전쟁 파병에 대한 인식을 '냉전'과 '반공', 그리고 '국익' 논리 일변도로 이해하는 것은 재고의 여지가 있다. 분명 당시 대학생 일반은 물론 학생운동 진영마저도 사회 전반의 '냉전', '반공', '국익' 논리에서 자유롭지 못했지만, 그 이면에는 여러 순치의 균열 지점을 따라 다양한 인식과 움직임이 공존하고 있었던 것이다.

제8장 '유언비어'의 힘
—1970년대 유언비어의 불온성

1. 머리말

1970년대는 '유언비어'의 시대였다. 유언비어가 1970년대에만 있었던 것은 아니다. 동서고금을 막론하고 어느 장소, 어느 시대든 유언비어는 존재했고, 그 내용과 형식도 다양했다. 1945년 해방 이후 한국 현대사에 국한하더라도 앞선 1950~60년대나 그 뒤의 1980년대 이후보다 1970년대에 유언비어가 월등히 많았다고 단정하기 힘들다. 어쩌면 인터넷 공간을 통해 소위 '가짜뉴스'들이 난무하는 오늘날 한국 사회에서 훨씬 더 많은 유언비어를 찾아볼 수 있을지도 모르겠다. 그러나 한국 현대사에서 '유언비어'가 중요한 의미를 갖게 된 시기는 분명 1970년대였다. 1970년대 유언비어를 의미 있게 만든 장본인은 바로 박정희 정권, 특히 유신체제였다. 무엇보다 유언비어의 날조 유포를 엄단한 '긴급조치'는 역설적으로 1970년대 유언비어의 존재감을 한층 더 부각시켰다.

유언비어의 사전적 정의는 "근거 없이 널리 퍼진 소문"이다. 하지만 유언비어에 대한 규정은 시대적 상황에 따라 달라진다. 따라서 1970년대 유언비어 분석은 당대에 유언비어로 규정된 것들이 무엇인지 밝히는 작업에서부터 시작되어야 한다. 그러나 당시 전파되었던 모든 유언비어들의 내용과 그것을 유포한 사람들을 파악하여 분석하는 것은 불가능하다. 왜냐하면 유언비어는 주로 입에서 입으로 전해는 '소문'이라는 특성상 제대로 기록되지 않기 때문이다. 몇몇 유언비어가 '기록'으로 남아 있기는 하지만 그것은 당시 퍼져 있었던 여러 유언비어 가운데 일부에 지나지 않을 가능성이 크다. 게다가 1970년대는 정부에 의해 언론이 극도로 통제되었기 때문에 유언비어의 구체적인 내용이 언론을 통해 알려지는 경우도 드물었다. 당시 경찰, 검찰, 중앙정보부 등 정부기관들이 조사한 기록과 긴급조치 관련 사건 재판기록 등에서 문제가 된 유언비어의 구체적인 내용들이 등장하기는 하지만, 정부 측 기록은 아직까지 대부분 비공개 또는 일부만 공개된 상태이며,[01] 재판기록은 일부 공간된 것을 제외하면 당사자 외에는 열람이 제한되어 연구 자료로 활용하는 데 어려움이 있다. 일제 식민지기 유언비어에 대해서는 일부 연구가 진행된 반면,[02] 해방 이후 유언비어에 대해서는 아직까지 연구가 제대로 이루어지지 않은 까닭도 여기에 있다.

이에 이 글에서는 유언비어의 구체적인 내용 분석보다는 1970년대 당시 유언비어가 생성되고 확산된 맥락을 파악하는 데 초점을 맞추고자 한다. 그리고 그 맥락 속에서 당시 유언비어가 가지고 있던 '불온성'을 읽어내고자 한다.

---

01 이 기록물들은 크게 경찰이 생산한 '유언비어 유포 사건' 관련 기록물과, 검찰이 생산한 '긴급조치 9호 위반 사건' 관련 기록물로 나눌 수 있다. 경찰이 생산한 유인물은 현재 대부분 '비공개' 상태이며, 검찰이 생산한 기록은 '부분공개' 상태이다. 참고로 중앙정보부가 생산한 기록물은 국가기록원에서 확인조차 되지 않는다.

02 이시재, 「일제말의 조선인 流言의 연구」, 『한국사회학』 20, 1986; 박용하, 「일제 말기 유언비어 현상에 대한 일고찰」, 고려대학교 석사학위논문, 1990; 박수현 「중일전쟁기 '유언비어'와 조선인의 전쟁 인식」, 『한국민족운동사연구』 40, 2004; 변은진, 「유언비어를 통해 본 일제말 조선 민중의 위기 담론」, 『아시아문화연구』 22, 2011.

'불온'의 규정 역시 유언비어와 마찬가지로 다양할 수 있다. 일단 사전적으로는 "순응하지 않다"라는 의미가 강하다. 하지만 한국 현대사에 '불온'이라는 개념은 항상 '북한' 혹은 '공산주의'와 연결되는 특징을 지녔다. 불온은 늘 어떠한 '배후'를 상정하는 경향이 있지만, 분단과 한국전쟁을 경험하면서 북한이라는 불온의 배후이자 전제가 보다 분명해졌다.[03] 북한을 직접 연결시키기 어려울 경우에는 '용공'이라는 이름으로 불온이 규정되었다. 이는 1970년대도 마찬가지였다. 일례로 1973년 국회에서 한 야당 의원이 '불온'의 기준 또는 한계가 무엇인지를 정부에 따졌을 때, 문화공보부장관이 나와 "공산주의를 찬양하고 고무하는 것을 불온이라고 보고" 있다고 답변한 바 있었다.[04] 단, 1970년대에는 불온의 범위가 이전보다 더 확대되었다. 특히 박정희 대통령은 유신체제에 대한 비판, 반대, 부정 자체를 불온시했다.[05]

불온은 이처럼 항상 권력에 의해 규정되었기 때문에 불온으로 규정된 것들 속에서 권력의 의지를 읽어낼 수 있다. 그러나 거꾸로 불온으로 규정된 것들 속에서 불온을 행한 행위자의 능동성을 발견할 수도 있다. 즉 권력으로부터 불온을 탈취하여 행위자에게 돌려줌으로써 불온의 개념을 재구축할 필요가 있는 것이다.[06] 이 글 역시 이러한 관점에서 '저항의 잠재력 혹은 가능성'으로서 유언비어의 '불온성'에 주목하고자 한다. 그리고 이를 통해 기존 연구에서는

---

03 임유경, 「1960년대 '불온'의 문화 정치와 문학의 불화」, 연세대학교 박사학위논문, 2013, 27쪽.

04 채문식(신민당) 의원의 질의와 이에 대한 윤주영 문화공보부장관의 답변(「제86회-제4차 국회 문교공보위원회 회의록」, 1973. 6. 1, 7~8쪽; 13쪽).

05 박정희, 「담화문(1973. 12. 29)」, 『박정희대통령 연설문집』 7, 대한공론사, 1976, 189쪽. 이 담화문 발표 직후 박정희 대통령은 긴급조치 1호를 발동했다.

06 정병욱 외, 「저작비평: '불온'한 자들의 삶, 어떻게 역사로 이야기할 것인가」, 『역사문제연구』 31, 2014, 217쪽.

잘 드러나지 않았던 1970년대 유언비어의 역사적 의미를 찾아보고자 한다.

2. 일상 속의 유언비어

1970년대 유언비어는 유신체제의 긴급조치와 밀접한 관련을 맺고 있었다. 긴급조치 1호는 3항에서 "유언비어를 날조 유포하는 일체의 행위를 금한다"고 명시했고, 긴급조치 9호는 1항의 첫 번째 항목에서 "유언비어를 날조 유포하거나, 사실을 왜곡하여 전파하는 행위"를 금지하였다.

한국기독교협의회 인권위원회의 조사에 따르면, 1970년부터 1979년까지 10년 동안 국가보안법, 반공법, 노동법, 긴급조치 등을 위반한 죄로 구속된 사람이 총 2,704명(그중 1,184명은 구류)에 이르며, 이 중 긴급조치 9호의 경우 위반자가 1,370명, 구속자 1,050명이었다. 최근 '진실·화해를 위한 과거사 정리위원회'(이하 진실화해위원회)가 긴급조치 관련 사건 판결문 1,412건을 분석한 결과를 봐도, 긴급조치 9호 위반 사건이 1,289건으로 절대다수를 차지하고 있다. 이 1,412건 중 589건이 1심 판결문인데, 1심 판결문 중에서 긴급조치 1호와 4호 위반 사건이 36건, 긴급조치 3호 위반 사건이 9건이며, 나머지 554건은 모두 긴급조치 9호 위반 사건이었으며 관련자는 974명이었다.[07] 이상의 내용을 토대로 긴급조치 위반 사건 판결의 연도별 통계를 살펴보면 〈표 7〉과 같다.

그렇다면 구체적으로 어떤 사건들이 긴급조치 위반으로 처리되었을까? 이에 대해서도 진실화해위원회의 판결문 분석을 참고할 수 있다. 진실화해위원회가 589건의 긴급조치 위반 사건 1심 판결문을 분석한 결과는 〈표 8〉과 같다.

---

07 진실·화해를 위한 과거사 정리위원회, 『2006년 하반기 조사보고서』, 2007, 291~292쪽.

〈표 7〉 긴급조치 위반 사건 1심 판결 현황

긴급조치	1, 4호	3호	9호(75)	9호(76)	9호(77)	9호(78)	9호(79)	합계
사건수	36	9	126	97	103	177	41	589

* 출전: 진실·화해를 위한 과거사 정리위원회, 『2006년 하반기 조사보고서』, 2007, 296쪽.

〈표 8〉에서 알 수 있듯이 긴급조치 위반 사건 가운데 가장 큰 비중을 차지하는 것은 음주 중 대화나 수업 중 설명 과정에서 박정희 혹은 유신체제에 대한 비판 발언이 나와 이를 처벌한 경우로, 전체의 약 50% 정도를 차지한다. 이는 대부분 긴급조치 1호와 9호에서 금지한 '유언비어 날조 유포 행위' 혹은 '사실 왜곡 전파 행위'에 해당하는 것들이었다. 즉 긴급조치는 큰 틀에서 유신헌법에 대한 비판 및 개정 논의를 봉쇄하는 수단이었지만, 실제로는 일상 속에서 분출하는 박정희와 유신체제에 대한 비판을 유언비어로 규정, 단속하는 역할을 더 자주 수행했던 것이다. 또한 이러한 결과는 그만큼 1970년대 한국 사회에서 각종 유언비어가 계속 넘쳐나고 있었다는 사실을 함께 보여준다.

1970년대 유언비어의 내용과 전파 양식을 좀 더 구체적으로 살펴보자. 우선 내용적으로 보았을 때 1970년대의 유언비어는 크게 특정 사건이 일어났을 때 이와 관련되어 갑작스럽게 확산된 소문과, 특정 사건과 관계없이 유신체제 내내 증폭된 박정희와 유신체제에 대한 비판으로 나눌 수 있다.

특정 사건과 관련한 몇 가지 유언비어 사례들을 소개하면 다음과 같다. 닉슨 독트린 이후 1970년 주한미군 감축에 대한 논의가 본격화되자 이와 관련된 유언비어가 돌아 박정희 대통령이 직접 유포자 단속을 명령한 경우,[08] 1971년 12월 대통령의 국가비상사태 선언 후 "전쟁이 일어나니 이민을 가야 된다"와

08 「'減軍' 유언비어 단속」, 『매일경제신문』 1970. 8. 4, 1면.

〈표 8〉 긴급조치 위반사건 유형별 판결 현황

유형	1, 4호	3호	9호(75)	9호(76)	9호(77)	9호(78)	9호(79)	합계(%)
반유신 재야, 야당 정치활동	12	0	6	14	16	31	6	85(14.5)
간첩	0	0	1	0	1	0	0	2(0.3)
학생운동(유신반대, 긴급조치 해제 주장 시위, 유인물 제작)	12	0	24	9	29	100	17	191(32.4)
기타(음주 대화 중, 수업 중 박정희 비판, 유신체제 비판 발언)	12	0	81	70	56	45	18	282(47.9)
국내재산 해외도피, 공무원 범죄 등	0	0	14	4	1	1	0	20(3.4)
임금체불, 부당해고 등	0	9	0	0	0	0	0	9(1.5)
계	36	9	126	97	103	177	41	

* 출전: 진실·화해를 위한 과거사 정리위원회, 『2006년 하반기 조사보고서』, 2007, 296쪽.

같이 전쟁 위기와 관련한 20여 종의 유언비어가 유포된 경우,[09] 1972년 유신 선포 직후 유신헌법 제정을 반대하는 유언비어를 퍼트린 사람들이 계엄령하에서 군법회의에 회부된 경우,[10] 1979년 10월 부마항쟁 당시 "데모로 인해 1명이 사망하고 2명이 자살했다"는 등의 과잉진압 관련 유언비어가 유포된 경우,[11] 그리고 역시 1979년 10월 26일 박정희 피살 직후 이 사건에 "미국 CIA가 개입"했다는 유언비어가 유포된 경우[12] 등이 있다. 그 밖에 '화폐개혁설'이나 '물가인상설', 그리고 '행정수도 개발계획' 등 사회경제적 이슈와 관련된 유언비어들도

09 「(주말 기자석) 뜬소문 20여 종… 대책에 부심」, 『경향신문』 1971. 12. 11, 2면; 「"이민 가야 한다" 유언비어—5명에 구류 처분」, 『경향신문』 1971. 12. 23, 7면.

10 「포고령 위반에 또 실형」, 『동아일보』 1972. 11. 4, 7면; 「유언비어 3명에게 2~3년」, 『동아일보』 1972. 11. 20, 7면.

11 「유언비어 유포, 부산 2명 구속」, 『경향신문』 1979. 10. 22, 7면.

12 「김재규 단독계획 범행」, 『동아일보』 1979. 11. 6, 1면.

간간히 유포되었다.[13]

그러나 특정한 사건과 상관없이 일상적으로 박정희 대통령을 비난하고 유신체제와 정부 정책을 비판하는 유언비어들이 훨씬 더 많았다. 이는 1970년대 유언비어가 그 이전의 유언비어와 비교했을 때 갖는 가장 큰 특징이었다. 머리말에서도 언급했듯이 1970년대 이전에도 한국 사회에는 많은 유언비어가 나돌고 있었다. 그런데 1970년대 이전 유언비어들은 대부분 특정한 사건을 계기로 유포되었다. 1970년대 이전 언론에서 다룬 몇 가지 유언비어 관련 기사들을 소개하면 다음과 같다. 1947년 초에는 '3·1절 기념식'을 앞두고 좌익과 우익 간의 폭동설이 유포된 바 있었고,[14] 1949년 6월 주한미군 철수를 앞두고는 미군 철수 후 남북 간의 전쟁설이 유포되었다.[15] 1950년대에는 1953년 초 1차 통화개혁 직후 통화개혁이 또다시 실시될 것이라는 이야기,[16] 또 1956년 정부통령 선거를 앞두고 정부가 미국에서 사온 원자력 탐지기로 투표자의 행위를 파악할 수 있다는 이야기 등이 나돌았다.[17] 1960년대에는 주로 학생 시위와 관련하여 유언비어 유포자를 엄벌하겠다는 정부의 원론적인 경고가 종종 나왔고, 한국군의 베트남전 참전과 관련하여 한국군 사상자에 대한 유언비어가 확산되어 국회에서 문제가 되기도 했다.[18]

이렇게 특정 사건과 관련하여 유언비어가 퍼지는 양상은 앞서 살펴봤듯이

---

13 「(사설) 화폐개혁설 루머의 주변」, 『경향신문』 1975. 3. 3, 2면; 「(사설) 석탄 정책과 연탄 파동」, 『경향신문』 1975. 4. 3, 2면; 「행정수도 건설 곧 구체화」, 『경향신문』 1977. 2. 14, 1면.

14 「경거망동 말라」, 『경향신문』 1947. 2. 28, 1면.

15 「유언비어 단속—金 경찰국장 談」, 『경향신문』 1949. 5. 10, 2면.

16 「改貨 流言 단속」, 『동아일보』 1953. 3. 6, 2면.

17 「5·15선거 경북도 편—현지보고」, 『경향신문』 1956. 5. 9, 1면.

18 「파월국군 전사상 실태 밝히라」, 『경향신문』 1966. 2. 25, 1면.

1970년대에도 마찬가지였다. 그러나 1970년대에는 이 뿐만 아니라, 이전 시기와는 달리 특정 사건과 관계없이 국가원수와 정권 자체를 대상으로 한 비판이 유언비어의 형식을 빌려 광범위하게 유포되기 시작했다. 유신체제 자체가 '비상'과 '긴급'이라는 형식으로만 성립, 유지될 수 있었던 장기지속적인 커다란 일탈 사건이었기 때문에, 그에 따라 유언비어가 그 대상과 범위를 확장하는 것은 자연스러운 일이었다. 최근 진실화해위원회에서 진상을 규명한 '오종상 긴급조치 위반 사건'은 이러한 양상의 유언비어 속에 담긴 구체적인 내용들을 잘 보여준다.

1974년 오종상 씨는 버스 안에서 한 고등학교 여학생에게 정부 시책에 대한 비판적 발언을 하고, 얼마 후 자신을 찾아 온 이 학생에게 다시 한 번 유신체제의 비민주성에 대해 말을 했다가, 그 학생과 학생의 선생님이 이를 신고하는 바람에 중앙정보부에 의해 구속되었다. 당시 재판에서 오종상 씨는 "저축은 해서 뭐하냐, 샐러리맨들이 적은 봉급에서 일부 공제해 저축해놓으면 그 돈을 어떤 특정 개인이 대출해 허비해버린다. 그러니 수출증대란 선량한 노동자의 피를 빨아 먹는 일이다." "정부에서는 분식을 장려하는데 정부 고관과 부유층은 분식이라 하여 국수 약간에다 순계란과 육류가 태반인 분식을 하니 국민이 정부시책에 어떻게 순응하겠느냐", "문인 이호철은 일본 모 잡지에 정부의 비합리성을 투고하여 발표한 죄로 구속되었다", "정부에서는 미국 국회의원이 내방하면 일본 돈으로 매수하고 일본 고관이 오면 달러로 매수하기 때문에 그 사람들이 자기 나라에 돌아가면 우리 정부가 잘한다고 칭찬한다" 등 정부 시책을 비난하는 유언비어를 날조 유포했다는 혐의로 유죄판결을 받았다. 여기에 "우리나라가 부패돼 있으니 이것이 무슨 민주체제냐, 유신헌법 체제하에서는 민주주의가 발전할 수 없으니 이런 사회는 일본에 팔아넘기던가 이북과 합쳐서 나라가 없어지더라도 배불리 먹었으면 좋겠다"고 말하여 북한을 찬양 고무

동조하여 이롭게 했다는 혐의도 함께 받았다.[19]

진실화해위원회의 진상규명에 따르면 이 사건은 대화 중 유신체제를 비판하는 단순발언으로 처벌받은 전형적인 사례로서 개인의 표현의 자유, 신체의 자유를 침해한 중대한 인권침해 사건이었다. 여기에 중앙정보부는 오종상을 단순 유언비어 유포뿐만 아니라 반공법 위반으로 몰기 위해 애초 오종상이 "빈곤하게 살 바에는 이북과 합쳐 통일을 해서라도 잘살게 됐으면 좋겠다"는 취지로 한 발언을 마치 북한과 합쳐져 대한민국이 사라지고 공산주의 사회가 되었으면 좋겠다는 식으로 왜곡 과장하였다.[20]

이 사건은 1970년대 유언비어의 특징을 잘 보여준다. 특히 유신체제하 한국 사회에서 유신체제에 대한 비판이 구체적으로 어떤 내용을 갖고 전파되고 있었는지, 또 유신체제가 무엇을 유언비어로 규정하여 처벌했고 이를 어떻게 북한과 연결시켰는지 잘 보여준다. 동시에 이 사건은 유언비어의 불온성이 일상에서 '순응'과 교차하는 모습도 함께 보여준다. 즉, 버스라는 일상의 공간에서 우연히 만난 두 사람 중 한 사람은 유신체제를 비판하고 다른 한 사람은 이를 신고했던 것이다. 일상은 이렇듯 불온과 순응이 교차하는 지점이었다.

당시 유언비어의 구체적인 내용을 잘 보여주는 또 하나의 사례는, 최근 재심을 통해 무죄선고를 받은 한 여성과 관련된 사건이다. 1977년 당시 평범한 가정주부였던 이 여성은 갑작스럽게 정보기관에 끌려가 조사를 받았다. 혐의는 1977년 8월 서울 강남구에 살고 있는 지인의 집에 놀러가 잡담을 나누다 "박정희 대통령과 비슷한 남성이 유명 여자 탤런트의 집에 들어가는 모습을 본 사람이 있다"고 말했다는 것이었다. 자신이 그 자리에서 그런 얘기를 했는지 기

---

19 진실·화해를 위한 과거사 정리위원회, 『2007년 하반기 조사보고서』, 2008, 1201~1202쪽.

20 위 책, 1202~1229쪽.

억조차 없던 이 여성은 결백을 주장했지만, 다른 사람에게 이 이야기를 듣고 전했다고만 진술하면 곧 풀려날 수 있다는 수사관들의 교묘한 꾐에 빠져 이를 인정했다가 결국 긴급조치 9호 위반 혐의로 유죄판결을 받았다.[21] 일상에 순응하며 살아가던 평범한 주부가 하루아침에 불온한 정치범이 되어버린 것이었다. 수감생활 이후에도 이 여성에 대한 감시는 지속됐다. 이 여성은 37년이 지난 2014년 재심을 통해 무죄판결을 받았지만, 그동안 받은 육체적 정신적 상처는 이루 말할 수 없었다. 그런데 당시 이 여성은 이 유언비어와 관련하여 소환된 33번째 사람이었다고 한다. 이 사건은 당시 박정희 관련 유언비어의 구체적인 내용과 더불어, 정부가 박정희 관련 유언비어의 유포자 색출에 얼마나 집착했는지를 잘 보여준다. 그 밖에 박정희 관련 유언비어 중에는 "박정희 대통령은 관동군 출신으로 독립군에게 피해를 많이 주었다", "여순 반란 사건 때 사형을 선고받았다" 등과 같이 과거 박정희의 만주군 복무 및 남로당 활동과 관련된 것들도 있었다.[22]

다음으로 유언비어가 전파되는 양식을 보면, 크게 구전에 의한 전파와 문자에 의한 전파로 나눌 수 있다. 구전에 의한 유언비어 전파는 가장 일반적이고 전형적인 것이었다. 1972년 10월 유신 직후 동네 사랑방이나 반상회, 혹은 대로변에서 박정희나 유신에 대해 비판적인 발언을 했다가 유언비어를 날조유포한 혐의로 군사재판에서 유죄판결을 받은 경우,[23] 1975년 학원강사가 강의 중에 유언비어를 유포했다고 해서 긴급조치 9호 위반으로 구속되고 1977년과

---

21 'CBS 김현정의 뉴스쇼'와 피해자 남편의 방송 대담(방송일 2014. 4. 2). http://www.nocutnews.co.kr/news/1216295(검색일 2014. 9. 20).

22 한국기독교교회협의회 인권위원회, 『1970년대 민주화운동 4』, 동광출판사, 1986, 1745쪽.

23 「계엄 포고령 1호 위반 첫 軍裁」, 『경향신문』 1972. 11. 1, 7면; 「'유언비어' 둘, 징역 3년」, 『동아일보』 1972. 11. 3, 7면.

1978년에 각각 고등학교 교사들이 수업 내용 일부가 문제가 되어 반공법 위반으로 구속된 경우,[24] 그리고 1978년 12월 총선에서 야당 국회의원 후보가 합동강연회에서 "10대 국회는 2년밖에 못 간다"고 발언했다가 유언비어 유포 혐의로 유죄판결을 받은 경우[25] 등이 대표적인 사례이다. 1979년 10월 박정희 피살 이후에도 택시를 탄 취객들이 택시기사에게 대통령 시해 사건과 관련한 허위 사실을 말했다는 혐의로 체포, 입건된 경우가 종종 발생했다.[26]

이렇게 구전을 통해 유언비어가 유포될 때 발견되는 가장 큰 특징은 '일상성'이다. 유언비어는 주로 동네 이웃집이나 사랑방, 식당, 술집 등에서의 일상적인 모임, 학교와 학원에서의 일상적인 수업, 그리고 버스나 택시 승차와 같은 일상적인 행위 속에서 유포되었다. 유언비어가 갖는 이러한 일상성은 정부의 통제를 어렵게 만들었다. 앞서 언급한 박정희 대통령의 여성 문제와 관련한 유언비어 조사가 정부의 집착에도 불구하고 주먹구구식으로 이루어진 점을 보면, 유언비어의 일상성이 권력에게 얼마나 곤혹스러운 것이었는지 짐작할 수 있다. 일상은 일견 순응의 영역처럼 보이지만, 권력의 눈을 피해 불온이 퍼질 수 있는 최적의 영역이기도 했다. 간혹 신고자가 있어 일상의 불온이 적발되는 경우도 있었지만, 아마도 적발되지 않고 넘어가는 경우가 훨씬 더 많았을 것이다.

모든 유언비어가 구전으로만 전파되는 것은 아니었다. 문자화되어 유인물을 통해 전파되는 경우도 있었다. 특히 '우편물'은 문자화된 유언비어 전파의

---

24 신동호, 『70년대 캠퍼스』 1, 도요새, 2007, 315쪽.

25 「손주항 의원에 징역 3년 6월」, 『경향신문』 1979. 4. 25, 7면.

26 「택시서 유언비어, 재미교포를 입건」, 『동아일보』 1979. 11. 5, 7면; 「택시서 유언비어, 취객 1명을 입건」, 『동아일보』 1979. 11. 9, 7면.

대표적인 수단이었다. 1972년 유신 선포 직후 발생한 '은명기 목사 구속 사건'은 '우편물'을 통해 유언비어가 전파되는 양상을 잘 보여준다.

박정희 정권은 1972년 유신 선포 과정에서 군대를 동원하기 위해 계엄령을 발동했다. 그리고 계엄사령관은 포고령을 통해 유언비어 날조와 유포를 엄금했다. 그때부터 불특정 다수에게 '행운의 편지'가 나돌기 시작했다. '행운의 편지'는 발신인을 밝히지 않은 채 "이 편지를 받는 즉시 같은 내용의 편지를 수통 작성하여 발신인 없이 자기가 보내고 싶은 사람에게 보내지 않을 경우 불행한 일이 발생할 것이고 이행하면 행운이 돌아올 것"이라는 단서를 담은 편지를 다른 사람에게 보내, 같은 내용의 편지가 기하급수적으로 유포되게 하는 편지 릴레이였다. 한국 사회에서 행운의 편지는 1950년대 본격적으로 등장하여 1960년대에는 장난처럼 유행하였다. 그런데 유신 선포 직후 정부 비판의 내용을 담은 행운의 편지가 여러 사람들에게 전달되었던 것이다. 이 편지가 얼마나 널리 퍼졌는지는 알 수 없지만, 그중 하나가 1972년 11월 6일 남문교회 은명기 목사 앞으로 전달되었다. 때마침 은목사는 부재중이었는데 부인 이영림이 그 편지를 뜯어보고서 편지에 지시된 대로 다른 사람들에게 편지를 보내야 되겠다고 생각하여 교회 교인에게 부탁하여 복사하였다. 그러나 이영림은 그 편지를 다른 사람에게 보내기는 곤란하다고 판단하여 결국 폐기해버렸다. 하지만 이 사실이 알려지면서 먼저 이영림이 체포되고, 계엄령 해제 1시간 전인 1972년 12월 13일 밤 은명기 목사까지 유언비어 관련 포고령 위반 혐의로 구속되었다.

사실 이 사건은 평소 정부에 비판적이었던 은명기 목사를 탄압하는 구실로 확대된 측면이 있었다. 또한 은 목사를 함정에 빠트리기 위해 애초 정부기관이 행운의 편지를 보냈을 가능성도 배제할 수는 없다. 하지만 행운의 편지를 처음 받은 부인이 이 편지의 내용대로 이를 복사해 보내려 했던 것에서 알 수 있듯이, '편지'라는 일상적 방식으로 불온한 유언비어가 전파되는 것은 얼마든지 가능한 일이었다. 물론 부인이 이 편지를 보내려다가 결국 폐기한 사실에도 주목할 필요가 있다. 같은 인물 안에서도 일상의 순응과 불온은 끊임없이 교차할 수밖에 없었던 것이다.

3. 언론통제와 불신사조

1970년대에 유언비어는 왜 만연했을까? 이는 당시 언론의 상황과 밀접한 관련이 있었다. 1960년대 중반까지 한국의 언론은 나름의 자율성 갖고 권력에 대한 비판의식을 잃지 않았다. 그러나 1960년대 후반부터 언론의 모습은 달라지기 시작했다. 1960년대 후반 언론의 모습이 바뀐 것은 우선 박정희 정권의 압력이 작용한 결과였다. 특히 박정희 정권은 1964~1965년 한일협정 반대운동이 거세게 분출한 이유가 언론의 비판적인 보도 때문이라고 규정하고, 법적 제재, 물리적 폭력 등을 동원하여 언론과 언론인들의 활동을 제약하려 했다.

그것만이 전부는 아니었다. 이 시기 경제개발이 본격화되면서 신문도 발행부수 증대, 자매지 간행, 사옥 신축, 시설 확장 등 '경영' 문제에 더 많은 관심을 가졌다. 즉 당시 교육수준 향상에 따른 신문 가독 인구의 증가와 경제발전과 국민소득의 증가로 인한 구매력 향상에 따라 신문 독자 수는 물론 방송 시청자 수가 크게 늘어났다. 이러한 환경 아래서 박정희 정권은 각종 규제를 통해 정치적으로 언론 활동의 자유를 계속 제약하면서도 경제적으로는 언론의 기업화를 위한 물량적 지원을 강화하였다. 특히 신문사에 상업성이 강한 자매지의 창·복간을 허용함으로써 이들의 기업화를 촉진시켰다. 반면 언론은 비판적 논조를 크게 약화시켰다.[27] 한마디로 언론의 상업화, 기업화 과정에서 언론과 박정희 정권 사이에 일정한 '흥정' 혹은 '결탁'이 이루어졌고, 때문에 외부적 압력과 관계없이 신문 경영자 레벨에서의 상업주의가 편집자에 대한 압력으로 하달되어 일선 기자나 편집자의 의견과 다른 지면이 제작되었던 것이다.[28]

유신 선포 전후로 정부의 언론 통제는 더욱 강화되었다. 1970년대 들어 한국의 신문 산업은 경영합리화의 문제에 직면하였다. 이에 정부는 프레스카드제를 도입하여 사이비 언론을 줄이고 기자 임금을 현실화하겠다고 했다. 언론사들은 1971년 12월 17일 '언론 자율에 관한 결정 사항'이라는 형식으로 프레스카드제를 받아들였다. 그 결과 1971년과 1972년 사이에 전체 기자의 38%에 해당하는 약 2천 명이 해고당했다. 이는 신문기자의 자격, 취재의 자격을 정부가 마음대로 좌우함으로써 결국 언론의 자유를 침해할 수 있는 중대하고도 심각한 정책이었다. 동시에 1972~1973년 정부는 언론의 힘을 약화시키기 위해 일부 중앙지를 자진 폐간 형식으로 없애고, 지방지 역시 1도 1사의 원칙을 앞세워 통폐합을 유도했다. 이는 정부가 언론사의 지역 독점 체제를 구축해주는 대신에 정부에 대한 언론의 비판을 무디게 하려는 의도가 담긴 것이었다.

또한 정부는 1971년 12월 27일 국회를 날치기 통과한 '국가보위에 관한 특별조치법'에서 규정하고 있는 언론, 출판에 관한 규제권과, 그리고 1972년 유신체제 출범 후에는 긴급조치권을 이용해서 언론을 적극 통제해 들어갔다. 긴급조치는 유신헌법에 대한 비판은 물론 개정 논의까지 봉쇄하였다. 특히 긴급조치에서 규정한 유언비어의 날조 유포 금지조치는 1979년 유신체제 몰락 때까

---

27 강상현, 「1960년대 한국 언론의 특성과 그 변화」, 『1960년대 사회변화연구: 1963~1970』, 백산서당, 1999, 160~162쪽·176쪽.

28 오제연, 「1960~1971년 대학 학생운동 연구」, 서울대학교 박사학위논문, 2014, 270쪽.

지 언론의 목을 죄는 목줄이었다. 시간이 갈수록 정부의 언론 통제는 일상적인 것이 되어갔다. 1970년대 전반기까지만 해도 간헐적 개별적으로 언론사 보도 내용에 직접 관여하던 유신 정권은, 1975년 긴급조치 9호 발동 이후부터 중앙정보부 주도로 보도지침을 작성하여 언론사에 내려 보내기 시작했다. 이런 상황에서 신문의 사설은 비판적 성격을 상실했고, 모든 신문사는 똑같은 편집과 내용의 기사를 내보낼 수밖에 없었다. 이처럼 유신체제의 언론 통제가 갈수록 강화되자, 언론인들은 1974년부터 '자유언론실천선언'을 발표하고 언론노동조합 건설에 나서는 등 언론의 자유를 지키기 위해 투쟁했다. 그러나 언론사가 정부의 압력에 굴복하면서 결국 1975년 동아일보에서 163명, 조선일보에서 33명의 기자가 대량 해직되는 사태가 일어났다.[29] 이로써 언론의 자율성과 비판 기능은 완전히 상실되었다.

사람들은 여전히 정치를 비롯한 사회 문제에 관심이 높았지만, 자율성과 비판 기능을 상실한 1970년대 언론은 이러한 욕구를 충족시킬 수 없었다. 그 결과 언론에 대한 사람들의 불만과 비판은 커질 수밖에 없었다. 한 독자는 1979년 1월 12일자 『동아일보』 신문평을 통해 신문마다 면수뿐만 아니라 면 배치도 똑같으며 외신 같은 경우는 글자 하나 안 틀리고 똑같은 경우도 있다고 비판하였다. 이러한 독자들의 비판의식은 신문 구독을 거부하는 행동으로 이어졌다. 광주에 살던 한 독자는 1979년 5월 18일자 『동아일보』 독자투고를 통해, 자신이 그동안 신문 3개를 구독하다가 획일적인 편집과 뉴스 보도에 환멸을 느껴 중앙지 1개만 남기고 나머지는 모두 끊어버렸으며, 이는 비단 자신만의 행동이 아니라 광주 시내 주택가 골목엔 집집마다 '신문 사절'이라는 쪽지 투성이라고

29 김서중, 「유신체제 권력과 언론」, 『유신과 반유신』, 민주화운동기념사업회, 2005, 182~207쪽.

밝히기도 했다.[30]

유언비어는 언론에 대한 불만과 비판에 비례하여 확산되어갔다. 정부의 통제로 언론이 사실을 제대로 밝히지 않기 때문에 유언비어가 확산된다는 점은 국회에서도 계속 논란이 되었다. 일례로 1973년 10월 10일 국회 문교공보위원회 회의에서 한 야당 의원은 며칠 전인 10월 2일에 발생한, 유신 선포 후 최초의 조직적인 학생 시위였던 서울대 학생 시위와 관련하여 다음과 같은 발언을 했다.

> 제가 며칠동안 시골에 가 있었었습니다마는 신문도 잘 배달이 되지 않은 문경 옛촌 산골입니다. 문경 옛촌 산골사람들이 제가 그저께 가니까 서울의 대학에서 무슨 일이 일어났다고 하는데 저한테 묻는 사람들이 많이 있어! 그래서 이것은 신문에도 나지도 않고 방송도 되지 않고 시골사람들 이것을 어떻게 알았느냐 하는 그러한 이상하다고 생각을 했습니다마는 요새 세상이라는 것이 신문에 잘 나지를 않습니다마는 많은 문제에 있어서… 내일 이러한 말씀을 드릴 기회가 있을 것으로 생각합니다마는 우리나라 사람들이 우리나라에서 일어나고 있는 아주 각박한 사정들, 우리가 그것을 매우 중대한 관심사로 생각하는 일, 우리네들 생각 하고 직결할, 우리네 권리와 우리네 자유와 직결되는 이러한 많은 문제가 우리 신문에서 나는 것보다 외국 신문을 통해서 알고 외국 방송을 통해서 아는 경우가 많습니다. (…) 우리나라 신문에서 우리나라에서 일어나는 일들을 모르고 외국 신문을 보고 아는 이러한 사태를 매우 염려스럽게 생각하면서 불행한 사태라고 생각을 하는 것입니다. 또 여기에 한 가지 곁들이지 않을 수 없는 것은 신문에는 나지도 않고 라디오도 방송이 되지 않는다고 하더라도 시골사람들이 어제 그저께 서울의

30 채백, 「박정희 시대 신문 독자의 사회문화사」, 『언론정보연구』 51-2, 2014, 10~13쪽.

학생들이 무슨 일을 벌리고 있는데… 하고 서울서 왔다고 나한테 물어! 그 사람들 그 일에 대해서 신문도 보지 않고 라디오도 듣지 않았습니다마는 이러한 것을 아는 것은 아주 중요한 사태라고 생각을 하셔야 될 것입니다. 신문에 나지 않는 일이라도 그 저변에서 사람의 입과 입을 통해서 번져가는 이러한 것은 매우 중대한 사태다.[31]

유언비어는 언론 기능이 비정상적일 때 보도 욕구를 충족시켜주는 일종의 대안적 보도 구실을 했다. 언론이 제대로 구실을 못하면 못할수록 그 틈을 메우는 것이 유언비어였다. 이처럼 언론통제와 유언비어는 정비례해서 사회에 영향을 줬다. 유언비어의 확산은 언론에 대한 불신을 의미했다. 언론에 대한 불신은 거기에 머물지 않고 언론을 검열하는 권력에 대한 불신으로 발전했다. 이렇게 언론을 믿지 않고 정부를 믿지 않는 민심은 사회 전반에 불신사조를 조장했다.[32]

언론이 통제되고 유언비어가 확산되던 1970년대는 한마디로 불신사조가 지배하던 시대였다. 이러한 불신사조는 정부조차 인정하는 것이었다. 국회에서 여당 의원들은 수시로 사회에 만연한 불신사조를 지적하며 정부의 대책을 요구했다. 일례로 1975년 3월 18일 국회 본회의에서 한 여당 의원은 국무총리에게 다음과 같이 질의했다.

국민들 간에 만연되고 있는 불신사조에 대해서 말씀을 드리겠습니다. 매우 유감된 일이기는 합니다마는 국민들 중에는 특히 도시민이나 지식인들 층에서는 정

---

31 채문식(신민당) 의원 질의(「제88회-제1차 국회 문교공보위원회 회의록」, 1973. 10. 10, 7쪽).

32 송건호, 「유언비어와 여론—역사적으로 본 정보 활동」, 『신문과 방송』 40, 1972, 56~58쪽.

부를 믿으려 하지 않는 그러한 경향이 있는 것을 솔직히 우리는 시인을 하여야 합니다.

정부가 발표하는 내용보다도 외신의 보도를 믿으려는 경향이 있습니다. 심지어는 우리의 중대한 안보와 관련이 있는 문제조차도 일단은 의심을 하려는 그러한 습성이 있는 것을 매우 유감스럽게 생각을 합니다.

이러한 불신사조는 어제 오늘에 비롯된 것은 아니겠습니다마는 그러나 작금에 이르러서 이 불신사조가 더욱더 커져가는 그러한 느낌이 없지 않는 까닭에 본 의원은 이 문제에 대해서 정부 측의 태도와 정부 측의 답변을 요구하는 것입니다.[33]

이 질의에 대해 당시 국무총리였던 김종필은 다음과 같이 대답했다.

물론 사회 불신사조가 있습니다. 이것은 일차적으로는 정부를 맡고 있는 저희들의 책임이 크다고 반성을 합니다. 그렇지만 이러한 불신을 조장하는 그릇된 언행들도 우리 주변에서 끊이지 않고 있다는 것도 반성할 문제라고 생각합니다.[34]

김종필 국무총리의 답변은 1970년대 유언비어와 불신사조에 대응하는 박정희 정권의 양면성을 잘 보여준다. 첫째, 정부 역시 유언비어와 불신사조의 문제를 심각하게 생각하고 있었다. 그래서 사회에 만연한 유언비어에 대해 보다 깊이 있게 분석하고 나름의 대책을 마련하고자 했다. 김종필 국무총리의 위

---

33 김유탁(공화당) 의원 질의(「제91회 국회 회의록 제3호」, 대한민국국회사무처, 1975. 3. 18, 52쪽).

34 김종필 국무총리 답변(「제91회 국회 회의록 제3호」, 대한민국국회사무처, 1975. 3. 18, 65쪽).

의 발언이 있기 1년 전인 1974년에 정부 내 무임소장관실에서는 "유신 후에도 그 유언비어 등등에 유신정신에 위배되는 경우가 많이 있어서 그 유언비어가 과연 어떻게 해서 발생하는지 그러한 과정이라든지 이런 것에 대해서" '스터디'한 바 있었다. 그리고 그 비용을 '유신 저해요소 제거 대책비'라는 명목으로 예비비에서 충당했다. 원래 유언비어에 대한 분석이나 대책마련은 주로 중앙정보부나 경찰, 검찰과 같은 기관에서 담당했는데, 이번에는 특이하게도 무임소장관실에서 이를 수행한 것이었다. 국회에서 야당 의원이 그 이유를 추궁하자, 정부는 이것이 '특명'에 의한 것이라고 밝혔다.[35] 여기서 '특명'을 내린 사람이 대통령인지 국무총리인지는 확실치 않으나, 정부 최고위층이 특명을 내려 별도의 분석과 대책 마련에 나설 정도로 유언비어와 불신사조에 대한 정부의 고민은 크고 깊었다. 이 스터디 직후인 1975년 초 비록 기만적인 방식이기는 했으나 유신체제에 대한 신임을 묻는 유신헌법 찬반 국민투표와, 반유신 운동에 나섰다가 투옥된 정치범의 석방 등 일련의 유화적 조치가 잠시나마 이루어진 것도 이러한 정부의 고민과 무관치 않아 보인다.

둘째, 그럼에도 불구하고 이 문제에 대한 정부의 결론은 문제의 본질을 외면한 구태의연한 것이었다. 김종필 국무총리는 불신사조가 결국 '주변'의 '그릇된 언행'에 의한 것이라고 비난하면서 '반성'을 촉구했다. 한마디로 유언비어는 잘못된 것이며, 유언비어로 인한 불신사조의 책임은 유언비어를 만들어내는 사람들에게 있다는 것이었다. 정부가 유언비어와 불신사조의 만연을 심각하게 생각했다 할지라도, 이를 결국 '그릇된' 것으로 간주하는 기본적인 태도는 하나도 바뀐 것이 없었다. 따라서 유언비어와 불신사조에 대한 정부의 대

35 김명윤(신민당) 의원의 질의과 무임소장관실의 답변(「제90회-제2차 국회 법제사법위원회 회의록」, 1974. 10. 21, 5~6쪽).

책은 미봉책에 지나지 않았다. 결국 1975년 초 짧은 유화국면이 지난 뒤 5월 13일에 유언비어에 대한 초강경 탄압을 의미하는 긴급조치 9호가 발동되었다.

긴급조치 9호는 박정희와 유신체제에 대한 조그마한 비판도 모두 유언비어로 몰아 탄압할 수 있는 강력한 조치였다. 그러나 긴급조치 9호 발동 이후 유언비어는 더욱 확산되었고,[36] 이에 비례해 정부의 단속과 탄압도 강도를 더해 갔다. 1977년 1월 24일에는 검찰총장이 전국 검찰에 "국민적 일체감 형성에 장애가 되는 국민총화 저해사범을 발본색원하는 데 검찰권을 집중하라"고 명하면서 "특히 타인을 중상모략하거나 비방하는 행위, 유언비어 날조 유포 행위"를 엄단할 것을 지시했다.[37] 이후 유언비어 관련 사범들이 연이어 체포되자 이에 맞서 야당인 신민당은 1977년 3월 7일 유언비어의 명목으로 인신구속을 함부로 하는 인권침해 사례를 규명하고자 조사위원회를 구성하고, 구속된 사람들을 위한 무료변호에 나서는 한편, 정부에 이러한 인권침해를 중단할 것을 촉구했다.[38] 그러나 정부는 이에 아랑곳없이 3월 12일 전국 공안검사 회의를 열어 "건전한 민심을 현혹케 하거나 선량한 국민의 가치판단을 흐리게 하여 불신풍조를 조장하고 총화단결을 해치는 유언비어 등에 대해" "그 진원을 철저히 가려내 엄단"할 것을 다시 한 번 확인했다.[39] 유언비어에 대한 정부의 강경한 태도는 유신 말까지 계속 이어졌다.[40]

엄단과 더불어 유언비어를 막기 위해 정부가 지속적으로 강조한 것은 바

---

36 「민심교란 유언비어 엄단」, 『경향신문』 1977. 2. 22, 1면.

37 「총화 저해를 발본」, 『매일경제신문』 1977. 1. 25, 7면.

38 「유언비어 관련 인사 변호인단 구성키로」, 『동아일보』 1977. 3. 7, 1면.

39 「총화 저해 사범 엄단」, 『경향신문』 1977. 3. 12, 1면.

40 「유언비어 날조 엄단—전국 공안담당 검사회의」, 『경향신문』 1979. 6. 26, 7면.

로 유언비어의 배후로서 '북한'의 존재였다. 1970년대 전반기에 고조된 남북대화가 곧 난항을 거듭하다 중단된 후, 정부는 북한의 남한에 대한 비방방송과 불온전단 살포 소식을 언론을 통해 계속 알렸다. 정부가 강조한 부분은 북한이 불온전단을 통해 "정부 전복을 선동하고 정부 시책을 모략중상하며 특히 특정인을 중상하는 유언비어를 날조 유포"한다는 것이었다.[41] 이는 유언비어의 원천은 북한 혹은 북한과 연계된 세력들이라는 의미였다. 1970년대 후반 유언비어 단속이 강화된 상황에서 정부는 북한과 유언비어의 관계를 보다 분명히 했다. 즉 "최근 북괴가 우리 경제의 고도성장과 국민의 총화를 시기한 나머지 불온 유인물 공세를 강화하여 반정부 활동을 선동하는 등 남침 도발에 광분, 특히 최근에는 유언비어와 중상모략을 전국 각지에 확산시켜 불신풍조를 조성하거나 사회질서를 어지럽히려는 온갖 수단을 다 동원하고 있다"며 "이와 같은 사회혼란과 혹세무민의 유언비어가 우리 주변에 퍼질 경우 우리 내부의 혼란을 기도하는 북괴의 책동에 말려들어 국가방위력을 약화시킬 뿐 아니라 김일성의 오판을 초래케 하는 원인이 되므로 앞으로 계속 유언비어 행위를 엄단하겠다"는 것이었다.[42] 유언비어는 북한이 퍼트린 것이며, 이 유언비어를 믿고 전파하는 행위는 국민의 총화단결을 해치는 이적행위라는 논리였다.

그렇다면 유언비어를 막기 위한 정부의 조치들은 성공했을까? 1975년 3월 18일 국회 본회의에서 한 무소속 의원은 정부 조치의 한계를 다음과 같이 지적했다.

> 여당에서는 언필칭 유신체제와 총력안보를 기해야 한다, 이것을 너무 자꾸 주

---

41 「(사설) 북괴 선전공세 광분의 저의」, 『경향신문』 1975. 10. 30, 2면.

42 「민심교란 유언비어 엄단」, 『경향신문』 1977. 2. 22, 1면.

장해왔기 때문에 일반 국민은 귀에 더더기가 앉았어요. 인제 그 말이 잘 들어가지를 않아. 아하! 저것은 정권을 유지하고 정권안정을 기하려고 저런 소리를 한다 참다운 얘기를 해도 이렇게 되어 버렸어요. (…) 안보가 중요하다는 말을 자꾸 이렇게 여러 번 강조합디다, 강조해도 일반이 그것을 들어주지 않는 이유가 뭐냐? 옳습니다. 여러분, 등에 업은 아이에게 호랑이가 온다 이리가 온다, 흔히 이렇게 해요. 그 애가 점점 커갈수록에 호랑이가 안 온다, 그런 말 저희 어머니나 아버지가 해도 믿지 않아요, 믿지 않아요. 거짓말이다, 이렇게 되는 것입니다.[43]

긴급조치 9호로 처벌된 사람들 가운데 유언비어 문제로 처벌된 사람이 가장 많았다는 점이나, 또 1970년대 후반에 정부가 유언비어 엄단을 여러 차례 강조했던 점 등은, 역설적으로 1970년대 내내 유언비어가 끊이지 않고 오히려 계속 확산되고 있었음을 보여준다. 유언비어가 발생하게 된 근본적인 원인을 제거하지 않은 상황에서 단속과 엄벌, 구태의연한 북한 연계와 국민총화 논리만으로 넘쳐나는 유언비어를 제어하는 것은 사실상 불가능했다. 많은 사람들은 여전히 정부와 언론을 믿지 않았다. 오히려 정부와 언론에 대한 불신은 유언비어를 부정하는 정부나 언론을 더 의심하게 하고, 반면 유언비어의 그럴 듯한 면들을 돋보이게 만들었다.[44]

유언비어는 일상 속에서 권력에 대한 불신, 불만을 조장했고, 확산된 불신, 불만을 기반으로 권력의 통제를 뚫고 더욱 퍼져 나갔다. 이는 곧 강고한 것 같아 보이던 유신체제의 균열을 의미했다. 유언비어의 불온성은 바로 여기서 찾을 수 있다. 1970년대 유신체제는 강력한 힘을 가지고 자신에 대한 저항을 무자

---

43 홍창섭(무소속) 의원 질의(「제91회-제3차 국회 본회의 회의록」, 1975. 3. 18, 48쪽).

44 이효성, 「유언비어와 정치」, 『언론정보연구』 25, 1988, 104쪽.

비하게 탄압했으나, 유언비어의 불온성은 일상의 영역에서 권력에 대한 불신, 불만을 고조시켜 권력의 균열을 가져왔다. 유신체제하 한국 사회는 표면상 조용한 듯 보여도 그것은 어디까지나 폭풍전야의 고요일 뿐이었다.

4. 유언비어에 담긴 공감대

1970년대 유언비어가 만연하면서, 이제 유언비어는 단순한 '뜬소문'을 넘어 국민들의 잠재된 '여론'이 되었다. 언론이 통제되어 있었기 때문에 유신체제에 대한 여론을 정확히 파악하는 것은 쉬운 일이 아니다. 물론 객관적인 지표가 없는 것은 아니다. 1972년 11월 유신헌법 제정을 위한 국민투표에서 유권자의 92.9%가 투표에 참여하여 91.5% 이상의 지지를 보낸 바 있다. 또 1975년 2월 유신헌법에 대한 찬반을 묻는 국민투표에서 이전보다는 줄어들기는 했지만 79.8%의 유권자가 투표하여 73.1%의 지지를 보내기도 했다. 그러나 언로가 막히고 극도로 억압적인 분위기 속에서 정부의 일방독주로 치러진 이들 국민투표가 국민들의 여론을 정확히 반영했다고 볼 수는 없다. 언론에 반영된 여론 역시 권력을 위해 바람직한 것들뿐이었다.

권력에 바람직하지 않은 여론은 대개가 잠재하여 표면에 나타나지 않으며, 이 '잠재된 여론'이 역시 '잠재적 형식'인 유언비어와 필연적인 관련을 맺게 된다. 즉 유언비어 속에는 그 속에 사람들이 공감하는 주장이나 희망과 같은 여론이 들어 있는 것이다. 유언비어는 아무데서나 유포되는 것이 아니라, 사람들이 사회에 관심을 갖고 어떤 요구나 희망이 있을 때, 이러한 요구나 희망을 충족시킬 수단이 되어 사람들의 입에서 입으로 쉽사리 번지게 마련이다. 한마디로 만연된 유언비어 속에는 사람들의 주장과 희망에 기초한 공감대가 형성되

어 있다.[45]

유신체제 아래서 유언비어가 가졌던 잠재된 여론으로서의 공감대는 '백지'와 관련한 몇몇 사건들에서 찾아볼 수 있다. 대표적인 것이 바로 '동아일보 백지광고 사태'다. 앞서 살핀 것과 같이 1970년대 들어와 정부의 언론통제는 강화되었고, 특히 유신 선포 이후 그 정도가 더욱 강해졌다. 이에 기자들을 중심으로 언론자유를 수호하고자 하는 운동이 지속적으로 일어났고, 1974년에는 노조 설립까지 시도되었다.

이에 박정희 정권은 자유언론 수호운동의 선도적 역할을 하던 동아일보에 대해 광고 탄압이라는 방식으로 통제를 시도하였다. 동아일보에 광고를 실었거나 싣기로 계약되어 있던 광고주들에게 압력을 행사하여 광고를 내지 못하게 한 것이다. 이는 이미 1973년 조선일보를 상대로 한 번 효과를 봤던 강력한 언론통제 수단이었다. 중앙정보부는 광고주들을 남산 조사실로 불러 동아일보와 동아방송, 여성동아, 신동아, 심지어는 동아연감과 계약한 광고를 취소케 하고, 광고를 게재하지 않겠다는 서약서와 보안각서를 쓰게 하였다.[46]

1974년 말부터 광고주들이 하나둘 광고를 철회하자 급기야 동아일보 광고란이 백지로 나가는 사태가 빚어졌다. 백지광고가 계속되자 이를 보다 못한 원로 언론인 홍종인은 1974년 12월 30일자 동아일보 광고란에 광고비 10만 원을 개인 부담하면서 '언론자유와 기업의 자유'라는 제목으로 백지광고 사태를 비난하는 글을 게재했다. 이를 계기로 1975년 1월부터 독자들이 나서서 적은 액수나마 광고비를 지급하고 짧은 문안을 담아 동아일보의 백지광고 속을 조금

45 송건호, 앞 글, 1972, 59~60쪽.

46 진실·화해를 위한 과거사 정리위원회, 『진실화해위원회 종합보고서 4. 인권침해 사건』, 2010, 132쪽.

이나마 채우기 시작했다. 이 운동에는 전국 각지는 물론 해외에서까지 각계각층의 사람들이 동참했다. 1975년 5월 중순까지 동아일보에는 총 1만 352건의 백지광고 격려 문안이 접수되었다.[47] 문안 중 일부를 소개하면 다음과 같다.

·언론 자유 없이 종교 자유 없다. (한국기독교장로회 여교역자협의회 일동)
·우리는 애독자 동아가족. 언론자유 보장하라. (아빠는 동아일보, 김석규. 엄마는 여성동아, 이순애. 나는 소년동아, 김호영)
·언론자유수호. (천주교 춘천교구 주교좌성당 주임 방영구신부의 신도 일동)
·자유의 횃불을 밝히는 기름 한방울의 성의를 표한다. (경남 창영군 아미사 하도암)
·건투 동아일보. (익명)
·위정자여 각성하라. (익명)
·언론자유 민권신장 민주사회건설. (캐나다 한국 민주사회건설협의회, 고문 이상철, 회장 문재린, 부회장 장정문, 전충림 외 회원일동)
·창피해 죽겠다. (세금 내는 한 백성)
·외국 서적 판매원 여러분, 광고 한 줄로 동아일보 살리자! (일당 4천 원 책장사 진경호)
·이럴 수가 있습니까. (최근 현역서 제대한 두 예비군)
·경동 동인랑(東仁郞)의 맥박은 동아와 함께 뛰고 있다. (경동고교 3학년생 2명)
·친구와 저는 불우한 이웃돕기로 신문을 종로 3가에서 판 돈을 이번에는 광고봉쇄로 어려움을 겪고 있는 동아일보를 돕는 데 쓰기로 하고 앞으로 많이 동아일보에 협조하겠습니다. (서부운수 안내원 은·홍)
·동아일보의 언론자유 활동을 축하합니다. (뉴욕, 조지 오글)
·동아일보 기자님들께. 저의 작은 성의입니다. 끝까지 분투하여주십시오. (인혁당사

47 채백, 앞 논문, 2014, 23쪽.

건으로 구속된 황현승 처 안보형 올림)

·자유와 정의 그리고 진리를 위해 혈투하시는 동아일보와 동아방송을 위해 적극적이고 지속적으로 성원하고 기도드리겠습니다. (경동교회 청년회 일동)

·루터 킹 목사의 탄신일을 맞이하여 Ogle 목사님의 행운을 빌며. (아직 추방되지 않은 Sinnott 신부)

·문화란에 항상 신세를 지고 있는 음악인, 화가, 연극인, 영화인, 기타 모든 분야의 예술인들은 이런 때 조금이라도 보답합시다. (한 음악인)

·16일자 한 음악인과 뜻을 같이하며. (한 연극인)

·정의는 살아있다. (청량중학교 3-3 학생대표 외 16명)

·우리 근로자들의 조그마한 성의가 동아일보의 큰 용기에 밑거름이 되길 기원합니다. (로스앤젤레스시 거주 노동자 數人)

·현철아, 동아의 용기를 배워라. (첫 아들의 백날을 맞아)

·당나귀 귀. (경희대 대학주보사)

·(재 서독 김 간호원)

·썩은 이를 뽑자. (젊은 치과의사들)

·동아 가족의 건투를 빌면서. (무교동 동아사원 단골주점)

·동아 죽이면 너도 죽는다. (청량리 김·유)[48]

1974~1975년 동아일보 백지광고 사태 당시 '한국기독교학생총연맹'은 1975년 1월 1일부터 1월 31일까지 1개월 동안 동아일보 백지광고 속에 담긴 격려 문안들을 분석한 바 있다. 이에 따르면 1개월 간 동아일보 백지광고에 실린 격려 문안의 총 수는 2,943건이었다. 이들 격려 문안 중 위 사례의 '(재 서독 김간

48 한국기독교교회협의회 인권위원회, 『1970년대 민주화운동 2』, 동광출판사, 1986, 556~558쪽.

호원)'처럼 특별한 내용 없이 게재한 사람의 이름 혹은 약간의 신상정보만 나온 것이 23.2%였다. 특정 내용이 있는 경우를 살펴보면, 유신헌법 찬반 국민투표 실시가 공고되기 전인 1월 20일까지는 언론자유 및 동아일보 격려 내용이 53.6%였고, 사회정의 주장이나 정부에 대한 불신, 고발 등의 내용은 17.9%였다. 그런데 국민투표 공고 후 1월 21일부터 31일까지 열흘 동안에는 두 항목의 비율이 각각 36.7%와 36.6%로 거의 같아졌다. 시간이 지날수록 사회정의 구현을 촉구하며 정부를 불신하고 부조리를 고발하는 내용이 많아졌던 것이다. 그리고 약 3천 건의 격려 문안 중 이름을 제대로 밝히지 않고 지역이나 직업만 밝힌 익명 광고가 58.9%였다. 이는 매우 경직된 정치상황에서 정부의 보복을 두려워한 독자들이 선택한 일종의 보신책이었다. 또한 게재자의 직업을 밝힌 경우가 전체의 42.2%를 차지하고 있었는데, 그중 학생이 약 52.4%, 종교인이 13.8%였다. 주부 및 가족 단위로 백지광고에 격려 문안을 게재한 경우도 7.6%나 되었다.[49]

흔히 '백지'는 검열의 결과나 탄압, 불의에 대한 저항, 억울함에 대한 항변 등의 의미를 지닌다. 1933년 스페인 빌바오의 한 주간신문이 2, 3면의 만화 외에 8개면 모두를 백지로 발행한 바 있었다. 발행 한 시간 전에 검열당국에 교정쇄를 제출토록 한 데 대해 반항적 태도를 취한 것이었다. 일종의 무저항의 저항인 셈이었다. 반면 백지는 '백지수표', '백지위임'처럼 상대방에 대한 신뢰의 의미로도 쓰인다.[50] 그런데 동아일보 백지광고 사태에서는 유언비어 문제와 관련하여 '백지'의 의미에 주목할 필요가 있다.

첫째, 동아일보 백지광고 사태에 대한 정부의 대응 태도는 사람들로 하여금 정부의 말보다 '유언비어'를 더욱 신뢰하게 만들었다. 백지광고 사태 당시

49 「언론탄압 규탄하는 '민주의 함성'」, 『동아일보』 1975. 2. 14, 4면.

50 「(餘滴) 백지신문」, 『경향신문』 2013. 3. 13, 30면.

정부는 초지일관 이 문제가 정부와 상관없는 동아일보와 개별 광고주 간의 업무상 문제라는 입장을 견지했다. 자신들은 아무런 관여를 하지 않았다는 것이다. 정치권에서도 야당이 문제를 제기했으나 여당(공화당, 유정회)은 침묵으로 일관했다. 그러나 동아일보 백지광고 사태 배후에 정부, 특히 중앙정보부가 있다는 이야기가 사회 전반에 급속도로 확산되었다. 동아일보의 한 독자는 독자 투고를 통해 이 상황을 다음과 같이 꼬집었다.

> 지금 동아사태로 인해서 사회는 불안 속으로 빠져들어가고 있으며 정부가 언론을 탄압한다는 유언비어가 만연해가고 있다. 헌데 어째서 정부는 이와 같이 심각한 문제에 대해서 대책을 강구하지 않는지 정말 모를 일이다. 동아일보 무더기 광고해약 사태는 신문사와 광고주와의 업무상 문제라고 한 문공부장관의 발언이 사실이라면 어째서 공화당이나 유정회는 동아사태에 대해 한마디 언급조차 하지 않는가. 만일 정말 만의 일이라도, 불행하게도 동아사태가 재정을 고갈시켜 동아일보 자체를 말살시키려는 가장 악랄한 언론탄압이라는 일부 주장이 사실이라면 불신풍조를 제거하겠다는 정부가 바로 불신풍조를 조장하는 엄청난 결과를 초래하는 셈이 될 것이다. (…) 아무래도 문공부장관의 지난번 발언은 요즘 유행하는 '다 아는 일'을 갖고 한번 해본 얘기인 것만 같다.[51]

이 독자는 정부가 언론을 탄압한다는 주장을 '유언비어'라고 둘러치면서도 결론에서는 '다 아는 일'이라는 유언비어 같은 유행어를 인용하여 정부를 조롱하였다. 정부의 말대로라면 광고비를 내고 백지광고를 채우고 있는 사람들은 모두 유언비어에 동조하고 이를 유포하는 데 가담하고 있는 범법자들이

---

51 「(潮流) 공화, 유정회는 왜 침묵하나」, 『동아일보』 1975. 1. 17, 6면.

었다. 물론 정부는 공개적으로 이들을 처벌하지 못했다. 그러기에는 이 유언비어가 너무나 사실에 부합했기 때문이었다. 정부의 개입 부정은 정부에 대한 불신을 더욱 조장했고 반면 유언비어의 신뢰도를 높여줬다. 그런 의미에서 '백지광고'는 그 자체가 유언비어의 온상이었다. 이에 정부는 백지광고에 격려 문안을 낸 사람들을 뒷조사하여 음성적으로 압력과 탄압을 가했다. 백지광고 격려 문안에 익명성이 높았던 이유는 여기에 있었다. 익명성은 백지광고뿐만 아니라 유언비어 전반이 가진 기본적인 성격 중 하나였다. 그리고 이러한 익명성 위에서 불온은 싹틀 수 있었다.

두 번째로 주목해야 할 지점은 '백지광고' 속에 담긴 폭넓은 '공감대'이다. 가끔 장문의 글이 나오기도 하지만, 위의 사례에서 보이듯이 백지광고 속 격려 문안들은 대부분 짧은 한두 줄의 문장으로 되어 있었다. 심지어 특별한 내용 없이 광고를 낸 사람의 이름 혹은 간단한 신상명세만 나오는 경우도 많았다. 그러나 독자들은 이미 그 의미를 충분히 공유하고 있었다. '언론자유 수호', '정의는 살아 있다'와 같은 분명한 메시지가 나온 문안은 물론 '썩은 이를 뽑자', '당나귀 귀'와 같은 함축적인 문안도, 심지어 어떠한 말도 쓰이지 않은 경우에도 그것이 의미하는 바를 모두가 알 수 있었다. 이와 관련하여 당시 격려광고를 분석했던 한국기독학생총연맹은 다음과 같이 결론을 내렸다. "이번 격려광고로 미루어 동아에 대한 중앙정보부의 개입은 이른바 고관(高官)만 모르는 사실이다."

백지광고 격려가 지속되고 사회에 영향을 끼칠 수 있었던 원동력은, 환언하면 1970년대 유언비어가 계속 만들어지고 사회에 파장을 불러일으킬 수 있었던 원동력은, 그 속에 담긴 잠재된 여론으로서의 '공감대'였다. 더 구체적으로는 권력에 대한 불신과 불만 속에서, 백지광고 격려 문안에 가장 자주 등장한 어구인 '자유'와 '정의'를 지향했던 공감대였다. '다 아는 일'이라는 당시 유행어는 이러한 공감대를 단적으로 보여줬다. 장황한 말보다 짧고 함축적인 문안 속에서 심지어 아무런 말이 없는 백지 위에서 공감의 힘은 유신체제의 탄압을 뚫고 더 큰 위력을 발휘했다.

'백지'와 '공감대'의 관계를 잘 보여주는 또 하나의 사례는 1977년 4월 19일 연세대에서 발생한 '백지선언문 사건'이다. '백지선언문 사건'은 1977년 4월 19일 4월혁명 17주년을 맞이하여 연세대생 4명이 학내에서 '백지' 유인물을 돌린 사건을 말한다. 당시 대학에는 경찰들이 상주하고 있어 학생들이 유인물을 돌리거나 몇 명만 모여도 즉각 제지당하고 체포되는 상황이었다. 이 사건에서도 유인물을 돌리던 학생들은 곧바로 형사들에게 체포되었다. 그러나 경찰은 그들에게 긴급조치 9호를 적용할 수 없었다. 8절 갱지로 된 유인물에는 어떠한 말도 쓰여 있지 않았기 때문이었다. 당황한 형사들이 이 백지를 햇빛에 비춰보고 물에 담가보고 불에 쬐어봐도 헛수고였다. 다리미까지 구해와 다려도 보았다고 한다. 그러나 이 유인물은 말 그대로 백지였다. 집회를 한 것도 아니고 구호를 외친 것도 아니었기 때문에 무언가 주장을 한 것 같기는 하지만 이를 처벌할 수는 없었다. 결국 학생들은 훈방되었다. 몇 시간 뒤 또 일부 학생들이 연세대 내 윤동주 시비 앞에 모여 묵념을 하였다. 경찰은 이 중 2명을 연행했지만 그들 역시 묵념 이외의 어떠한 행위도 하지 않았기 때문에 곧 훈방할 수밖에 없었다.

사실 1977년 4·19 연세대 '백지선언문 사건'이 처음부터 큰 의미를 갖고 계획된 것은 아니었다. 주도 학생들은 원래 4월혁명 17주년을 맞이하여 4월 19일 대규모 시위를 계획했었지만, 이 계획이 어그러지자 최소한 오늘이 4·19라는 것을 알리기 위해 즉흥적으로 종이를 사서 백지 상태로 학생들에게 나누어줬던 것이다. 이들은 백지를 나누어주면서 "오늘은 4·19입니다. 백지성명밖에 낼게 없습니다"라고 말했다. 윤동주 시비 묵념 역시 같은 맥락에서 이루어졌다.

여기서 주목되는 것은 백지를 나눠 준 학생들을 체포한 형사들이 학생들에게 했던 말이다. 체포된 학생들이 형사들에게 자신들이 무엇을 잘못했나며 따지자, 유인물이 백지임을 확인하고 당황한 한 형사는 "이심전심 유언비어 유포죄"라고 말했다고 한다.[52] 물론 이 말은 형사가 궁여지책으로 한 말로서 실제로는 적용될 수 없는 죄목이었다. 그래서 학생들은 결국 훈방되었다. 하지만 "이심전심 유언비어 유포죄"라는 말은 유언비어에 담긴 강력한 힘을 정확하게 표현하고 있다. 즉 유언비어가 확산되고 사회에서 영향력을 발휘하기 위해서는 그 유언비어를 구성하는 언어 자체가 중요한 것이 아니라, 그것이 어떤 언어로 이루어졌든 이심전심, 즉 공감대가 필요하다는 것이다. 공감대만 있다면 언어가 없는 백지도 얼마든지 의미 있는 유언비어가 될 수 있었다.

'백지선언문 사건'의 경우 대학에 경찰들이 상주하는 상황에서 유인물 형식으로 무엇인가가 뿌려졌다는 것 자체가 갖는 상징성이 있었고, 특별히 그날이 4월혁명 17주년 기념일이었기 때문에 백지가 갖는 의미가 다른 학생들에게 쉽게 전달될 수 있었다. 유신체제하 유언비어도 마찬가지다. 긴급조치와 같은 항시적인 억압 속에서 정부나 언론을 통해서는 알 수 없는 그럴 듯한 이야기들이 일상에 돌아다닌다는 것 자체가 사람들에게 의미가 있었다. 정부와 언론에 대한 불신과 불만이 사회 전반에 만연하면서 유언비어는 자유와 정의를 갈망하는 잠재된 여론으로서의 공감대 속에서 쉽게 확산될 수 있었다. 그 공감대가 클수록 유언비어 확산의 속도와 정도는 더 빠르고 강하졌고, 이에 비례해서 권력의 균열도 점차 커졌다. 그리고 이러한 1970년대 유언비어의 불온성은 유신체제에 대한 저항의 잠재력이 되었다.

---

52 신동호, 앞 책, 2007, 61~68쪽.

5. 맺음말

1970년대에 만연했던 유언비어는 어디까지 사실이었을까? 유언비어는 100% 정확하지는 않더라도, 일정한 조건과 원인하에서 어떤 단서나 재료가 주어질 때만 생겨나는 것이므로 전혀 사실무근일 수는 없다. 유언비어는 사실과 비(非)사실이 씨줄과 날줄처럼 얽혀 있는 것이다. 이러한 유언비어는 보통 한 사람이 만들어내는 것이 아니고 여러 사람들이 자신들의 지적인 자원을 동원하여 주어진 재료를 비판적으로 검토하고 합리적으로 토론하여 만든 집단적 작품이다. 특히 유언비어는 그것이 유포되는 과정에서 점차 비합리적인 내용이 제거되고 합리적인 방향으로 변해가는 특성이 있다. 즉 합리적인 상상이 가미됨으로써 사회적 현실의 움직임을 실제 이상으로 날카롭게 보여주는 것이다. 그런 의미에서 '집단성'과 '합리성'은 '불온성'과 통하는 유언비어의 기본적인 속성이라고 할 수 있다.[53] 권력이 언론을 비롯한 사회 전반을 통제 억압하는 상황에서, 권력과 언론에 대한 불신과 불만은 일상에서 유언비어의 확산을 가져오고, 유언비어가 확산되면서 잠재된 여론으로 공감대를 얻게 되면, 유언비어는 '집단성'에 기반한 '합리성'을 획득하여, 비합리적인 체제에 대한 불신과 불만을 더욱 증폭시키는 것이다. 이것이 바로 유언비어가 저항의 잠재력으로서 '불온성'을 획득하는 메커니즘이다.

1970년대 유언비어도 대부분 유신체제의 문제점들을 반영한 합리적인 것들이었다. 1970년대 내내 유언비어가 확산되었다는 점은 1970년대 내내 유신체제의 모순이 심화되었다는 증거였다. 야당인 신민당이 여당인 공화당보다 득표율에서 1.1% 앞섰던 1978년 12월 국회의원 선거에서부터 분명하게 확인되

---

53 이효성, 앞 논문, 1988, 96쪽.

고, 1979년에 들어와 부마항쟁을 비롯한 각종 사건으로 증폭된 유신체제의 균열은, 이때 갑자기 시작된 것이 아니었다. 권력의 균열은 1970년대 내내 유언비어의 확산과 더불어 점점 커지고 있었던 것이다. 그러나 박정희 정권은 이러한 유언비어의 의미를 제대로 깨닫지 못했고 구태의연한 대응으로 일관했다. 이는 유신체제의 몰락을 재촉했다.

일례로 부마항쟁 당시 유언비어 중에는 "데모하던 여학생이 배가 찢어져 도망가는데도 경찰관이 쫓아가 몽둥이로 때렸다", "데모군중이 반항하면 발포하라는 명령이 내렸다", "마산소요사태 시 학생 3명이 맞아죽었다", "데모군중이 반항하면 발포하라는 명령이 났다", "이번 데모에서 총소리가 군중 속에서 났다" 등 정부의 과잉진압과 관련한 것들이 많았다.[54] 당시 정부는 이를 모두 유언비어로 규정하고 유포자들을 처벌했지만, 부마항쟁에서 사망자가 발생했다는 유언비어는 2011년에 가서야 사실로 확인되었다. 경찰의 보고서에 "왼쪽 눈에 멍이 들고 퉁퉁 부은 채(코와 입에서 피를 흘린 채)" 변사체로 발견되었다고 기재되어 있던 이의 신원이, 유족이 제시한 호적등본의 사망 사유 등을 통해 유치준(당시 51세) 씨로 확인된 것이다. 강경한 시위 진압과 관련한 유언비어는 과장되었지만 엄연히 사실을 반영한 것이었다. 그럼에도 박정희 정권은 시민들의 목소리에 귀 기울이기보다는 이를 유언비어로 폄하하고, 항쟁에 "조직적인 불순 세력이 개입한 징후가 농후하다"고 매도하기에 급급했다. 아마도 그동안 일상 속에서 권력에 순응해오던 시민들이 하루아침에 파출소를 부수고 박정희의 사진을 짓밟는 폭도로 돌변한 것은, 정부 입장에서는 유언비어를 퍼트리는 불순한 배후 없이는 설명이 불가능했을 것이다.[55] 하지만 1970년대 내내 사

54 한국기독교교회협의회 인권위원회, 『1970년대 민주화운동 4』, 동광출판사, 1986, 1765·1768쪽.

55 한홍구, 『유신—오직 한 사람을 위한 시대』, 한겨레출판, 2014, 390~391쪽.

람들은 순응의 일상에서도 유언비어라는 형태로 불온을 키워가고 있었다.

그 불온은 정부와 언론에 대한 불신사조로 표현되었고, 이러한 불신사조는 강고한 유신체제에 점차 균열을 가져왔다. 그리고 잠재된 여론으로서 자유와 정의를 향한 공감대를 확대해 나가면서 강력한 힘을 갖게 되었다. 이러한 저항의 잠재력으로서의 불온은 1970년대 말이 되면 선거를 통해서 혹은 항쟁을 통해서 가시적인 저항으로 분출하기 시작했다. 이 글에서는 이와 같은 1970년대 유언비어의 맥락과 불온성의 의미를 살피는 데 초점을 맞췄다. 단, 불온이 구체적으로 어떤 계기와 방식으로 일상의 순응을 뚫고 저항으로 전환했는지에 대해서는, 위에서 정리한 유언비어가 불온성을 획득하는 메커니즘을 중심으로 앞으로 더 많은 연구와 분석이 요구된다. 이를 위해 당시 정부가 생산한 유언비어 관련 기록의 공개를 이끌어내면서, 동시에 당시 유언비어의 실상을 증언해줄 수 있는 구술 자료의 확보에 적극 나설 필요가 있다.

끝으로 유언비어가 확산되었던 1970년대의 모습과, 유튜브나 SNS 같은 인터넷을 중심으로 소위 '가짜뉴스'가 확산되고 있는 오늘의 모습을 비교해볼 필요가 있다. 물론 민주화가 일정하게 진행된 오늘날의 한국 사회를 유신체제 당시와 동일시할 수는 없다. 또한 엄청난 속도와 범위로 정보를 일방적으로 확산하는 인터넷이라는 매체의 특성을 고려해야만 한다. 그러나 오늘날에도 '가짜뉴스'가 끊임없이 생성, 유포되고 있다면 그 이유와 의미를 역사를 바탕으로 진지하게 따져볼 필요가 있다. '가짜뉴스'가 사실과 다르다는 점을 강조하기 전에, 배후에 있는 '불순한 세력'을 색출해 처벌하기 전에, 먼저 그 속에 담긴 공감대와 합리성을 성찰하는 것이 현명한 자세이다. 그것이 역사가 우리에게 주는 교훈이다.

참고문헌

1. 자료

『경향신문』, 『동아일보』, 『매일경제신문』, 『서울신문』, 『조선일보』, 『중앙일보』,
『경북대학보』, 『고대신문』, 『고대신보』, 『단대신문』, 『대학신문』, 『대학주보』,
『동대신문』, 『부대신문』, 『성대신문』, 『연세춘추』, 『이대학보』, 『자유의 종』, 『중대신문』,
『한대신문』
『사상계』, 『세계』, 『세대』, 『신동아』, 『신사조』, 『월간중앙』, 『청량원』

고려대학교 총학생회, 「군사교육에 관한 여론조사」, 1971. 3.
고려대학교 총학생회, 「왜 군사교육은 철폐해야 되나」, 1971. 3. 18.
고려대학교 총학생회, 「여론조사 결과보고 및 6천 고대인의 주장」, 1973. 3. 23.
서울대학교 문리과대학 사학과·사회학과·외교학과·정치학과·철학과, 「결의문」, 1971. 3. 24.
서울대학교 문리과대학 정치학과, 「선언문」, 1971. 3. 22.
서울대학교 총학생회, 「교련 철폐 투쟁 선언—교련 문제에 관한 서울대학교 총학생회의 견해와 결의」, 1971. 3. 9.
「전국대학 공동선언문」, 1973. 3. 23.
한국기독학생회총연맹, 『한국을 새롭게—1970년도 총회보고서』, 1970. 7.
한국기독학생회총연맹, 『사업보고서』, 1970. 9.
한국기독학생회총연맹, 『70년도 학생사회개발단 보고평가회』, 1970. 10.
한국기독학생회총연맹, 『활동현황보고서』, 1970. 9-1971. 9.

「파월장병 지원위원회 규정(안)」(국무회의 안건, 국무총리 정일권 제출, 1966년 4월 25일, 국가기록원 BA0084465).
「대학생 파월장병 위문단 활동상황 종합보고」(국무회의 안건, 문교부장관 권오병 제출, 1966년 9월 8일, 국가기록원 BA0084480).

「파월장병 대학생 위문단 활동상황 종합보고」(국무회의 안건, 문교부장관 문홍주 제출, 1967년 2월 23일, 국가기록원 BA0084498).
「교원 및 대학생 대표단 파월장병 위문 계획」(국무회의 안건, 문교부장관 문홍주 제출, 1967년 7월 3일, 국가기록원 BA0084508).
「대학생 대표단 파월장병 위문 계획」(국무회의 안건, 문교부장관 문홍주 제출, 1967년 12월 15일, 국가기록원 BA0084525).
「대학생 대표단 파월장병 위문 계획」(국무회의 안건, 문교부장관 권오병 제출, 1968년 10월 22일, 국가기록원 BA0084550).
「학생군사교육실시령(안)」(국무회의 안건, 국방부장관 임충식 제출, 1969년 5월 22일, 국가기록원 BA0084565)
「학생군사교육실시령 개정령(안)」(국무회의 안건, 문교부장관 민관식·국방부장관 정래혁 제출, 1971년 6월 25일, 국가기록원 BA0084645)

「제78회-제2차 국회 예산결산특별위원회 회의록」, 1971. 10. 23.
「제78회-제14차 국회 본회의 회의록」, 1971. 9. 22.
「제78회-제20차 국회 본회의 회의록」, 1971. 10. 22.
「제78회-제21차 국회 본회의 회의록」, 1971. 10. 23.
「제78회-제22차 국회 본회의 회의록」, 1971. 10. 25.
「제78회-제24차 국회 본회의 회의록」, 1971. 10. 27.
「제86회-제4차 국회 문교공보위원회 회의록」, 1973. 6. 1.
「제88회-제1차 국회 문교공보위원회 회의록」, 1973. 10. 10.
「제90회-제2차 국회 법제사법위원회 회의록」, 1974. 10. 21.
「제91회-제3차 국회 본회의 회의록」, 1975. 3. 18.

『박정희대통령 연설문집』 7, 대한공론사, 1976.

김기석·이정섭, 「1966년도 신입생 현황조사」, 『학생연구』 5-2, 1968.
문교부, 『문교통계요람』, 문교부, 1963.
윤석병·정양은, 「서울대학교 학생 전집 특성」, 『학생연구』 2-1, 서울대학교 학생지도연구소, 1963.
학생 사회학회 연구부, 「이대생의 계층조사」, 『사회학연구』 2, 1963.

김만옥, 『내 생애 최고의 날들—특별한 파리 산책, 그 기억의 회전축』, 물레, 2012.
김성준, 『역사와 회고』, 국학자료원, 1997.
김성준, 「나의 한국사 연구」, 『한국사학사학보』 2, 2000.
김학준, 「4월혁명과 길영희 교장님」, 『4월 혁명과 나』, 4월회, 2010.
김형욱, 『김형욱 회고록』 1~3, 문화광장, 1987.
서석순, 「제1부 석산(碩山) 자전」, 『석산 서석순박사 고희기념문집』, 석산서석순박사 고희기념문집 간행위원회, 1991.
오도엽, 『지겹도록 고마운 사람들아: 이소선 여든의 기억』, 후마니타스, 2008.
오재식, 『나에게 꽃으로 다가오는 현장: 오재식 회고록』, 대한기독교서회, 2012.
우종호, 「교련 교육을 담당하고 나서」, 『효목문총』 2, 1969.
윤응렬, 『상처투성이의 영광』, 황금알, 2010.
윤이상·루이제 린저 저, 홍종도 역, 『윤이상-루이제 린저의 대담: 상처 입은 용』, 한울, 1988.
이수길, 『한강과 라인강 위에 무지개 다리를 놓다—이수길 박사 회고록』, 지식산업사, 1997.
이수자, 『내 남편 윤이상』 (상), 창작과비평사, 1998.
이응노·박인경·도미야마 다에코, 「서울-파리-동경」, 『고암 이응노, 삶과 예술』, 얼과 알, 2000.
이재영, 『4·19혁명과 소녀의 일기—역사의 봄을 되살려낸 민주주의 이야기』, 해피스토리, 2011.
임재경, 『펜으로 길을 찾다: 임재경 회고록』, 창비, 2015.
최종고 외, 「청리 최종고 교수 정년기념대담」, 『서울대학교 법학』 54-1, 2013.
홍충식, 「숨겨진 이야기 남기고 싶은 사실들」, 『4월 혁명과 나』, 4월회, 2010.
황산덕, 『회고록』, 한동문화사, 2017.

박석무 구술(면담자: 오제연, 2012. 9. 28).
조홍규 구술(면담자: 오제연, 2008. 10. 24).
윤재걸 구술(면담자: 이기훈, 2007. 7. 26).
이소선 구술, 민종덕 정리, 『어머니의 길: 이소선 어머니의 회상』, 돌베개, 1990.
김영문·이승철·임현재·최종인 구술, 이수호 사회, 『전태일의 친구들—2020 전태일노동구술기록』 I, 아름다운 청년 전태일기념관, 2020.

국방부 과거사진상규명위원회, 『국방부 과거사진상규명위원회 종합보고서』 2, 2007.
국정원과거사건진실규명을통한발전위원회, 「1967년 '동백림 사건'」, 2006. 1. 26.
국정원과거사진실규명을통한발전위원회, 『과거와 대화 미래의 성찰 VI. 학원·간첩 편』, 국가정보원, 2007.
대통령소속의문사진상규명위원회, 「최종길 사건」, 『의문사진상규명위원회 보고서 1차』 II, 2003.
진실·화해를 위한 과거사 정리위원회, 『2006년 하반기 조사보고서』, 2007.
진실·화해를 위한 과거사 정리위원회, 『2007년 하반기 조사보고서』, 2008.
진실·화해를위한과거사정리위원회, 「박노수·김규남 등 유럽간첩단 사건」, 『2009년 하반기 조사보고서』 8, 2010.
진실·화해를 위한 과거사 정리위원회, 『진실화해위원회 종합보고서 4. 인권침해 사건』, 2010.
진실·화해를위한과거사정리위원회, 『2022년 하반기 조사보고서 제7권 결정서 모음』, 2022.

국가법령정보센터(https://www.law.go.kr)
민주화운동기념사업회 오픈 아카이브 민주화운동 일지(https://archives.kdemo.or.kr/workoutlog/workoutlog/1959)
갈릴리교회 홈페이지, '창립50주년기념 갈릴리교회 홍보영상'(http://www.gll.kr/board/view.do?iboardgroupseq=1&iboardmanagerseq=2)
기독교방송(CBS) TV 다큐멘타리 "기독청년 전태일"(https://www.youtube.com/watch?v=c5KzNHbgD1s)
노컷뉴스 "나는 박정희 불륜설을 퍼뜨리지 않았습니다"(http://www.nocutnews.co.kr/news/1216295)

2. 단행본

『(개역개정판) 성경』, 아가페출판사, 2004.
3·15의거 기념사업회, 『3·15의거사』, 3·15의거기념사업회, 2004.
50주년 4·19혁명 기념사업회 편, 『4·19혁명사 하권』, 50주년 4·19혁명 기념사업회,

2011.
강준만·오두진, 『고종 스타벅스에 가다: 커피와 다방의 사회사』, 인물과사상사, 2015.
고경태, 『1968년 2월 12일—베트남 퐁니·퐁넛 학살 그리고 세계』, 한겨레출판, 2015.
권보드래·천정환, 『1960년을 묻다: 박정희 시대의 문화정치와 지성』, 천년의 상상, 2012.
김건우, 『대한민국의 설계자들—학병세대와 한국 우익의 기원』, 느티나무책방, 2017.
김남식·김동완, 『40년 벽을 넘어—보수신학자와 진보운동가의 역사 대화』, 대학기독교서회, 2006.
김은하·윤정란·권수현 편, 『혁명과 여성』, 선인, 2010.
류석춘 외, 『전태일 바로보기』, 비봉출판사, 2017.
미 하원 국제관계위원회 국제기구소위원회, 김병년 역, 『프레이저 보고서』, 레드북, 2014.
민종덕, 『노동자의 어머니 이소선 평전』, 돌베개, 2016.
민주화운동기념사업회 연구소 편, 『한국민주화운동사』 1, 돌베개, 2008.
민주화운동기념사업회 편, 『4월혁명 일지』, 민주화운동기념사업회, 2010.
박태균, 『베트남전쟁—잊혀진 전쟁, 반쪽의 기억』, 한겨레출판, 2015.
새문안교회 대학생회 역사편찬위원회 엮음, 『시대의 횃불—새문안 대학생회 민주화운동사』, 지식공작소, 2017.
서중석, 『6월 항쟁』, 돌베개, 2011.
신동호, 『70년대 캠퍼스』 1, 도요새, 2007.
안경환, 『조영래 평전』, 강, 2006.
안동일.홍기범, 『기적과 환상』, 영신출판사, 1960.
오병헌·고영복·이영덕, 『학생문제연구』, 유네스코 한국위원회, 1970.
六一會 편, 『4월민주혁명사』, 제3세계, 1992.
윤충로, 『베트남전쟁의 한국 사회사—잊힌 전쟁, 오래된 현재』, 푸른역사, 2015.
이강현 편, 『민주혁명의 발자취』, 정음사, 1960.
이황직, 『군자들의 행진—유교인의 건국운동과 민주화운동』, 아카넷, 2017.
임유경, 『불온의 시대: 1960년대 한국의 문학과 정치』, 소명출판, 2017.
전태일기념사업회 편, 『내 죽음을 헛되이 말라: 전태일 전집』, 돌베개, 1988.
정근식·권형택 편, 『지역에서의 4월혁명』, 선인, 2010.
정근식·이호룡 편, 『4월혁명과 한국 민주주의』, 선인, 2010.

정병욱, 『식민지 불온열전—미친 생각이 뱃속에서 나온다』, 역사비평사, 2013.
조갑제 외, 『과거사의 진상을 말한다』, 월간조선사, 2005.
조영래, 『전태일 평전(개정판)』, 돌베개, 1991.
중앙학도호국단, 『학도호국단10년지』 중앙학도호국단, 1959.
최재영, 『전태일 평전』 I·II, 동연, 2020.
학민사 편집실 편, 『4·19의 민중사』, 학민사, 1984.
한국기독교교회협의회 인권위원회, 『1970년대 민주화운동 (I)』, 한국기독교교회협의회, 1987.
한국기독교교회협의회 인권위원회, 『1970년대 민주화운동 2』, 동광출판사, 1986.
한국기독교교회협의회 인권위원회, 『1970년대 민주화운동 4』, 동광출판사, 1986.
한국기독학생회총연맹 50주년 기념사업회, 『한국기독학생회총연맹50년사』, 다락원, 1998.
한승헌변호사변론사건실록간행위원회 편, 『한승헌변호사 변론사건실록』 1, 범우사, 2006.
한옥신 편저, 『간첩재판의 판단과 사상—동백림 거점 공작단 사건을 중심으로』, 광명출판사, 1969.
한홍구, 『유신—오직 한 사람을 위한 시대』, 한겨레출판, 2014.
현역일선기자동인 편, 『4월혁명: 학도의 피와 승리의 기록』, 창원사, 1960.
홍석률, 『분단의 히스테리—공개문서로 보는 미중관계와 한반도』, 창비, 2012.
홍승직, 『지식인과 근대화』, 고려대 사회조사연구소, 1967.
홍영유, 『4월혁명통사』 1~10, 천지창조, 2010.
홍정완, 『한국 사회과학의 기원: 이데올로기와 근대화의 이론 체계』, 역사비평사, 2021.

3. 논문

강상현, 「1960년대 한국언론의 특성과 그 변화」, 『1960년대 사회변화연구: 1963~1970』, 백산서당, 1999.
권명아, 「죽음과의 입맞춤—혁명과 간통, 사랑과 소유권」, 『4·19와 모더니티』, 문학과지성사, 2010.
권혁은, 「박정희 정권기 시위 진압 체계의 형성과 변화」, 서울대학교 박사학위논문,

2022.
김동춘, 「1971년 8·10광주대단지 주민항거의 배경과 성격」, 『공간과 사회』 21-4, 2011.
김명섭·양준석, 「1967년 "동백림 사건" 이후 한독관계의 긴장과 회복—비밀해제된 한국 외교문서를 중심으로」, 『한국정치외교사논총』 35-1, 2013.
김미란, 「'젊은 사자들'의 혁명과 증발되어버린 '그/녀들'」, 『여성문학연구』 23, 2010.
김미란, 「'청년 세대'의 4월혁명과 저항 의례의 문화정치학」, 『사이間SAI』 9, 2010.
김민배, 「유신헌법과 긴급조치」, 『역사비평』 30, 1995.
김서중, 「유신체제 권력과 언론」, 『유신과 반유신』, 민주화운동기념사업회, 2005.
김성은, 「'아름다운 청년' 전태일과 진정성 담론의 역설」, 『기억과 전망』 37, 2017.
김성태, 「4·19 학생봉기의 동인」, 『성대논문집』 5, 1960.
김성환, 「4·19혁명의 구조와 종합적 평가」, 『1960년대』, 거름, 1984.
김아람, 「1960년대 고아(부랑아)의 개척단 활동과 경험」, 『2013 한국구술사학회 하계학술대회 자료집』, 2013.
김원, 「박정희 시기 도시하층민—부마항쟁을 중심으로」, 『근대의 경계에서 독재를 읽다』, 그린비, 2006.
김원, 「전태일 분신과 80년대 '노동열사' 탄생의 서사들」, 『민족문학사연구』 59, 2015.
김주현, 「'의거'와 '혁명' 사이, 잊힌 여성의 서사들」, 『혁명과 여성』, 선인, 2010.
김태일, 「유신체제를 어떻게 볼 것인가」, 『역사비평』 30, 1995.
김태현, 「오독과 오류, 어떤 전태일을 이야기할 것인가?」, 『2019 전태일 노동학술토론회, 나와 같은 전태일-나와 다른 전태일 자료집』, 아름다운 청년 전태일기념관, 2019.
노명환, 「냉전시대 박정희의 한국 산업화 정책과 서독의 의미와 역할 1961~1967」, 『사림』 38, 2011.
박수현 「중일전쟁기 '유언비어'와 조선인의 전쟁 인식」, 『한국민족운동사연구』 40, 2004.
박용하, 「일제 말기 유언비어 현상에 대한 일고찰」, 고려대학교 석사학위논문, 1990.
박태균, 「한국군의 베트남전 참전」, 『역사비평』 80, 2007.
박태균, 「베트남전쟁 시기 한미관계의 변화」, 『군사』 89, 2013.
박한용, 「유신체제와 일제말 파시즘체제」, 『역사가, '유신시대'를 평하다』, 유신선포40년역사4단체연합학술대회 자료집, 2012.
백승욱, 「'해석의 싸움'의 공간으로서 리영희의 베트남전쟁—『조선일보』 활동 시기

(1965~1967)를 중심으로」, 『역사문제연구』 32, 2014.
변은진, 「유언비어를 통해 본 일제말 조선민중의 위기담론」, 『아시아문화연구』 22, 2011.
손승호, 「전태일과 한국기독교 인권운동」, 『전태일 50주기 개신교 심포지움 "한국교회, 전태일을 기억하다"』, 2020.
송건호, 「유언비어와 여론—역사적으로 본 정보 활동」, 『신문과 방송』 40, 1972.
신병현, 「민주노조운동의 전태일 애도와 재현」, 『역사연구』 20, 2011.
신형기, 「전태일의 죽음과 대화적 정체성 형성의 동학」, 『현대문학의 연구』 52, 2014.
연정은, 「감시에서 동원으로, 동원에서 규율로—1950년대 학도호국단을 중심으로」, 『역사연구』 14, 2004.
오제연, 「1960년대 전반 지식인들의 민족주의 모색—'민족혁명론'과 '민족적 민주주의' 사이에서」, 『역사문제연구』, 2011.
오제연, 「1960~1971년 대학 학생운동 연구」, 서울대학교 박사학위논문, 2014.
오제연, 「병영 사회와 군사주의 문화」, 『한국 현대 생활문화사 1960년대—근대화와 군대화』, 창비, 2016.
오제연, 「한국 근현대사 속의 6월항쟁」, 『6월 민주항쟁: 전개와 의의』, 한울, 2017.
오제연, 「1970년 전후 한국 학생운동의 새로운 양상과 68운동의 '스튜던트 파워'」, 『역사비평』 123, 2018.
오제연, 「(서평) 가야 할 길이 먼 대학사 연구의 소중한 첫걸음: 『대학과 권력—한국 대학 100년의 역사』(김정인, 휴머니스트, 2018)」, 『한국사연구』 181, 2018.
유영구, 「동백림 사건—희생 부른 해외동포들의 통일열망」, 『남북을 오고간 사람들』, 도서출판 글, 1993.
이기훈, 「1970년대 전반 연세대학교 학생운동의 전개와 성격」, 『학림』 48, 2021.
이동신·손순덕, 「대학생의 집단행동과 대자보, 유언비어, 지하간행물에 대한 공신력 연구」, 『신문학보』 23, 1988.
이상록, 「경제제일주의의 사회적 구성과 '생산적 주체' 만들기」, 『역사문제연구』 25, 2011.
이승원, 「'하위주체'와 4월혁명」, 『기억과 전망』 20, 2009.
이시재, 「일제 말의 조선인 流言의 연구」, 『한국사회학』 20, 1986.
이신재, 「베트남전쟁기 파월장병지원위원회의 설립과 활동」, 『군사연구』 149, 2020.
이영환, 「해방 후 도시빈민과 4·19」, 『역사비평』 46, 1999.

이우재·임미리, 「고독이 몸부림칠 때—쉰 살에 돌아보는 스무 살의 긴급조치 9호」, 『기억과 전망』 13, 2005.
이정민, 「동백림 사건을 둘러싼 남한 정부와 서독 정부의 초기 외교갈등」, 『사림』 50, 2014.
이정민, 「탄원서에 나타난 서독인들의 동백림 사건 인식」, 『사림』 55, 2016.
이재승, 「이혜자 씨의 조용한 전쟁—긴급조치 9호 및 폭처법 위반 사건 참고인 의견서」, 『민주법학』 55, 2014.
이창언, 「유신체제하 학생운동의 집합적 정체성과 저항의 관계: 대학 내 네트워크의 역할을 중심으로」, 『역사연구』 23, 2012.
이효성, 「유언비어와 정치」, 『언론정보연구』 25, 1988.
임대식, 「1960년대 초반 지식인들의 현실인식」, 『역사비평』 65, 2003.
임송자, 「전태일 분신과 1970년대 노동·학생운동」, 『한국민족운동사연구』 65, 2010.
임유경, 「1960년대 '불온'의 문화 정치와 문학의 불화」, 연세대학교 박사학위논문, 2013.
임유경, 「냉전의 지형학과 동백림 사건의 문화정치」, 『역사문제연구』 32, 2014.
임유경, 「'신원'의 정치—권력의 통치기술과 예술가의 자기기술」, 『상허학보』 43, 2015.
전명혁, 「1960년대 '동백림 사건'과 정치·사회적 담론의 변화」, 『역사연구』 22, 2012.
정병욱 외, 「저작비평: '불온'한 자들의 삶, 어떻게 역사로 이야기할 것인가」, 『역사문제연구』 31, 2014.
정용욱, 「이승만 정부의 붕괴(3. 15~4. 26)」, 『한국 현대사의 재인식 4. 1950년대 후반기의 한국 사회와 이승만 정부의 붕괴』, 오름, 1998
정용욱, 「5·16쿠데타 이후 지식인의 분화와 재편」, 『1960년대 한국의 근대화와 지식인』, 선인, 2004.
정윤식, 「여론형성 요인에 관한 이론적 고찰—유언비어 특성에 관한 실증적 분석을 중심으로」, 『커뮤니케이션과학』 10, 1985.
정현백, 「우리 안의 '전태일', 그리고 기억의 정치」, 『시민과 세계』 18, 2010.
조희연, 「민청세대, '긴조세대'의 형성과 정치개혁 전망」, 『역사비평』 30, 1995.
채백, 「박정희 시대 신문 독자의 사회문화사」, 『언론정보연구』 51-2, 2014.
최규진, 「학교를 덮친 '전시체제', 동원되는 학생」, 『내일을 여는 역사』 50, 2013.
한상진, 「4·19혁명의 사회학적 분석」, 『계간사상』 봄호, 1990.
한홍수, 「1965년의 한일협정 비준반대운동과 석산 서석순」, 『석산 서석순박사 고희기념문집』, 석산서석순박사고희기념문집 간행위원회, 1991.
허은, 「교련반대투쟁과 1971년 선거투쟁의 전개과정」, 『2007년 현장민주화운동연구 종합보고서』, 민주화운동기념사업회, 2007.
허은, 「1969~1971년 국내외 정세 변화와 학생운동 세력의 현실인식」, 『한국근현대사연구』 49, 2009
허은, 「유신시대 학교와 학생의 일상사」, 『한국현대 생활문화사 1970년대—새마을운동과 미니스커트』, 창비, 2016.
허은, 「4·18 고대생 시위 주체의 정체성과 사회운동 전개」, 『정의와 행동 그리고 4월혁명의 기억』, 선인, 2012.
허종, 「유신체제 이전 충남대 학생운동의 양상과 성격」, 『인문학연구』 88, 2012.
홍석률, 「1960년대 지성계의 동향—산업화와 근대화론의 대두와 지식인 사회의 변동」, 『1960년대 사회변화 연구』, 백산서당, 1999.
홍석률, 「1960년대 한국 민족주의의 분화」, 『1960년대 한국의 근대화와 지식인』, 선인, 2004.
홍석률, 「위험한 밀월—박정희·존슨 행정부기 한미관계와 베트남전쟁」, 『역사비평』 88, 2009.
홍석률, 「4월혁명과 이승만 정권의 붕괴 과정」, 『정의와 행동 그리고 4월혁명의 기억』, 선인, 2012.

이 책에 실린 내용이 게재된 학술지 논문 목록

"Yeohaksaeng on the Streets: The Participation and Marginalization of Yeohaksaeng in the April 19 Revolution", *KOREA JOURNAL* 60-4, 2020.

「군대에 묶인 대학생의 몸—1969~1971년 대학 교련과 교련 반대운동」, 『사림』 87, 2024.

「대학 교수들의 한일협정 반대운동 참여와 '정치교수' 파동」, 『역사학보』 257, 2023.

「동백림 사건의 쟁점과 역사적 위치」, 『역사비평』 119, 2017.

「4월혁명의 기억에서 사라진 사람들—고학생과 도시하층민」, 『역사비평』 106, 2014.

「'기독 청년' 전태일과 전태일의 역사화」, 『역사비평』 133, 2020.

「베트남전쟁 파병에 대한 한국 대학생의 인식—'파월장병 대학생 위문단'의 베트남 체험을 중심으로」, 『역사비평』 142, 2023.

「1970년대 '유언비어'의 불온성」, 『역사문제연구』 32, 2014.